김대중의 사상과 정치:
평화·민주주의·화해·협력
1

김대중의
사상과 정치

평화·민주주의·화해·협력

박명림 · 백학순 · 임혁백 · 최영태 · 황인구
장훈각 · 정현백 · 김귀옥 · 노명환

1

연세대학교 출판문화원

차 례

1권

2권

3부 용서와 화해, 연대와 연합

차 례

서문

박 명 림
김대중평화회의 학술위원장
연세대학교 교수

21세기의 우리 인류는 기후 위기, 생태계 파괴, 환경오염, 대감염병, 그리고 물부족, 전쟁, 기아, 난민, 불평등과 같이, 생존과 평안을 심각하게 위협하는 다중위기(polycrisis)에 직면해 있다. 그럼에도 불구하고 인류는 그에 대한 적절한 해답과 해법을 찾지 못하고 있다. 자유, 인권, 평등, 복지와 같은 보편적 가치는 크게 흔들리고 있고, 현대 민주주의는 문제해결을 위한 적절한 기능을 수행하지 못하고 있다.

게다가 한반도는 더 위험한 상태로 나아가고 있다. 한국과 조선, 남한과 북한은 오래도록 대화를 단절한 채 '강 대 강' 대결로 치닫고 있고, 북한의 핵은 나날이 고도화되고 있다. 나아가 남과 북은 각각 미국과 일본을 한 축으로, 그리고 러시아와 중국을 다른 한 축으로 삼아 자국의 안전을 확보하려 한다. 세계 진영대결의 전방 초소에 선다는 것은 그만큼 위험이 높아진다는 것을 의미한다.

국내적으로도 정당과 진영 간 대화는 사라지고 갈등과 대립이 격화되고 있다. 정치는 파당과 파당, 진영과 진영 사이의 갈등과 투쟁의 수단으로 변질되었다. 대화와 타협, 양보와 공존이라는 정치의 본령은 실종되었다. 정치뿐만 아니라 우리 사회의 모든 부문에서 분열과 단절, 그리고 반목과 대결은 심화되고 있다. 대내 통합이 대외 평화의 필수 조건이라는 점에 비추어 한국의 상황은 두 가지 모두 위협 받는 상황에 직면해 있는 것이다.

인간들이 현재를 넘어 미래에의 대안을 모색할 때 과거는 좋은 지침과 지혜를 준다. 그것은 성공과 실패, 전진과 한계를 모두 포함하여 그러하다. 특히 자신들이 직면했던 상황을 극복하려 고투했던 과거 인물들의 고뇌와 선택은 포폄과 훼예, 과대와 과소 평가의 위험을 넘는다면 현재에 대한 가장 훌륭한 정면, 반면 교사인 것이다. 그것은 흑백논리에 근거한 맹목적인 지지와 반대, 추종과 적대를 지양할 때 비로소 가능하다.

본서는 한국의 제15대 대통령 김대중의 사상과 정치를 객관적으로 탐구하려는 목적에서 기획되었다. 오늘의 상황에 비추어 그의 인간 존중의 철학, 용서와 화해의 정신, 그리고 연대와 통합의 실천은 우리가 직면한 문제들에 대한 하나의 준거가 되기에 충분하다. 김대중은 승자독식과 독점이 아닌, 상생과 공존의 길을 추구했던 정치인이었다. 물론 그 중심에는 인간, 또는 시민과 국민이 있다. 김대중에게 정치는 인간이 인간으로서 존중받는 사회, 인권과 자유가 보장되는 공동체, 인간의 존엄과 복지를 고루 누리는 나라를 만들기 위한 통로요 수단이었다. 그가 일생을 두고 이루고자 했던 민주주의 역시 인간이 인간으로서 존중받기 위한, 그리고 인간성을 지키기 위한 제도이자 체제였다. 평화 역시 마찬가지였다.

하나의 정치공동체에는 대립하는 여러 집단과 세력이 존재한다. 김대중은 이들이 공존하고 협력하는 평화질서를 이루기 위해서는 서로에 대한 인정과 이해에 기반한 대화와 타협이 필수라고 생각했다. 그 근본 바탕에는 용서와 화해, 통합과 공존의 정신이 깔려 있다. 이것이 김대중 정치의 요체였다. 그러한 기저 정신은 실제의 현실 정치에서는 극단적 대결을 넘어 함께 미래를 건설하기 위한 연합의 정치로 나타났다.

그리하여 한국 최초의 연합정부로서 자유민주연합과의 연립정부를 성립시켰으며, 우리 정치사상 처음으로 공동집권과 협치를 이루어내었다. 이것은 뜻을 같이하는 정당이 연합하여 정책을 조정하고 집행하는 것이 민주주의라고 보았던 김대중의 평소 지론의 실천이었다.

인간을 위한 정치, 용서와 화해, 그리고 대화와 타협은 김대중이 실천한 평화와 공존의 골간을 이룬다. 김대중에게 평화는 무엇보다 인간에 관한 문제이고, 따라서 인간과 인간의 관계에 관한 것이었다. 폭력의 부재에 더해 모든 인간의 안전과 자유가 보장되는 상태를 말한다. 따라서 평화는 나의 존립과 자유뿐만 아니라 상대방의 그것을 보장하기 위한 필수적인 선결조건이다. 나와 상대의 자유와 안전을 동시에 향유하는 것이 평화의 출발인 것이다. 다시 말해 다른 사람에 대한 인정과 이해로부터 김대중의 평화는 시작된다.

또한 김대중은 항상 보편의 지평에서 평화를 사유하는 동시에 구체적 관점에서 평화를 추구했다. 구체적 현실과 보편적 이상의 결합이었다. 구체와 보편, 김대중에게 평화의 이 두 차원은 상호충돌이 아니라 상호결합해야 하는 어떤 것이었다. 이를 테면 한반도의 평화문제에 관해서도 김대중은 세계평화의 지평에서 한반도 평화를 보고, 또 한반도 평화의 관점에서 세계평화를 사유했다. 한반도의 평화는 지역과 세계평화의 전제조건이자 일부였으며, 세계평화 역시 한반도 평화와 분리될 수 없는 조건이었다.

편집자로서 김대중의 삶과 사상, 정치와 실천을 통해 드러난 가치와 철학을 갖고 우리가 직면한 현실적 문제들을 견주어보고자 한 것이 본 연구서를 기획하게 된 동기이자 출발점이었다. 그 계기는 2021년에 창설된, 한국에서 시작하는 본격적인 국제평화포럼의 하나인 김대중평화회의의 출범이었다. 편집자는 김대중평화회의의 학술위원장으로서 김대중에 대한 학술 연구서를 기획하고 주제를 선정하며 필자를 위촉하는 책임을 맡게 되었다.

본서는 다음 세 주제를 중심으로 해당 분야에 대한 -- 정책을 포함하는 동시에 단순한 정책 차원을 넘어, -- 김대중의 평화와 민주주의, 화해와 연대의 사상과 정치를 논의한 연구논문들을 수록하고 있다. 첫째, 남북관계와 국제전략 그리고 평화를 주제로 김대중의 사상과 실천을 되짚어보고, 그것이 한반도 평화의 진전에 어떻게 기여할 수 있는지를 탐구한 연구들이다. 둘째, 인권, 민주주의 그리고 양성평등에 대한 김대중의 철학과 정치의 내용을 연구한 논문들이다. 셋째, 용서와 화해 그리고 연대에 대한 김대중의 정치와 철학을 분석한 논문들이다. 당연히 이 밖에도 중요한 주제들이 많으나 우선은 이들로부터 시작하고자 한다.

본서에 수록된 연구의 필자들이 김대중의 사상과 정치에 대해 동일한 견해와 해석을 가지고 있는 것은 아니라는 점을 미리 밝혀둔다. 그것은 본 편집자 역시 같다. 본서에 수록된 모든 의견은 각 필자들의 독립적 연구의 결과로서, 편집자는 그 연구들을 모으고 출간함으로써 독자들에게 김대중의 삶과 사상, 정책과 실천을 이해하는 데 도움을 주는 안내 역할에 그치고 있다. 또한, 일부 용어들에 대해 필자에 따라 약간씩 상이하게 표현하고 있는 점은 각 필자의 견해를 존중하여, 총론과 개별적인 장 모두에서 그대로 표기하였음을 밝혀둔다. 그것 자체가 필자들의 일정한 견해를 반영하고 있기 때문이다.

전술했듯 본서는 2021년 제1회 김대중평화회의의 출범을 계기로 김대중에 대한 본격적인 학술연구를 위해 기획되었다. 김대중평화회의는 향후 한국에서 발신하는 보편적 평화 구상과 실천을 대표하는 플랫폼으로 자리매김할 목표를 갖고 출범하였는 바, 그에 따른 체계적인 학문적 대응은 필수가 아닐 수 없을 것이다. 김대중을 출발점 삼아 향후 더욱 광범한 주제에 대한 심층 연구가 수반되어야 할 것이다.

무엇보다도 편집자의 제안을 흔쾌히 수락해주고 훌륭한 연구를 통해 이 책이 출간될 수 있도록 최선을 다해준 필자들(백학순, 임혁백, 최영태, 황인구, 장훈각, 정현백, 김귀옥, 노명환 교수. 이상 논문 게재순)에게 감사의 말씀을 드린다. 김영록 전라남도 지사는 김대중평화회의의 출범과 본 김대중 연구가 가능하도록 물심양면으로 도와주었다. 깊은 감사의 말씀을 드린다. 김성재 김대중평화회의 공동위원장과 백학순 김대중평화회의 집행위원장의 공동 논의와 헌신이 없었다면 김대중평화회의의 출발과 본서의 출간은 어려웠을 것이다. 깊은 사의를 표한다. 끝으로 이 책의 편집과 출간을 위해 여러모로 수고를 아끼지 않은 연세대학교 인간평화와 치유연구센터의 장훈각 박사와 김해서·조소현 연구원에게 감사의 말씀을 전한다.

2024년은 김대중 대통령 탄생 100주년이 되는 해이다. 김대중에 대한 포괄적이며 분석적인 학술연구서가 그의 탄생 100주년을 앞두고 출간되게 된 것을 기쁘게 생각한다. 이번 연구서가 앞으로 다양한 분야에서 더욱 심층적으로 진행될 김대중 연구 도정에 하나의 작은 토대 역할을 하게 되길 기대하는 마음이다. 아울러 김대중의 사상과 실천에 대한 학문적 논의를 통해서 오늘의 인간과 사회 문제에 대한 담론을 더욱 풍성히 하는 가운데 미래를 위한 대안을 모색하는 데에 조금이나마 기여할 수 있기를 소망한다.

서론

김대중의 사상과 정치: 평화와 민주주의, 화해와 연합

박 명 림
연세대학교 교수

본 학술연구는 대한민국의 제15대 대통령 김대중(1998년 2월~2003년 2월 재임)의 사상과 정치를 평화와 민주주의, 그리고 화해와 연대에 초점을 두어 학문적으로 분석하고 종합하려는 시도의 일환이다. 전체 연구 방향과 세부 주제를 선정하고 각 필자들에게 집필을 의뢰한 편집자로서 본서가 김대중 대통령에 대한 본격적인 학문적 연구의 한 토대가 되길 소망하는 마음이 크다.

편집자의 관점에서 볼 때 해당 주제에 관한 한, 본서 각 장의 논문들은 지금까지의 어떤 연구들보다도 포괄적이고 심층적인 내용을 담고 있다는 점을 강조하고 싶다. 물론 향후 한 주제 한 주제별로 더욱 심층적인 연구가 진행되어야 한다는 점은 강조할 필요도 없을 것이다.

본 서론에서는 본서의 전체 내용을 각 장 집필자들의 요약에 근거해 압축해서 살펴보려 한다. 따라서 본 서론은 집필자들의 요약과 정리를 넘어 편집자로서 특별히 새로 추가한 내용과 의견은 없음을 밝혀둔다. 집필 주제에 대한 평가의 문제도 동일하다. 그것은 어디까지나 필자들의 고유한 관점이며, 어떤 하나의 공통된 입장이나 견해를 추구하지 않았다.

또한 일부 용어들에 대해 필자에 따라 다르게 표현하고 있는 점은 각 필자의 견해를 존중하여, 본 서론과 개별적인 장 모두에서 그대로 표기하였음을 밝혀둔다. 그것 자체가 필자들의 일정한 견해를 반영하고 있기 때문에 서론에서도 따로 수정을 하지는 않았다. 강조점 역시 각 필자들의 표기임을 밝혀둔다.

각 장들이 일차 자료와 사실에 근거한 깊고 날카로운 분석들을 담고 있기 때문에 독자들은 본 서론에서 개략적인 내용을 파악한 뒤, 꼭 개별 장들을 읽어보기를 부탁드린다. 물론 모든 장들은 각 필자들의 독립적 의견을 담고 있는 독자적인 연구이기 때문에, 논문의 배치 순서에 구애받을 필요가 없음도 밝혀둔다. 따라서 주제와 선호에 따라 선별적으로 독서를 해도 좋을 것이다.

제1부: 한반도·국제전략·평화

제1장. 햇볕정책: 한반도 평화·통일·번영의 대전략

제1부 '한반도·국제전략·평화'를 여는 첫 번째 논문인 '햇볕정책: 한반도 평화·통일·번영의 대전략'에서 백학순 박사는 김대중 대통령이 대한민국 대통령으로 재직 시 취했던 '햇볕정책'이 '대북정책'이었을 뿐만 아니라 대북정책을 넘어 '외교정책', '군사·안보정책', '경제정책'을 아우르는 포괄적인 '한반도 평화·통일·번영의 대전략', 즉 우리나라와

민족의 생존과 발전을 위한 '대전략(grand strategy)이었음을 설명하고 있다.

필자는 제1절에서 역사의 '전환기적 시점'에서 김대중 대통령이 어떻게 햇볕정책이라는 '중요 선택'을 했는지를 살펴보고, 그것이 단순한 대북정책이 아니었고 나라와 민족의 생존과 발전을 위한 포괄적인 대전략이었다는 점을 밝히고 있다. 제2절에서는 햇볕정책을 이해하고 분석하는 틀로서 정책 주체(지도자)와 환경구조, 정치기회구조 차원의 변수들을 살펴보고, 그 변수들의 상호작용의 결과가 햇볕정책으로 산출됐음을 설명하고 있다. 제3절은 대전략으로서의 햇볕정책을 구체적으로 대북정책, 외교 및 군사·안보정책, 경제정책으로 나눠 검토하고 있다. 마지막으로, 제4절에서는 햇볕정책을 평가하되, 그것의 성과와 김대중정부 이후의 '제도화' 문제에 대해 살펴보고 있다.

백학순 박사는 햇볕정책을 접근하고 설명하는 이론적 분석 틀로서 '행위자(정책주체)-구조(환경구조)와의 관계'를 사용하고 있다. 먼저 정책 주체(지도자)로서 김대중 대통령은 정책행위자 차원의 두 가지 요소를 갖고 있었다고 본다. 그것은 (1) 나라와 민족의 생존과 발전에 대한 '비전과 목표'와 (2) '정체성'이었다. 비전과 목표는 '3단계 통일론', '4대국 안전보장론'(한반도 평화보장론), '한반도 냉전구조 해체와 평화체제 수립'이었다. 그리고 정체성은 북한과 '화해 공존'하는 '민족주의'적 정체성과 북한과 '화해 공존'하는 '국제주의'적 정체성을 '적극적'으로 '조합'한 것이었다. 그러나 '민족주의'적 정체성이 보다 더 강조된 정체성이었다.

다음으로는 김대중 대통령이 햇볕정책을 추진할 때 처한 '환경구조'와 '정치기회구조'의 문제를 살펴본다. 우선, 환경구조를 이루었던 변수들을 보면, (1) 국내환경구조적 변수로서 남한사회의 햇볕정책에 대한 태도, (2) 국제환경구조적 변수로서 북한의 대남정책과 미국과 중국의 한반도정책, (3) 김대중 대통령이 햇볕정책을 선택하고 추진하는 데 필요한 가용자원(사상자원과 물질자원)이 존재하였다.

다음으로 필자는 김대중 대통령이 햇볕정책의 추진에 유리하게 환경구조적 요소들을 의식적이고 합목적적으로 조성하고 이용한 정치기회구조를 조성하는 데서 관계됐던 주요 요소들을 분석한다. 그것들은 (1) 국제정치질서가 냉전으로부터 탈냉전에로 교체됨으로써 남북 지도자들이 상호 협력을 통해 우리 민족의 자주성을 발휘할 기회를 제공했던 '과도기'의 성격과 속성, (2) 대미 및 대남 대화와 협상, 협력을 핵심요소로 하고 있었던 북한의 '21세기 생존과 발전의 전략'의 존재, (3) 빌 클린턴 미 대통령과 미국정부의 적극적인 협력, (4) 중국과 일본, 러시아의 햇볕정책에 대한 적극적인 지지였다. 김대중 대통령은 이상의 요소들을 적극 이용하여 햇볕정책으로써 한반도 국제정치에서 주도권을 쥐었던 것이다.

따라서 한반도 평화·통일·번영의 '대전략'인 햇볕정책은 위에서 설명한 정책주체(지도자)로서의 김대중 대통령과 그가 처한 환경구조, 그기 유리하게 조성한 정치기회구조 차원의 변수들 간 상호작용의 결과로 산출된 것이다. 이어서 필자는 대북정책, 외교 및 군사·안보정책, 경제정책으로서의 햇볕정책을 각각 나누어 살펴보고 있다.

첫째, 햇볕정책은 일차적으로 '대북정책'이었다. 햇볕정책의 목표는 북한의 '붕괴임박론'이 아닌 '점진적 변화론'에 기초하여 북한의 변화를 유도하고 평화를 만들어 '사실상의 통일상황'을 실현하려는 것이었다. 햇볕정책의 금자탑은 초유의 역사적인 남북정상회담과 6.15남북공동선언이었다. 이로써 남북관계사는 6.15공동선언 이전과 이후로 나뉘었고, '6.15 시대'가 열렸다.

6.15남북공동선언의 의의는 한 마디로 한반도에서 민족화해와 교류협력, 민족의 동질성 회복, 전쟁 위협의 완화 및 실질적 종식을 통해 본격적으로 평화공존하고, 우리 민족이 '당사자 원칙'을 지키면서 한반도 문제를 해결하면서 평화통일로 나아가자는 이정표였다. 결국 한민족이 2000년 6월 남북 분단 이후 '최초로 자신의 운명을 자신의 손으로 결정'했던 것이다.

둘째, 햇볕정책은 또한 '외교정책 및 군사·안보정책'이었다. 김대중 대통령은 취임하여 첫 2년(1998~1999) 동안에는 외환위기 극복과 경제 살리기를 위한 정상외교에 치중했고, 외환위기 극복의 바탕 위에서 3년째 해(2000)부터 본격적으로 남북관계 개선, 냉전구조 해체, 평화체제 수립에 심혈을 기울였다.

외교 및 군사·안보정책으로서의 햇볕정책은 불가침 약속이 들어있는 남북기본합의서의 이행, 한반도 긴장완화와 군사적 신뢰조성, 한반도의 냉전종식과 평화정착을 위한 국제적 협력 확보, 제네바 북미기본합의 이행에 대한 적극 지원을 통한 북핵문제 해결과 남북관계 개선의 병행 추진 등을 목표로 삼고 있었다.

이를 위해 김대중 대통령은 주변 4강과의 일련의 정상회담, 아시아·유럽정상회의(ASEM), APEC, 유엔, 세계의 많은 국가들에 대한 방문을 통해 혼신의 외교적, 군사·안보적 노력을 기울였다. 특히, 김대중 대통령은 햇볕정책을 추진하고 목표를 달성하는 데서 한미공조와 북미관계의 개선을 최우선적으로 중시했다. 그리고 클린턴 대통령의 지지가 결정적인 역할을 했다. '페리 프로세스'(Perry Process)에서는 김대중 대통령과 임동원 수석의 햇볕정책을 기본으로 한 전략구상이 고스란히 반영되기도 했다.

한편, 남북 간 군사·안보 협력을 살펴보면, 6.15남북공동선언 다음날인 6월 16일자로 휴전선에서 상대방에 대한 비방방송을 중지하기로 한 이후, 남북한 간에는 본격적인 군사적 긴장완화와 전쟁위협 제거, 한반도의 항구적이고 공고한 평화정착을 위한 군사·안보 대화와 협상, 합의가 이뤄졌다. 북한이 군사지역이었던 개성지역을 개성공단으로 내어놓고, 해군항이었던 장전항을 금강산관광사업을 위해 내어놓았으며, 남북정상 간에는 비상연락망, 즉 '핫라인'이 개설됐다. 2000년 6월 평양 남북정상회담 이후 2003년 1월까지 6.15남북공동선언을 이행하기 위해 개최된 각종 남북대화는 총 60회나 됐다.

김대중 대통령은 또한 햇볕정책을 통해 한반도에서의 1975년 헬싱키협약(Helsinki Accords)으로부터 시작된 '헬싱키 프로세스'를 통한 유럽에서의 화해 과정을 한반도에서 실현하고, 유럽연합(EU)이 경제통합을 통해 정치통합의 기반을 마련해 나간 경험을 남북 간에 적용해 보려는 의도를 가지고 있었다.

셋째, 햇볕정책은 '경제정책'이기도 했다. 경제정책으로서의 햇볕정책은 (1) 남북관계 개선을 통한 한반도 전쟁위협 감소와 군사적 긴장완화로 우리나라의 '국가 신인도'를 개선하여 더 많은 투자를 유치함으로써 외환위기를 극복하고 경제를 살리고, (2) 남북경협 강화를 통한 민족경제의 균형적인 발전(민족경제공동체 형성)을 해내면서 우리 경제를 한반도 전역을 아우르는 경제권으로 확대하며, (3) '철의 실크로드'의 비전에서 보듯이 북한을 넘어 중국, 중앙아시아, 러시아를 건너 유럽까지 우리 경제의 영역을 확대하고, (4) 한반도가 대륙세력과 해양세력 간의 교량 역할을 함으로써 우리 경제가 양방향으로 뻗어나가 예전과 다른 차원에서 경제번영을 하려는 정책이었다.

마지막으로, 햇볕정책의 성과를 살펴보면, 각종 남북 대화 및 협상과 합의, 또 양자 및 다자 정상회담 등 각종 외교적 노력을 통해 햇볕정책은 민족화해와 평화통일의 진전, 군사적 긴장완화와 전쟁 위협 감소, 냉전구조 해체와 평화체제 수립의 추진, 외환위기 극복과 경제살리기, 남북경제공동체 건설 추진, 남북 인적·물적 교류 증대, 이산가족문제 해결, 인도적 대북지원 실시, 북한이탈주민 정착 지원, 북한핵문제의 평화적 해결 노력 등 다양한 분야에서 커다란 성과를 이뤘다.

그렇다면, 햇볕정책을 어떻게 평가할 수 있을 것인가. 필자가 거듭 강조하듯이, 한 마디로 햇볕정책은 대북정책, 외교 및 군사·안보정책, 경제정책을 포괄한 '한반도 평화·통일·번영의 대전략', 우리 나라와 민족의 생존과 발전을 위한 대전략으로서 민족화해와 민족 자주성의 제고, 남북 평화공존, 한반도 군사적 긴장완화 및 전쟁위협 감소와 평화증진, 우리의 외환위기 극복과 경제살리기에 큰 성과를 낸 대전략이었다.

그러나 구체적으로 보면, 햇볕정책은 김대중정부 5년 동안에 위에서 설명한 각종 정책목표를 달성한 정도가 해결해야 할 문제의 성격과 범주에 따라 상이했다. 우선, 민족화해와 평화통일의 진전, 군사적 긴장완화와 전쟁 위협 감소, 외환위기 극복과 경제살리기, 남북 인적·물적 교류 증대, 이산가족문제 해결, 인도적 대북지원 실시, 북한이탈주민 정착 지원 등에서는 대성공을 거두었다고 할 수 있을 것이다. 그러나 남북경제공동체 건설, 냉전구조 해체와 평화체제 수립, 북한핵문제의 평화적 해결의 문제에서는 성과를 내는 데 큰 한계를 보였고, '철의 실크로드'를 이용한 우리 경제권의 유라시아로 확대, 또 대륙권과 해양권의 교량 역할을 통한 경제 발전과 번영 등의 비전의 구현도 북한의 철도·도로를 이용할 수가 없어서 어떤 의미있는 성과를 내지 못했다.

그런데 햇볕정책이 큰 성과를 낸 분야에서도 그 성과가 김대중정부 이후의 특정 시기부터 지속되지 못하고 또 '제도화'에 성공하지 못한 점이 있다. 그러한 '제도화' 실패 문제는 물론 햇볕정책 자체의 잘못은 아니다. 김대중정부는 햇볕정책의 성과를 제도화를 위해 지속적으로 노력했고, 또 임기 동안에는 햇볕정책이 제도화 방향으로 큰 성과를 냈기 때문이다.

햇볕정책의 성과가 제도화되지 못한 데에는 무엇보다도 우리가 통제할 수 없는 여러 국내외 요인들 때문이었다. 그것은 (1) 우리나라와 미국 등 민주주의 국가에서 선거를 통한 지도자와 정부의 변경, 그에 따른 정책의 변화와 (2) 한미양국에 대해 일관된 정책을 보이지 않은 북한의 '비협조'였다.

그러나 햇볕정책은 결코 생명이 다한 정책이 아니고 현재와 미래를 위해 살아있는 정책이다. 남북한이 분단이 지속되고 또 한반도에서 전쟁위협, 그것도 핵전쟁위협이 지금처럼 고조되면 될수록, 평화·통일·번영을 위한 대전략으로서의 햇볕정책의 필요성은 그만큼 커질 수밖에 없기 때문이다.

마지막으로, 필자 백학순 박사는 햇볕정책의 정신과 생명력을 살려내기 위해서는 민족화해, 평화체제 수립, 한반도(북한) 비핵화, 평화통일과 번영을 이루겠다는 햇볕정책의 미래 비전과 목표를 현재에 가져와 현재를 단순한 현재가 아니라 '미래의 희망을 품은' 현재로 재구조화(재구성)할 필요가 있다고 강조한다. 그 점에서 현재를 미래의 꿈과 비전이 살아 움직이는 역동적인 현재로 만들고, 미래 비전과 목표를 달성해 낼 수 있다는 신념을 갖고 현재를 '미래지향적'으로 끊임없이 재구성하면서, 역사를 장기적인 관점에서 믿음을 갖고 보며 그 방향으로 노력하는 것이 중요할 것이라고 지적한다.

제2장. 김대중과 한반도 평화

제 1부의 두 번째 장은 임혁백 교수의 '김대중과 한반도 평화'이다. 필자 임혁백 교수에 따르면 김대중은 한반도 평화의 초석을 쌓은 '한반도 평화의 아버지'로 기억될 것이다. 김대중의 한반도 평화에 대한 관심은 엄혹한 박정희 권위주의정권 하에서부터 시작되었다. 김대중은 1966년 한국형 할슈타인 원칙을 포기하고 공산국가와의 교류를 시작하자는 제안을 하였고, 1971년 대통령선거유세에서 4대강국에 의한 한반도 평화보장론을 이야기하였고, 대통령 선거 후 남북간 평화공존, 평화교류, 평화통일의 3단계 평화통일론을 주장하였다. 김대중은 자신이 오랫동안 준비해왔던 교류, 협력을 통한 한반도 평화를 2000년 6월 15일 북한의 김정일과의 정상회담을 통해 실현함으로써 노벨평화상을 수상하였다.

필자 임혁백 교수는 김대중의 평화론이 소명감과 현실인식의 균형위에 서 있었다고 본다. 김대중은 '선 민주, 후 통일론'을 이야기하면서 남한 뿐 아니라 북한도 민주화 되어야 한반도에 평화가 오고, 이를 바탕으로 통일을 준비할 수 있다는 민주평화론을 이야기하면서도, '북괴'로 불리는 북한의 악마와도 대화하고 거래할 수 있어야 한반도 평화가 가능하다는 지극히 현실주의적인 한반도 평화 방법론을 이야기했다.

필자에 따르면, 김대중은 1991년의 국제적 냉전해체를 계기로 한반도 연방제 통일안을 제시했고, 1997년 대통령에 당선된 후 '햇볕정책'이라는 김대중표 한반도 평화정책을 만들고, 교류.협력을 통한 한반도 평화를 구축하자고 북한에 제의하였다. 북한의 김정일이 화답하여 2000년 6월 분단이후 최초의 남북정상회담이 열렸고, 6.15 남북합의서라는 한반도 평화에 관한 기념비적 문서를 만들어 내었다.

본 장은 한마디로 한반도 평화에 관한 김대중의 사상, 이론, 정책, 유산을 유기적으로 탐구한다. 첫째, 김대중의 평화 사상을 살펴본다. 한반도 평화가 이루어지기 전에 민주주의가 구축되어야하며, 평화는 민주적으로 이루어져야 한다는 김대중의'민주적 평화사상'을 논구한다.

둘째, 김대중의 평화구축방법론을 분석한다. 김대중은 한반도라는 평화의 불모지에서 실현가능한 평화를 구축할 수 있는 이론은 상호 적대적인 요소들을 최적으로 결합하는 분석적 절충주의에 근거하여 김대중은 신기능주의, 현실주의, 국제주의와 구성주의를 절충하여 한반도 평화이론을 확립하였다. 김대중은 평화의 불모지에서 평화를 구축하기 위해서는 숙명론과 불가능주의를 버리고 가능성주의에 기초해서 한반도 평화를 추구하였다.

셋째, 한반도 냉전기부터 탈 냉전기에 이르기까지 김대중이 제시한 한반도 평화정책을 살펴본다. 김대중은 1971년 대선에서 '3단계 통일론'과 '4대국 안전보장론'을 제시했다. 김대중의 4대국 안전보장론은 미국, 소련, 중국, 일본이 대한민국과 조선민주주의인민공화국으로 분단된 두 개의 정권을 모두 독립된 국가로 인정하고, 4대국이 한반도에서 발생하는 침략전쟁을 견제하고 억제하도록 보장하자는 내용을 갖고 있었다.

1972년 '7.4 남북공동성명'으로 조성된 한반도 긴장완화와 국내적 대화국면의 전개에 맞추어 김대중은 평화적 공존, 평화적 교류의 확대,

평화적 통일의 3단계 통일방안을 제시하였다. 김대중의'3단계 통일안'은 기본적으로 평화적 공존과 평화적 교류협력에 초점이 맞추어져 있었다. 마지막 단계인 평화적 통일은 장기적으로 우리 한민족이 지향해야 할 소망스런 목표로 설정되어 있지 단기간에 실현가능한 정책목표로 설정되어 있지 않았다.

그러나 유신체제가 수립되고 남북이 다시 대화에서 대결로 복귀하는 것을 보면서 김대중은 독재자의 정치적 목적에 따라 평화체제가 이용되는 것을 막을 수 있는 민주주의가 평화체제 구축에 필수적이라는 '민주적 평화론'을 확신하게 되었고, 민주정부 만이 평화를 만들고 유지하고 관리할 수 있다는 '선 민주, 후 통일'을 주장하였다.

1987년 민주화 이후 북한이 노태우대통령의 7.7선언을 거부하자 김대중은 '공화국 연방제 통일방안'을 발표하였다. 공화국 연방제안에서 김대중은 통일을 단기적 목표로 설정하지 않고 미래에 축복처럼 오게 될 통일에 대비하여 착실하게 통일방안을 준비해야한다는 입장을 밝히면서 그가 생각하고 있는 1민족 2체제의 원칙에 의한 공화국 연방제 통일방안을 제시하였다.

1995년 8월에 완성된 "김대중의 3단계 통일론"은 통일의 3대 원칙을 자주, 평화, 민주로 설정한 뒤, 통일을 3단계로 나누어 1단계 남북연합, 2단계 남과 북의 지역자치정부로 구성된 연방제, 3단계로 중앙집권화된 미국, 독일식 연방제로 완전 통일되는 것을 지향했다. 김대중의 공화국 연방은 사실상 국가연합에 더 가까웠다.

대통령으로 선출된 후 김대중은 햇볕정책이라는 대북정책을 수립하고, 베를린선언에서 대북 화해와 협력을 근간으로 한반도 평화를 구축하자고 북한에 제의하였고, 북한의 김정일이 호응하여 2000년 6월 역사적인 남북정상회담이 평양에서 개최되었고, '6.15 공동선언'이라는 남북화해와 협력에 관한 역사적 합의를 탄생시켰다. 이어서 필자는, 6.15공동선언 이후 남북 간에 교류와 협력이 급증하였고 남북이 사실상 체제를 인정하면서 평화공존이 이루어지고 한반도 냉전이 해체되었다고 본다.

마지막으로 필자는 김대중의 평화정책의 유산을 살펴본다. 김대중은 한반도의 평화공존의 가능성을 보여주었고, 북한과의 화해와 협력, 북한체제의 포용을 강조함으로써 한국의 반공주의를 약화시키고 한반도 평화 논의의 이념적 지평을 확대하였다. 김대중은 '선 민주, 후 평화'라는 확고한 민주평화사상에 기초해서 한국전쟁 이후 최초로 본격적인 평화, 화해, 포용정책을 기획하고 수립하고 실천에 옮겼다.

필자 임혁백 교수에 따르면 김대중은 불가능한 환경 속에서 한반도의 평화의 가능성을 모색하였고, 4대국 안전보장론, 3단계 통일론, 햇볕정책, 한반도 평화에 대한 다자주의적이고 공동체주의적인 지역안전보장론과 같은 다양한 평화와 화해이론을 발전시켰다. 나아가 김대중은 한반도 평화를 국제적으로 보장할 수 있는 동아시아 다자안보협력체제를 구상하였고, 이를 기반으로 햇볕정책이 동아시아와 유라시아로 확장되기를 원했던 아시아에서 유일한 국제평화주의 지도자였다.

제3장. 김대중과 국제주의

제1부의 세 번째 장은 최영태 교수의 '김대중과 국제주의'이다. 필자는 김대중의 국제주의를 크게 다섯 가지 내용으로 나누어 분석하였다. 첫째, 김대중의 삶은 민주주의와 인권, 평화, 복지 등 전 인류가 추구하

는 보편적 가치를 토대로 한 것이며 그런 삶 자체가 국제주의적 성격을 지니고 있다고 보았다. 둘째, 김대중은 박정희 시대와 전두환 시대, 그리고 1992년 대통령 선거 패배 후 세 차례에 걸친 정치적 망명 및 해외 체류 시기를 가졌으며, 이 과정에서 다양한 인사들과 접촉하면서 광범위한 국제적 네트워크를 구축했다는 점을 밝혔다. 셋째, 김대중의 정치사상에 큰 영향을 끼친 전 서독 총리 빌리 브란트의 동방정책 및 유럽 공동체에 관해 살폈다. 넷째, 남한·북한·미국·중국·일본·러시아 등 한반도와 이해관계를 가진 6개 국가가 동북아 평화와 번영을 위해 협력해야 한다는 동북아 연대론을 살폈다. 다섯째, 동아시아 국가들이 협력하여 동아시아 공동체를 발전시키고 궁극적으로는 동아시아 공동체를 유럽연합과 같은 정치경제 협력기구로 발전시키자는 구상에 대해 살폈다.

한상진은 김대중의 세계관을 '보편적 세계주의' 혹은 '지구적 민주주의'라는 용어로 설명했다. 한상진은 김대중의 보편주의를 언급하면서 1994년 전 싱가포르 총리 리콴유와 '아시아적 가치'를 놓고 전개했던 논쟁을 소개했다. 김대중은 이 논쟁에서 아시아적 가치를 옹호하면서 동양 문화 안에서도 인권과 민주주의에 부합하는 요소들이 있다는 점을 논증했다. 김대중은 동양 문화의 눈으로 서구와 당당히 대화하려 했다. 김대중은 또 '지구적 민주주의(Global Democracy)'의 개념으로 서구 문명의 한계에 도전했다. 국제적 불평등의 심각성을 지적하고, 인간만이 아니라 생태계와의 조화를 실현하려는 새로운 문명의 건설을 지구적 민주주의의 과제로 제시했다. 이에 필요한 문화와 전통이 아시아에 풍부히 남아 있다고 역설했다. 세계 인류는 모든 면에서 오랜 민족주의의 낡은 껍질을 벗고 새로운 보편적 세계화의 테두리 속으로 들어가고 있다고 주장했다.

필자에 따르면 김대중은 유럽 정치 모형에 주목했다. 그는 특히 1960년대 말부터 브란트가 추진한 동서독 화해정책에 깊은 관심을 가졌다. 김대중의 햇볕정책은 동방정책을 롤 모델로 했다. 브란트는 독일의 통일은 유럽의 평화 속에서만 가능하며 독일의 통일 역시 유럽의 평화에 이바지할 때만 가능하다는 논리에 주목했다. 김대중이 1971년 주장한 '4대국 안전보장론'이나 대통령에 취임하여 실천하려 한 동북아 평화론도 비슷한 맥락에서 이해할 수 있다.

김대중의 국제주의는 1997년 말 도래한 IMF 위기를 극복하는 데 중요하게 작용했다. 그는 '민주주의와 시장경제'라는 신조 아래 외국 지도자들과 자본가들을 설득하고 협력을 구했다. 그가 강조한 '민주주의와 시장경제'의 원칙은 기업, 금융, 노동 분야 등의 개혁작업을 행하는 데도 긍정적으로 작용했다.

김대중의 국제주의는 남북관계와 한반도 평화, 주변 4대 강국과의 관계 개선에도 빛을 발휘했다. 그는 남북관계 개선과 한반도 평화는 남북 간의 대화 및 동북아 국가들의 집단안보체제 하에서만 가능하다고 보았다. 이를 위해 그는 미국과의 동맹 관계 공고화에 심혈을 기울임과 동시에 중국, 일본, 러시아와의 관계를 돈독히 하였다.

김대중은 남북한 평화 및 동북아 평화체제 구축을 바탕으로 동아시아 공동체를 구축하려 했다. 그는 아시아에서도 민주주의가 가능하며, 민주주의와 시장경제를 바탕으로 동아시아 공동체 구성도 가능하다고 보았다. 그는 동아시아 경제의 부상과 아시아의 역사에 흐르고 있는 문화적 잠재력을 동아시아 공동체 건설의 낙관적 배경으로 삼았다. 그는 동아시아 공동체가 미래에 유럽연합과 같은 단결된 모습을 보이기를 희망했다.

김대중은 이렇게 동아시아 공동체의 결성을 추진하면서도 이것이 원만하게 추진되기 위해서는 북핵문제 해결과 동북아시아에서의 지역적 협력이 선행되어야 한다고 주장했다. 그는 동아시아 공동체의 성공을 위해서는 모든 관계 국가가 인내심과 창조적 지혜를 가지고 꾸준히 노력해야 한다는 생각이었다. 한마디로 김대중의 평화통일론은 우리 영토의 평화와 통일을 먼저 지향하고 이를 토대로 동아시아의 평화공동체를 만들어야 한다는 것이었다.

결론적으로 필자 최영태 교수는 김대중의 정치, 외교, 경제, 문화 정책은 국제주의라는 큰 틀 속에서 움직였다고 평가한다. 김대중은 남북분단 극복과 평화 통일이라는 과제 해결의 출발점을 민족주의에서 찾으면서도 다른 한편 개방적 민족주의는 국제주의와 전혀 충돌하지 않는다는 관점에서 두 상반된 개념을 해소했다. 요컨대 김대중의 정치 활동과 사상적 기조는 개방적 민족주의와 보편적 세계주의라는 두 방향을 토대로 한 것이다.

제2부: 정치, 인권, 민주주의

제4장. 김대중의 인권사상과 인권정치: 초국가적 운동과 코즈모폴리턴 비전

제2부 '정치, 인권, 민주주의'의 첫 번째 장은 황인구 교수의 '김대중의 인권사상과 인권정치: 초국가적 운동과 코즈모폴리턴 비전'이다. 본장은 김대중의 인권 사상과 그의 인권을 통한 정치를 역사적으로 고찰하면서, 인권에 관한 그의 생각과 관점이 어떻게 형성되어 왔는지를 정

교하게 분석한다. 필자 황인구 교수는 김대중의 1970년대와 1980년대 민주화 운동 시기 경험한 정치적 탄압과 이에 대한 대응 과정의 맥락에서 그가 제시한 정치적 비전과 이를 구현하기 위한 행동에 주목한다. 이러한 민주화 시기 활동을 통해서 인권 사상과 비전이 체계화하고, 향후 1990년대 대통령 집권과 그 이후 인권 사상이 정책화하고 제도화와 확장된 인권 주창을 실행하는 과정으로 본다.

필자는 김대중의 인권사상과 인권정치 형성의 역사적 과정을 추적하면서, 세 가지 주목할 만한 지향을 집중 조명한다. 첫째는 민주주의와 인권의 연관성이다. 그의 인권 사상은 민주주의에 관한 신념과 비전과 깊은 연관을 형성한다는 점이다. 냉전 질서에서 자유민주주의 이념에 반공주의에 크게 제약되는 지배 담론과 질서를 수용하고 순응하기보다는, 김대중은 자유민주주의의 보편적 가치를 전면에 두고 최상의 가치로 설정한 것이다. 냉전 안보의 개념과 체제에 대한 도전을 의미하는 것이고, 반체제 인사로 낙인하는 탄압의 위험과 위기 속에서, 인권의 입장에 기반한 대안적 안보 개념과 이상을 제시하였다는 것이다. 즉, 민주주의와 인권 비전의 추구는 김대중의 현실 냉전 질서의 상대주의적 지향에 대한 비판적 보편주의적 개입을 의미하는 것이라는 점이다.

둘째는, 민주주의와 인권의 인식과 비전을 추구하면서, 김대중은 국내 정치과 국제 지정학적 관계의 상호연관성에 주목했다는 점이다. 즉 각 국가의 정치적 변화와 개혁의 과제가 존재한다는 점을 분명히 하면서도, 일국주의 관점에서 접근을 취하지 않았다는 점이다. 대신, 영토적, 정치적, 사회적 경계를 넘어서는 국가와 비국가, 그리고 국제사회의 상호작용의 동학과 국제체제의 관점에서 접근했다. 이러한 관점에서 김대중은 자신의 민주주의를 위한 인권 운동과 인권 정치에 대해 전략적으로 사고하고 행동하였다. 그러한 이유에서 필자는 김대중이 초국적(transnational) 인권 운동에 참여하고 기획하면서, 글로벌 민주주의 이상을 추구하였다는 점을 분석하면서, 그의 코즈모폴리턴(cosmopolitan) 비전 제시의 역사적 과정을 분석하고 있는 것이다.

마지막으로, 김대중의 초국적, 코즈모폴리턴 관점을 조명하면서, 그의 상향성을 강조하고 있다. 즉, 글로벌 접근을 유지하면서도 김대중은 로컬(local) '현장'(field)과 '민중'(people)을 그 운동과 비전의 중심에 두는 '아래로부터'(bottom-up)의 접근을 추구하였다는 점이다. 요컨대 인권의 보편적 가치를 주장하고 실현하는 글로벌 지정학적 권력의 '중심부'(global center) 대신 '주변부'(global periphery) 또는 '로컬'(local)의 이해와 맥락에서 보편성을 추구하려는 접근이었다는 것이다. 이러한 로컬과 현장 기층의 관점에서 세계와 상호작용하면서, 보편적 가치를 제시하고 실현하려는 코즈모폴리턴 지향이었다는 점이다.

김대중의 민주화운동 시기 맥락에서 조망한 김대중의 인권사상과 인권정치에 관해 위에서 언급한 세 가지 주목할 만한 지향성(민주주의/인권 연관성, 초국적/코즈모폴리턴 접근, 현장/민중성)은 기존 연구에 새로운 관점을 추가할 것으로 기대된다. 예상과 달리 김대중의 인권에 관한 기존 연구가 드물다는 점에서 더욱 그러하지 않을까 싶다.

그의 인권에 대한 다수의 연구들은 아시아적 가치 논쟁에서 비롯한 특수성과 보편성 논의에 집중되어 있다. 따라서 인권 담론(discourse) 지형에 대한 인식은 제공하지만 담화(talk) 행위와 사회 운동의 역동성과 확장성을 포괄하기에는 미흡하다. 다른 한편, 민주화 운동 시기 김대중에 대한 정치적 탄압과 저항은 역사적 사건으로 또한 상당한 주목을 받는다. 1976년 3·1 민주구국 선언사건 또는 1980년 조작된 내란음모 사건과 사형선고가 대표적이다. 하지만, 이러한 사건을 권위주의 권력자나 정권 대 김대중 또는 민주화 세력의 대결의 구도에서 이해되는 것을 넘어서 지정학적 경계를 넘어선 로컬과 국가 세력의 연대 또는 대결의 상호작용이 관점에서 분석하는 그의 인권 사상과 인권 정치는 여전히 연구가 충분히 되지 않은 영역으로 남아 있다. 김대중이 대통령으로서 집권기 국가인권위원회 설치나 과도적 정의를 위한 인권정책이나 북한 인권 문제에 대한 논의도 중요하게 다뤄진다. 그렇지만, 집권 이전의 정치적, 철학적 근원과 기반에 대한 역사적 논의가 포괄될 수 있을 것이다.

이러한 기여의 방향을 염두에 두면서, 필자는 1970년대와 1980년대 민주적 전환의 시기 김대중은 국내적, 초국가적, 글로벌 인권 운동과 정치의 다층적 과정을 시도하면서, 비판적 코즈모폴리턴 비전을 형성하는 과정을 가졌다는 주장을 전개한다. 주요 전거로는 김대중 도서관이 2019년 출판한 『김대중 전집』을 일차 사료로 분석하고 있다. 서론에 이은 제2절에서는 김대중이 참여하고 주도한 민주화 운동에서 어떻게 자신과 한국의 문제를 "인권" 언어로 발성하고 국제화 하는 과정을 검토한다. 김대중이 사건과 리더십의 중심이 되는 초국적 인권 운동과 연대의 발전을 통해서 한국의 로컬(local) 문제가 국제적 보편의 문제로 번역되고 변화할 수 있었는지 로컬과 글로벌 차원의 역사적 맥락과 동학을 살펴본다.

제3절에서는 정치적 박해를 받는 민주화 인사로서 국가 주도의 국제정치에 어떻게 인권의 운동과 정치를 활용하여 개입하였는지 검토한다. 김대중이 냉전 질서와 정치 논리를 인권의 보편성 관점에서 비판하고, 특히 코즈모폴리턴 "책임"의 관점에서 비판적으로 개입하면서, 한

국 민주화 과정을 한 국가의 문제가 아니라 글로벌 차원의 문제로 위치하게 하면서, 보편성 추구의 문제로 지역과 글로벌 사회에 제시하는 김대중의 인권 이상과 정치를 검토한다. 제4장은 김대중이 전통과 민족의 문제를 어떻게 코즈모폴리턴 시각에서 이해하고 해석하였는지 조명한다. 로컬(local)과 글로벌(global)의 경계를 이분화된 특수성과 보편성의 대비에 두는 것이 아니라, 로컬 또는 지역의 역사와 조건을 다른 지역과 글로벌 차원에서 연관시키려고 한 김대중의 내재적 보편주의 시각을 분석하는 것이다. 3절과 4절에서 논의되는 것처럼, 지역적 특성과 보편적 이상이 공존할 수 있는 "근원 있는 코즈모폴리터니즘"의 시각의 관점에서 김대중의 이해와 접근을 살펴보고 있다.

제5장. 김대중의 민주주의 철학과 사상

제2부의 두 번째 장은 장훈각 박사의 '김대중의 민주주의 철학과 사상'이다. 본 장은 김대중의 민주주의를 개념, 주체, 참여의 영역, 핵심 지향 또는 실현방식을 주제로 그의 저작을 통해 나타난 민주주의에 관한 인식을 일목요연하게 정리하고 체계적으로 분석하고자 하였다.

첫째, 김대중은 민주주의를 제도가 아닌 인간의 신념과 자세라는 관념적이고 심리적인 차원에서 접근한다. 김대중에게 민주주의란 특정한 제도를 말하는 것이 아니라 '한 사회를 형성한 성원들의 뜻에 따라 최선의 궤도를 창안하고 부단히 개선해나가면서 성원 전체의 권익과 행복을 도모하는 자세와 신념'을 의미했다. 주지하다시피 김대중의 정치의 중심에는 인간이 놓여 있다. 인간의 존엄성에 대한 무한한 신뢰와 사랑은 그가 정치활동을 시작하고 영위한 이유이기도 하다. 이 인간의 문제는 1992년 이후 전지구적 생명의 문제로 확장된다. 김대중이 휴머니즘과 지구적 생명이라는 인류 공통의 가치, 보편적 가치로부터 민주주의에 접근하고 있음은 일반적인 민주주의론자들과 김대중을 구분하는 가장 특징점이라고 할 것이다.

따라서 김대중의 민주주의의 중심에는 인간과 생명이 있으며 민주주의는 그 자체가 목적이 아니라 인간과 생명의 행복을 위한 수단으로서의 의미를 지니게 된다. 민주주의는 사람을 위해 만들어진 것이지 사람이 민주주의를 위해 만들어진 것은 아니라는 인간 중심의 민주주의론과 맥을 같이 하는 것이다. 이것은 역으로 인간의 존엄성이라는 인류보편의 가치를 추구하는 민주주의만이 인간의 자유와 행복을 보장해줄 수 있는 사유이자 기제가 되는 것이다. 김대중이 민주주의를 신뢰하는 이유이다.

김대중은 국민의 행복을 증진시키는 정치체제에는 민주주의를 대체할 수 있는 제도는 없다고 할 정도로 민주주의를 신뢰하고 있다. 여기에는 대중은 역사의 주체로서 인류 역사를 지금까지 이끌어온 현명한 동력이자 승리자였다는 것, 그리고 민주주의는 자기모순을 시정시켜 나갈 힘을 내부적으로 가진 체제이기 때문에 자기모순과 잘못된 정치의 결과가 점차 해결되기 때문이라는 민주주의의 자정능력에 대한 확고한 믿음이 그 기초를 이루고 있다.

둘째, 김대중은 민주주의의 주체 문제를 특정한 세력이나 계급이 아니라 한 사회를 구성하는 구성원 전체라는 관점에서 접근한다. 일부에서 민주주의는 특정 계급을 위한 정치체제로 이해하는 경향이 있기도 하나, 김대중에게 민주주의는 일부의 계급이나 계층, 세력의 것이 아니라 그 사회를 이루는 모두가 주인이며 주체로서 그들의 의사가 정치에 반영되는 사유이자 체제이다. 따라서 민주주의는 구성원 전체의 행복을 증진시키기 위한 목적에 부합해야 한다. 김대중이 경제부문에서 중산층의 강화와 소외계층의 부양을 중요하게 부각시키더라도 전체 구성원 속에서의 중산층이고 소외계층의 문제를 말하는 것이지 그들만의 민주주의를 이야기하는 것은 아니다.

또한 김대중은 민주주의의 주체인 각 국민의 의사가 공동체의 의사결정에 최대한 영향을 미칠 수 있어야 된다는 점을 대단히 강조했다. 민주주의에서 참여는 자신의 공동체와 관련한 문제에 있어서 자신의 의사를 공동체의 결정에 투사하여 영향을 미치는 것이다. 다시 말해서 자신의 의사를 반영된 결정이 이루어지도록 하는 것이 참여이다. 김대중은 구성원이 자신의 의사를 공동체의 결정에 반영되도록 하는 권리를 제한한다면 그것을 민주주의가 아니라고 단언했다. 민주주의이더라도 주인의 의사가 정치적 결정에 제대로 반영되지 못하는 체제는 가짜이다. 따라서 국민의 이해와 동의에 기초하지 않는 정치체제 또는 정권, 국민이 정치적 결정에 참여하는 것이 제한되어 있는 정치체제 또는 제한하는 정권은 민주주의적 원칙이 준수되는 체제 또는 정권으로 전환되어야 한다. 그러한 제도나 정권은 국민이 주인으로서 설 수 없게 함으로써 결과적으로 인간의 자유와 정의는 훼손될 수밖에 없다. 개인에게 권력이 독점된 체제는 공산주의 독재체제뿐만 아니라 우익의 독재체제도 민주적 가치를 심각하게 제한함으로써 궁극적으로 국민이 나라의 주인임을 부정하며 인간의 자유를 근간에서 침해한다는 점에서는 같았다.

그리고 참여의 범위도 단지 정치의 영역에 국한되는 것은 아니다. 그것이 공동체의 문제일 경우 경제, 사회, 문화 등의 제 영역에 걸쳐 구성원으로서 참여하여 문제해결의 주체로서 활동할 수 있도록 하는 것이 또한 민주주의이다. 김대중은 정치적 결정뿐만 아니라 경제, 사회, 문화, 교육 등 인간의 사회활동 전반에 걸친 의사결정과정에 대중의 적극적 참여를 통해 개인의 자유과 자주가 이루어지는 체제를 민주주의라고 생각했다. 김대중은 이를 대중참여민주주의 또는 참여민주주의라고 명명하였다. 김대중이 지방자치제와 같이 국민의 의사결정이 자신의 생활근거지로부터 시작할 수 있도록 하는 제도의 실현을 위해 투쟁한 이유이다.

셋째, 김대중은 의사결정의 원리와 소유구조가 민주주의와는 다르다고 알려진 경제영역에까지 민주주의의 기본정신을 적용함으로써 민주적 참여의 영역을 확장하였다. 김대중은 민주주의와 시장경제의 작동원리가 다르다는 점이 국민 참여의 범위를 구획짓는 것은 아니며, 경제, 사회 분야에서도 일반 대중이 자유롭게 참여하고 결정하며, 경제적으로 기회균등이 보장되는 것이 민주주의의 한 요소라고 보았다. 이러한 생각을 기초로 구축되어진 것이 김대중의 '민주적 시장경제론', '대중경제', '대중참여경제'이다.

김대중의 경제영역에의 민주주의론은 자본의 사적 소유와 시장경제를 철저하게 보장하는 가운데 경제분야에서도 일반 대중이 결정에 참여하고 경제적 기회균등이 보장되는 것을 의미한다. 다른 말로 표현하면, 김대중의 경제적 민주주의란 '복지가 수행되고 중산층이 지원받는 투명한 시장경제'를 말하는 것으로서, '소유의 사회화, 공정한 부의 분배, 적정 수준의 복지'의 세 원칙이 준수되는 가운데 경제영역에까지 민주적 참여가 이루어지는 제도이다. 김대중의 민주주의는 인간의 공동체생활 전영역을 아우르는 체제라고 할 수 있을 것이다. 소유의 사회화란 사적 소유에 기반하면서도 종업원 주주제 등을 통해 기업의 소유구조가 종업원에까지 확산해가는 것을 의미한다. 공정한 부의 분배란 미래 소득에 대한 재분배가 불공정한 집중에 이르지 않는 것을 의미한다. 적정수준의 복지 역시 경제에 악영향을 미칠 정도의 근본적 복지가 아닌 적정한 수준의 사회적 재분배를 말한다. 이와 같이 김대중의 경제 영역에의 참여는 철저히 시장경제의 논리에 기반하면서도 일반 국민의 참여와 재분배의 적정성을 도모하는 구상이라고 할 수 있다.

김대중은 대통령에 취임 직후 자유경쟁과 책임경영을 원칙으로 하는 시장의 원리에 따라 작동하는 경제를 구축하기 위해 기업, 금융, 공공, 노동 부문의 개혁을 단행했다. 금융 부문의 개혁, 기업 부문의 개혁, 노동 분야의 개혁 등 4대 부문의 핵심적 개혁이 그것이다. 이어 1999년에는 '민주주의와 시장경제의 병행발전'은 재벌개혁과 중산층 및 서민을 위한 정치를 핵심내용으로 하는 '생산적 복지'가 추가되어 3자 병행발전론으로 확대되었다. 이러한 일련의 경제적 처방은 신자유주의적 경제정책으로서 이후 양극화를 심화시켰다는 비판이 있으나, 김대중의 경제민주화 구상의 원칙이 시장경제논리에 기반하고 있음에서 비롯된 온건한 시장지향적 대응이었으며 김대중의 경제에 관한 지론의 반영이었음을 볼 수 있다.

넷째, 김대중의 그의 기독교 신앙에서 비롯된 용서의 철학에 바탕하여 극단을 피하고 관용과 이해, 대화와 타협의 정치과정을 내용으로 하는 화해와 협력의 정치를 실천의 영역에서 현실화하였다. 가장 대표적인 예인 김대중과 김종필의 정치적 연합은 한국에서 최초로 여당과 야당 간 수평적 정권교체를 가능하게 해주었을 뿐만 아니라 서로 다른 정치 세력 간에 화해와 협력을 통한 정치가 이루어질 수 있다는 선례를 남겼다. 이러한 협력의 정치가 이루어질 수 있었던 데에는 양 세력 간의 정략적 계산과 한국 정치에 만연한 지역편향주의라는 정치동학적 요인이 작용한 것은 분명하다.

그러나 그 기저에는 역사와 이념이 크게 다른 두 정치세력이 하나의 목적을 위해 상호 협력할 수 있도록 하는 추동력이 있었다. 그것은 첫째, 김대중은 이미 오래전부터 협력의 정치를 통해 민족의 단결과 화해 그리고 협력을 통한 민주주의 발전을 주장해왔다. 그는 1971년 대통령 선거에 출마할 때부터 기회가 있을 때마다 여야를 막론하고 전국민적인 협력을 통한 국가운영이 이루어져야 한다는 것을 주장했다. 이러한 지도자의 신념이 정치적으로 현실화되어 나타난 것이 김종필과의 연합이라고 할 수 있다. 둘째, 정치연합의 결성을 이룰 수 있게 한 공통의 목적이 존재했다. 김대중은 김종필과의 협력을 공식화하면서 DJP연합의 목적은 국가발전을 가로막고 있는 문민독재를 타파하고 수평적 정권교체를 이루기 위함임을 분명히 셋째, 용서와 화해에 기초한 정치협력을 통해 국민통합을 이루고자 하는 두 정치지도자의 인식의 공유가 있었다. 국민회의와 자민련의 연합의 핵심은 단지 선거에서의 승리에만 있는 것이 아니라 산업화와 민주화의 과정에서 쌓인 구원(舊怨)을 해소하고 화해와 협력의 가치에 기반한 협력정치의 구현에 있었던 것이다.

본 장에서 논의한 김대중이 구상한 민주주의를 간략하게 정리하면 다음과 같다. 민주주의는 한 사회를 형성한 국민의 뜻에 따라 국민 전체의 행복을 도모하는 자세와 신념을 말한다. 민주주의 체제는 국민 전체의 행복과 인간으로서의 존엄을 보장하기 위해 민주주의의 이념에 따라 구성된 정치체제로서 국민이 정치의 영역에서 뿐만 아니라 경제·사회·문화 등 사회 전반에 걸쳐 자신의 의사를 결정에 반영할 수 있는 체제를 말한다. 동시에 민주주의 체제는 대립과 갈등이 아닌 화해와 협력을 기초로 사회의 모든 국민과 제 정치세력 간의 협력을 통해 국민통합과 국가발전에 이바지해야 한다. 한마디로 말하면 인간과 생명의 존엄을 보장하기 위한 신념체계와 실천적 제도가 김대중의 민주주의이다.

필자에 따르면 김대중의 민주주의론은 학자들의 정교한 이론에 비교하여 보면 치밀한 논리적 일관성 면에서 아쉬운 부분이 있는 것은 사실이다. 그러나 인간과 생명을 중심에 두고 이들의 존엄과 자유를 보장하기 위한 정신세계와 제도의 중요성을 강조하는 김대중의 민주주의, 특히 그가 실천했던 권력을 나누며 함께 책임지는 협력의 정치는 민주주의의 위기라는 현재를 살아가는 우리에게 중요한 메시지를 던져주고 있다.

제6장. 김대중과 양성평등

제2부의 세 번째 장은 정현백 교수의 '김대중과 양성평등'이다. 필자는 김대중을 한국현대사에서 한 획을 그은 인물이라고 평가한다. 그는 이제 글로벌 역사의 주요한 본보기가 된 한국 민주화운동의 성공에서 핵심 플레이어였다. 거의 40여 년이 이르는 그의 민주화투쟁은 체포, 고문, 투옥, 납치와 함께 끔찍한 고통과 죽음을 넘나드는 과정이었고, 그는 이 과정을 견디어 내었다. 이어 그는 1997년 말의 대선승리를 통해 군부독재의 긴 터널을 빠져나와 평화적 정권교체를 가능케 한 위대한 정치지도자가 되었다.

'국민의 정부'를 표방하는 김대중대통령의 집권 기간 동안 그는 우리 정치 뿐 아니라 일상 영역에서 민주주의를 확장하고, 사회복지 정책을 전면적으로 펴나갔다. 이에 덧붙여 김대중의 기념비적인 업적은

2000년 6월 15일에 평양에서 열린 남북정상회담과 6.15 공동선언이다. 이를 통해 남북 간의 공존과 통한 한반도 평화체제의 구축을 실천하려 하였다.

필자는 이렇게 김대중의 업적에 대한 국민들의 높은 평가와 많은 연구들이 있지만, 그가 양성평등을 갈망하는 아주 특별한 지도자였고, 그래서 그의 재임동안 한국 여성정책의 초석을 놓은 인물로는 기억되고 있지 않다고 지적한다. 이는 페미니스트나 여성정책에 관심을 갖는 사람들 사이에서는 거의 당연한 사실로 간주되고 있지만 말이다. 이는 '김대중 역사 쓰기'에서 젠더관점이 오롯이 결여되어 있음을 의미하는 것이다.

본 장은 김대중과 양성평등문제를 분석하는데 있어서, 두 가지 경로를 택하고 있다. 첫째는 인간 김대중이 지닌 성평등 관점을 알아보는 것이다. 이는 그의 사상 뿐 아니라 그가 자신의 일상적인 삶에서 구체적으로 실천하려는 성평등을 위한 노력까지를 포괄하는 것이다. 둘째는 김대중정부의 집권동안 이루어진 여성정책을 설명하고, 그 성과를 분석하는 작업이다. 이런 과정을 통해서 김대중의 양성평등에 대한 업적을 종합적으로 고찰하였다.

먼저, 양성평등에 대한 김대중의 사상과 실천이다. 김대중은 역대 어느 대통령보다도 양성평등에 대한 높은 이해와 실현의지를 지녔던 인물로 평가된다. 그는 스스로의 일상적인 삶에서 양성평등을 실천하였고, 여성정책을 통해 성평등한 세상으로 만들어가려고 노력하였다. 이는 김대중의 삶과 사상 속에 깊이 뿌리 내린 높은 양성평등의식에서 기인하기도 하였지만, 달리는 그가 지녔던 높은 인권의식과 민주주의에 대한 강한 열망에서 온 것이라 생각한다.

김대중은 이론가이기보다는 운동가이자 현실정치인이었다. 그래서 성평등과 관련하여서도 그는 정교한 이론을 설파하기 보다는 생활 속의 실천으로 자신의 생각을 보여주었다. 그래서 자주 거론되는 일화가 동교동 문패이다. 부부이름이 새겨진 동교동 문패는 그의 집을 찾는 많은 사람들에게 '이희호와 김대중의 동반자 관계'를 알리는 상징기호가 되었다. 이렇게 동반자적 관계를 강조하면서, 김대중은 아내의 생각과 삶의 방식을 그 자체로 존중하였다. 이는 두 사람이 한 가정을 함께 이루되 문화적 차이를 상호 존중하는 화이부동(和而不同)의 태도라 할 수 있을 것이다. 이런 정신이 한 가정에서라면 거의 제1의 기본철칙으로 여겨지는 종교적 신앙에서도 나타난 것은 놀라운 일이다. 김대중의 아내 이희호는 부모로부터 받은 자신의 모태신앙, 감리교를 그대로 지켰다. 이에 비해 김대중은 아이들과 함께 서교동 성당을 다녔다. 이는 여느 부부들에게서 볼 수 없는 자존적, 독립적 삶이었다. 또한 며느리나 손녀들도 집안의 당당한 주체임을 인정하면서, 남녀평등을 가정에서부터 실천하려 하였다.

위와 같은 일상적 삶 속에서의 실천 외에도 김대중에게는 양성평등에 대한 깊은 이해가 있었다. 책 수집과 독서에 열심이었던 그는 장서가이기도 하였는데, 그의 지하서재에는 여성문제에 대한 서가가 따로 있었다고 한다. 이는 김대중의 양성평등이 그의 높은 학습열과 독서의 자세에서 기인하는 것이라 할 수 있다.

김대중은 이미 1971년 대선과정에서부터 우리 사회에 깊이 뿌리 내린 봉건적 사고나 제도의 문제점을 심각하게 인식하고, 이를 민주주의 실현을 저해하는 요인으로 지적하였다. 그는 '여성의 발전은 국가발전의 척도'임을 강조하면서, '남녀가 동등하게 일하고 동등한 대우를 받록

하겠다'고 약속하였다. 이런 맥락에서 김대중은 1997년 말에 불어닥친 경제위기와 IMF 관리체제 하에서 경제난국의 극복을 위해서 여성의 협조와 참여가 절대적임도 강조하였다. 또한 그는 21세기는 지식기반사회이자 정보화 시대이고, 이 과정에 여성의 역할이 중요하다는 점도 간파하였다. 마찬가지로 문화산업의 중요성을 인식하면서, 여성의 주체적인 노력이 필요한 점을 강조하였다. 그러나 김대중은 여성이 교육수준은 높지만, 정치수준이 낮은 편이라는 사실을 지적하면서, 여성의 보다 적극적인 정치진출과 세력화를 강력히 주문하였다. 김대중 정부에서 공직부문에서 여성의 대표성을 높이고, 여성의 정치진출을 독려하는 여러 정책들이 추진된 것은 이러한 사상에서 출원한 것이었다.

둘째로 김대중정부의 여성정책이다. 김대중정부의 가장 큰 성과는 여성특별위원회를 거쳐, 2001년 1월말 여성부를 신설한 것이다. 여성부의 신설은 여성정책을 총괄적으로 기획, 집행할 수 있는 명실상부한 기구를 과시하게 되었고, 이는 동시에 국민들에게 여성문제의 중대성을 인식시키고, 국제적으로는 한국 민주주의의 성숙도를 알리는 홍보효과를 가질 수 있었다. 여성 관련 예산의 작은 규모는 항상 문제점으로 지적되었는데, 집행부서인 여성부가 신설되면서, 예산도 크게 늘어날 수 있었다. 또한 집권 초기 신설한 6개 부처(교육부, 노동부, 농림부, 법무부, 보건복지부, 행정안전부)의 여성정책담당관실은 각 부처의 정책이나 사업에서 성인지적 관점을 확산하고, 관련 여성정책의 추진력을 높여주는 효과가 있었다.

김대중정부는 출범부터 각 부문에서 여성의 대표성 제고를 약속하였다. 비례직 국회의원에 여성을 30% 추천한다든지 정부의 각종 위원회에 여성비율이 20.4%(2000)로 높아진 것이나, 공무원 여성채용 목표를 앞당겨 달성한 일도 김대중 정부의 성과이다.

구체적으로 김대중 정부에서는 성폭력, 가정폭력, 여성장애인 성 인권정책 등 성·인권 분야에서도 많은 진전이 있었다. 먼저 성폭력 관련 법률을 제정하거나 개정하였다. 1998년 2월에는 남녀고용평등법을 개정하여 직장 내 성희롱 규제조항을 신설하였다. <남녀차별금지 및 구제에 관한 법>의 시행은 많은 여성들이 일상적으로 겪고 있지만 그 해결을 위한 출로를 찾지 못했던 성희롱문제를 큰 사회적 이슈로 부각하고 그 해결을 모색하려는 노력으로 연결되었다. 가정폭력이나 성폭력과 관련하여서도 법과 제도의 개선 뿐 아니라 홍보교육을 통해서 개선노력을 지속적으로 실행한 점도 높이 살만하다. 또한 피해자 보호를 위해 성폭력 피해상담소를 확충·지원하고, 여성긴급상담전화 1366도 설치하고, 성폭력·성희롱 예방교육도 강화하였다. 2001년 경찰청에 여성실을 만들어, 여성전문경찰관제도를 안착시키려 하였다.

가정폭력과 관련하여서는 1998년 7월 1일부터 가정폭력범죄의 형사처벌절차에 관한 특례를 정하고, 가정폭력범죄자 교정을 위한 보호처분을 행하는 것을 통해 가정의 평화와 안정을 회복하기 위해서 <가정폭력범죄의처벌등에관한특례법>을 시행하였다. 이어 1998년 11월 여성특별위원회와 6개 부처 여성담당관실이 공동으로 '가정폭력방지를 위한 종합대책'을 발표하였다.

특히 가정폭력 관련 공익광고를 방송하고, 텔레비전이나 신문 등의 미디어를 통한 예방의식 확산을 시도하였다. 가정폭력 방지에 대한 경찰에 대한 교육을 강화하고, 가정폭력에 대한 문제의식을 제고하였다. 1999년부터는 보건복지부를 통해 피해자 상담·보호시설의 운영 지원이나 가정폭력상담프로그램 개발을 진행하였다. 그러나 아쉬운 점은 가정폭력 피해자에 대한 치료 지원을 빼고는 정상적인 생활을 할 수 있는 자활프로그램 등에 대한 지원은 거의 이루어지지 않은 것이다.

여성부가 출범하기 전에는 정부의 성매매방지사업은 윤락 및 윤락 우려여성을 위한 선도보호시설을 지원하는 소극적인 수준에 머물렀다. 그러나 여성부 출범 이후에는 관련 부처(법무부, 경찰청, 교육인적자원부, 외교통상부, 행정자치부, 문화관광부, 보건복지부, 노동부, 청소년보호위원회)가 합동으로 성매매 예방 및 홍보, 관련범죄의 단속 및 처벌의 실효성 확보, 그리고 피해자 보호 및 사회복귀 지원을 핵심내용으로 하는 성매매방지종합대책을 추진하게 되었다. 더불어 성매매방지를 위한 사회적 공감대 형성을 위한 노력을 시작하였고, 현장상담센터와 선도보호시설을 설치하고 운영하였다.

성매매의 심각성을 제대로 인식하고 성매매방지 종합정책을 시행한 김대중정부의 성과에서 특히 주목할 부분은 청소년을 대상으로 하는 성매매를 방지하겠다는 강한 의지이다. 2000년 7월 1일 청소년의성보호에관한법률을 제정·시행하고, 성매매여성을 범죄자로 인식하던 기존의 법적 태도를 탈피하고 성매매된 청소년만이라도 부분적으로 피해자로 인식하려 하였다. 이와 더불어 형사 처벌을 면제하고 대신에 사회적 복귀를 위한 지원에 초점을 맞추게 되었다.

결론적으로 정리하자면 여성에 대한 폭력과 여성인권정책에 있어서, 역대 대통령 중 가장 성인지적인 관점을 지닌 여성 친화적 대통령 하의 국민의 정부는 가정폭력이나 성폭력 분야에서는 나름대로 크나큰 성과를 거두었다고 평가할 수 있다.

김대중 정부에서 집행된 여성복지정책이 지니는 차별성은 이전과는 달리 여성복지정책의 성주류화를 정책목표로 설정한 점이다. 이미 앞에서 언급한 대로 1995년 북경세계여성대회에서 제안된 행동강령이 각국 정부에 권고되었고, 국민의 정부는 이에 따라 여성복지정책에도 성주류화를 시도한 것이다. 이는 대한민국 정부수립 이래 처음으로 여성복지정책에 성인지적 접근이 시작된 것이어서, 김대중정부의 공로를 치하해야할 것이다. 이러한 성주류화정책에 기초한 접근은 4대 보험과 공공부조에서부터 복지서비스에 이르기까지 광범하게 이루어졌다.

위의 목표에 따라 국민의 정부는 여성복지정책에 있어 특수여성 중심에서 일반여성 중심으로 복지정책의 무게중심을 이동하였다. 이에 따라 거동이 어려운 노약자나 장애인을 돌보는 여성에 대한 여러 지원, 여성장애인과 여성노인에 대한 다양한 서비스 제공, 그리고 모자가정 지원금에 가사준비비를 포함하는 등의 여러 정책시안을 준비하였다. 이는 지금까지의 여성복지서비스가 취약여성이나 요보호여성에 치중하였던 점을 넘어 여성의 가족 내 수발노동과 보호노동이 갖는 중요성을 인정하고 서비스 대상을 대폭 확장하려는 노력이어서 여성복지정책의 큰 진전이라 할 수 있다.

종합적으로 정리하자면, 국민의 정부의 여성복지정책은 매우 폭넓게 이루어졌으나, '폭은 넓되 그 깊이는 깊지 않'고, 일정 부분에서 지엽적으로 진행되었다. 무엇보다도 재정이 받쳐주지 못하는 여성복지서비스는 사실상 현실에서 제대로 작동하기 어렵기 때문이다. 앞에서도 언급한 대로 한국의 보육시설의 80%이상이 여전히 민간보육시설이고, 탁아를 필요로 하는 아동의 62%만이 그 혜택을 받을 수 있었던 사례들이 이런 한계를 가장 피부에 닿게 보여주는 사례이다. 부모들은 여전히 공공보육시설을 원하고 있는데도 말이다.

여성노동권과 관련하여서는 대선공약을 통해 김대중은 "여성의 고

용기회를 확대하고 여성의 고용불안정 등을 해소하는 종합적이고 체계적인 여성인력 활성화정책을 추진하겠다"는 약속을 하였다. 이에 따라 여성고용을 촉진하기 위해 공기업에 채용목표제를 채택하거나 여성전용 취업알선 창구를 설치하였다. 공공직업훈련기관을 통해서 여성훈련을 확대하기도 하였고, 여성인력센터도 마련하였다. 여성창업활동 지원이나 여성경제인을 지원하는 여러 정책도 실행하였다. 또한 경제위기 상황 하에서 여성실업대책으로 여성가장 채용기업에 대한 채용장려금 제도를 마련하기도 하였다. 성인지적 관점을 여성실업정책에 반영하려 노력하였던 만큼 가장 큰 성과로 고용보험의 적용범위 확대와 최저 실업급여액의 인상을 달성하였다.

여성경제활동 지지기반 구축의 일환으로 가족친화적 고용정책을 도입하였다. 모성보호 관련 3법을 개정하고, 이를 통해서 출산휴가를 60일에서 90일로 연장하고, 모성보호비용은 60일은 사업주가, 30일은 고용보험을 통해서 부담하도록 하였다. 또한 보육시설을 확충하고, 육아휴직 대상도 남녀로 확대하였다.

그러나 김대중정부의 여성노동정책과 관련하여 가장 논란이 된 부분은 파견근로자 문제이었다. 1998년 2월 제정된 파견법은 결과적으로 '여성노동배제정책'이라는 오명을 뒤집어쓰게 되었다. 그 결과로 김대중 정부 기간 동안 여성의 정리해고, 비정규직화, 시간제 노동은 계속 늘어났다. 9개 은행의 명예퇴직 통계를 보면, 여성행원의 비율이 74.5-95.5%를 차지한다는 슬픈 현실을 만나게 된다. 물론 여성의 퇴출과 빈곤의 여성화는 경제적 세계화의 부산물인데다가 사기업의 고용정책에 대해 정부가 영향력을 행사할 가능성이 제한적이어서, 이 모든 불행한 현실의 책임을 정부 탓으로만 돌릴 수 없다. 그럼에도 불구하고 국민의 정부 동안 집행된 여성고용정책이나 관련 예산을 돌아보면서, 여성계는 여성의 열악한 고용현실에 대한 개혁의지의 강도를 의심하였던 것이다.

김대중 정부 5년 동안 집행된 여성정책과 관련하여서는 페미니스트들은 양가적인 감정을 가지게 된다. 한편으로는 국민의 정부의 여성정책은 역대 어느 정권에서보다도 양성평등의 중요성을 알리면서, 이를 사회적 이슈로 띄우는데 큰 역할을 하였다. 그러나 다른 한편으로는 국민의 정부의 집권 동안, 물론 IMF 관리체제라는 취약한 경제상황 속에서 출발한 탓이기도 하겠지만, 국민경제는 신자유주의적 세계화에 빠른 속도로 흡수되었고, 이는 여성의 경제적 지위를 악화시키는 데에도 기여하였다.

일각에서는 김대중 정부는 여성정책에 관한 한, 적은 예산 때문에 보다 획기적인 경제적 투자 없이 전시효과만 높이는 방법을 선택하였다는 지적도 하였다. 그래서 여성계는 형편없이 적은 예산만큼이나 김대중 정부의 여성정책의 성과도 '돈 안들인 만큼의 성과'라 비판하기도 하였다.(한국여성단체연합, 2001a: 32) 그러나 집행기관에 해당하는 여성부의 출범이후에는 예산이 상당히 늘어났다. 뿐만 아니라 김대중정부하에서 다양한 분야에서 여성정책이 새로이 기획되고 집행되었다. 유엔을 위시한 국제사회의 성평등 정책 흐름과 소통하면서, 현재까지 계속되고 있는 여성정책의 근간에 해당하는 기초적 토대가 만들어졌다. 김대중의 양성평등 이론과 정책은 그 시대적 한계를 감안해야 하고, 이런 점에서 성평등사회를 지향하는 한국 정치의 시작을 알리는 타종이라 결론내릴 수 있겠다.

제3부 용서와 화해, 연대와 연합

제7장. 김대중의 화해의 정치

제3부 '용서와 화해, 연대와 연합'의 첫 번 째 논문은 김귀옥 교수의 '김대중의 화해의 정치'이다. 필자에 따르면 김대중은 용서할 수 없는 사람들을 용서하고 그들과 화해를 청했다. 또한 한국 사회에서 가장 낮고 고통을 받아온 사람들과 함께 울고 함께 마음을 나눴다. 정적들에 의해 수 십년간의 부정적 이미지와 빨갱이라는 낙인이 두텁게 찍혀 있었음에도 불구하고 대통령이 되었고, 일본과의 갈등을 풀어 21세기 새로운 동반자 관계를 열고, 북한과의 적대관계를 화해와 협력의 관계로 전환시켰다.

김대중이 화해를 실천하게 된 이유, 화해의 내용이나 함의가 무엇인지 살펴보는 것은 정치적으로뿐만 아니라 학문적으로도 필요하다. 개인적 수준에서나 정치적 수준 또는 당대적 문제만이 아니라 역사적 문제에 대한 김대중의 끈질긴 사유와 실천, 반성과 객관적 정당성 등을 통하여 화해와 용서라는 방법을 찾아 실천해왔던 김대중의 역정 그 자체가 흥미롭기도 하고 수많은 질문을 던지게 만든다.

김대중의 화해의 사상과 화해의 정치를 제대로 파악하기 위해서는 단순히 그의 주장만을 탐구하는 것만으로는 부족하다. 김대중은 시대적 현실 속에 있는 개인이나 집단이 자기가 처해 있는 현실에 정당하게 대처하여 의미 있는 행동을 하는 데 실천적 규준을 제시하고자 하였다. 따라서 이 장은 김대중이 살아온 과정에서 남긴 실천을 통하여 김대중이 보여준 화해의 정치를 이해하고 그 함의를 찾아보고 있다.

필자 김귀옥 교수는 이 장에서 아래와 같은 내용을 중심으로 분석하였다. 첫째, 김대중의 화해와 관련된 둘러싼 연구현황과 개념 정리. 둘째, 김대중의 화해 의식의 형성과정. 셋째, 정치적 시련 속의 용서와 화해의 길. 넷째, 남북 갈등과 불신에서 화해와 협력으로의 정치적 실천. 다섯째, 국제적 갈등 해결과 화해. 여섯째, 김대중 용서와 화해를 둘러싼 특징.

첫째로 필자는 김대중의 화해와 관련된 둘러싼 연구현황과 개념 정리하고 있다. 김대중의 화해의 사상을 이해하기 위해서는 최근 연구 경향이나 화해 개념을 정의하고 출발하는 것이 필요하다. 서구에서 화해나 용서를 둘러싼 관심이 종교를 넘어 예술·정치·경제·철학·과학의 영역에서 논의되기 시작한 것은 1980년대 이후이다. 특히 철학 분야에서 '용서'가 주된 관심사로 등장했고, 2000년대 들어서서 화해나 용서를 주제로한 영어로된 연구물들이 쏟아져 나왔다. 한국에서는 화해 관련 연구물은 2000년 전후로 늘어나고 있다. 김대중의 화해의 정치 관련 연구는 주로 남북관계에 있어서 대북정책으로서의 화해·협력정책에 초점을 맞춘 연구가 많다. 그 가운데 노명환과 장신기의 연구가 김대중의 화해 문제를 이해하는데 중요한 선행연구이다. 노명환은 김대중과 용서와 화해의 사상은 인간과 사회의 본질에 대한 통찰과 그의 종교적 신념과 역사에 대한 믿음에 기초하고 있다고 보았고, 그러한 사상을 실천하게 된 동기를 짚어내었다. 또한 장신기는 김대중이 '화해와 공존'의 가치를 토대로한 '화해통합론'을 현실 정치 과정에 어떻게 풀어나갔는지를 짚었다.

그렇다면 '화해'를 어떻게 정리할 것인가? '화해'는 '현재 작동하고 있는 갈등과 대립 구조를 해체하는 작업'이라고 할 수 있다. 화해라는 개념과 뗄 수 없는 개념으로 사과와 용서가 있다. 김대중은 가해자의 사과를 우선시하기 보다는 용서할 수 없는 것을 용서하는 것이 진정 화해에 이르는 길이라고 이해하고 있었다. 그러한 갈등이나 대립 등은 개인 수준으로부터 사회 집단 수준, 국가 수준, 국제 수준에 걸쳐 발생되기도 하며, 그러한 갈등과 대립 상황을 풀 수 있는 힘은 바로 용서와 화해라고 보았고, 진정성있는 용서가 사과를 이끌어 낼 수 있음을 시사한다. 김대중이 실천한 화해의 내용과 방법을 구체적으로 살펴보도록 한다.

둘째로는 김대중의 화해 의식의 형성과정에 대해서다. 필자에 따르면 김대중의 화해 의식을 형성시키는 온상은 부모이다. 그의 어머니는 어려운 여건에서도 김대중을 포함한 자녀들(3남 1녀)을 남부럽지 않게 키우고 자식들의 미래를 위해 가계 빈곤을 감수하면서까지 목포로 이사를 강행했다. 그런데 어머니는 목표를 위해서라면 어떤 수단도 좋다는 입장을 가졌던 분은 아니었던 것 같다. 오히려 어머니는 자신의 이익을 위해 다른 사람을 괴롭히거나 불이익을 주는 것에 대노하면서 어린 시절부터 나쁜 짓을 생각하지 못하게 하는 감수성을 김대중에게 형성시켜 주었다. 대신 열심히 공부하고, 익히는 것에는 반복적인 칭찬을 함으로써, 김대중에서 가치 있는 행동과 삶이 무엇인가 하는 것을 가르쳐 준 사람이었다. 또한 마을 구장이었던 아버지로 인해 총독부 기관지인 『매일신보』를 읽으며 정치의식과 국제적 감각을 깨우칠 수 있었다. 김대중은 정규 학교 입학하기 전, 서당을 통해 한학과 전통사상의 가치를 익히면서도 좁은 섬과 한반도에 갇히지 않고, 비록 일제의 관점이긴 하지만 세계 각국의 동향을 집근하기 위해 노력을 했다.

해방 당시 새로운 사회를 향한 정치 경제적 분위기는 김대중의 정치의식이 형성되는데 중요한 역할을 했던 것으로 보인다. 건국준비위원회 목포지부나 적산 기업의 대표로서 민주적 리더십을 발휘했던 것은 그의 정치적 삶에서 기본적인 삶과 정치 철학과 방법론이 되어 주었다. 분단과 전쟁 과정에서 죽을 고비를 넘기면서 민족의 화해와 전쟁 없는 세상을 만들어야겠다는 각오도 했던 시기였다.

셋째는 정치적 시련 속의 용서와 화해의 길에 대한 분석이다. 김대중 인생에서 가장 중요한 사건 중 하나이자, 인생의 항로를 결정지은 사건은 1971년 제7대 대통령선거 후보였던 것이라 할 수 있다. 그는 대선 후보로서 파격적인 선거공약, '3단계 평화통일론'을 제시하면서 그 때 이후 박정희 정권하에서 세 차례 죽을 고비에 직면해야 했다. 가장 심각한 사건으로는 1973년 8월, 박정희 정부의 중앙정보부에 의해 납치되어 태평양에 수장되기 직전에 기사회생으로 귀가할 수 있던 사건이나 1980년 5·17 '김대중내란음모조작사건'으로 신군부에 의해 사형 선고를 받았던 사건을 들 수 있다.

그러한 연이은 시련과 투옥 중에 그는 복수를 결심하기보다는 신앙과 수련으로서 신앞에서 자신을 내려놓으며 분노와 억울함을 이겨내고, 한편으로는 사건을 둘러싼 정권의 성격이나 박정희나 전두환 정부를 성향을 분석하면서 자신의 고난을 객관화시키는 입장을 갖게 되었다. 또 한편으로는 아내, 자녀들에게 신앙과 관용을 강조하면서 분노감에 매몰되지 않도록 위로를 했다. 나아가 정치적 동료들에게는 관용과 화해를, 정권에 대해서는 정치적 보복을 행하지 않도록 요청하는 모습은 이후 대통령이 된 후 그가 보일 관용과 화해의 정치를 예고하였다.

넷째는 남북 갈등과 불신에서 화해와 협력으로의 정치적 실천에 대한 분석이다. 분단과 전쟁 과정에서 김대중은 좌우로부터 공격을 받았다. 특히 한국전쟁 시기에는 좌익에 의해 목포형무소에 갇혀서 수장당할 수도 있는 상황에서 기지를 발휘하여 살아날 수 있었고, 김대중 역시 반공주의자가 될 수밖에 없는 상황에 처했다. 그는 1960년 미국과 구 소련간의 데탕트 분위기를 보면서 한반도에도 그러한 화해를 가능하게 되기를 꿈꾸었다.

그러한 화해는 두 가지 형태로 나타났다. 한편으로는 김대중 자신에게 가해진 빨갱이 낙인과 차별, 폭력을 극복하는 문제와 또 다른 한편으로는 북한과의 적대적 관계를 중단하고 화해로서 새로운 한반도를 여는 문제였다. 그러한 인식으로부터 그는 국민적 대화합을 위한 실천을 행하였고, 전두환·노태우 전직 대통령을 사면하면서 일체의 정치보복을 하지 않겠다는 주장을 실천했다. 또한 1971년 제8대 대통령 후보로서 평화 공존·평화 교류·평화 통일의 3원칙 아래 3단계 방식에 의한 평화통일론을 주창했다. 또한 2000년 남북정상회담과 6·15남북공동선언으로 그의 화해의 정치가 구체화될 수 있었다.

다섯째는 국제적 갈등 해결과 화해에 대해서다. 한국으로서 대표적인 국제적 갈등의 나라는 일본이다. 김대중은 일제 강점기 태어나서 일제에 의한 식민주의적 차별을 몸소 겪었고, 그런 과정에 개인적으로 집합적 저항 의식을 형성하게 되었다. 김대중에 대한 직접적인 경험과 관련하여 1973년 김대중납치사건 때 일본 정부가 취한 이율배반적 행동은 일본 정부의 본질적 성격에 대해 근본적인 불신감을 갖게 하는 것이었다.

그럼에도 불구하고 김대중은 일본에 대해 동아시아의 연대와 발전을 위해서는 일본과의 화해는 필수적이라고 보았다. 이러한 관점에서 그는 1965년 한일수교에 대해 무조건적 반대만 해서는 안된다고 보았다. 반일의 입장 속에서도 동아시아 연대적 차원에서 일본에 대한 실용주의적 입장에서의 화해 지향적 태도를 취했다.

1998년 김대중 정부 출범 이후 그는 방일과정에서 예의로서 일본 '천황'이나 오부치 총리를 비롯한 정치가들을 만났고, 일본 천황과 오부치 총리는 역사적 사괴를 표명하였다. 그런 과정에 '21세기를 위한 파트너십' 한일공동선언문을 낳기에 이르렀다.

여섯째는 김대중 용서와 화해를 둘러싼 특징에 대해서이다. 김대중의 용서와 화해의 문법에는 몇 가지 특징이 보인다. 첫째, 가해 당사자의 사과가 전제조건이 되지 않는, 또는 사과 없는 용서와 화해의 방법론을 실천하려 했다. 둘째, 분노할 만한 상황이 해소가 되지 않았음에도 본능적 또는 파괴적 보복을 하지 않으려 했다. 셋째, 사과와 용서의 과정이 소통과 화해의 과정과 거의 동시에 이루어졌다.

김대중은 세 가지 유형의 화해를 실천해 나갔다. 우선 정치로서의 화해는 국제적으로는 남북 정상의 화해와 한일간의 화해를 들 수 있다. 특히 남북 정상간의 화해는 분단과 전쟁 이후 최초로 이루어진 남북의 정상회담을 통해서 이루어졌고, 6·15남북공동선언을 가져와 2000년대 한반도 평화의 가능성에 성큼 다가가게 했다. 또한 국내적으로는 정치적 보복 없는 화해통합을 제시했다. 남북과 한일간의 화해는 국내 정치 세력들간의 화해를 가져오는 선순환을 이룰 수 있는 힘이 됨을 입증했다.

또한 김대중은 정의로서의 화해로서 과거사 문제를 해결하기 위해 노력했다. 그는 가해자에 응징하는 것에 초점을 맞추는 응보적 정의를 내려놓고, 진상규명과 피해자의 명예회복과 배상을 통해 회복적 정의를 실현하기에 힘썼고, 그 이후 최근까지지도 진실·화해의 한국형 모델을 정립했다. 회복적 정의에 기반으로 하면서도 배상문제에만 국한되지 않도록 하기 위해서는 피해자들의 고통과 트라우마를 치유하기 위한 노력이나 교육, 문화적 노력과 함께 그러한 노력이 지속적으로 실현될 수 있도록 하기 위한 창조적 정의를 실현하는 노력으로 성숙되어야 할 것이다.

나아가 김대중은 윤리로서의 화해를 실현하기 위해서 한편으로는 자기 자신의 용서를 구하고자 종교적 신앙에 매달리며, 가족들이 사랑, 용서, 평화, 화해 등의 마음을 잃지 않도록 위로하고 용기를 주었다. 또한 5·18 유족들을 뜨겁게 포옹하면서 슬픔과 고통을 나누며, 차별없는 세상이 되도록 노력함을 약속하고 지켜나갔다. 특히 사회적 약자들을 탄압하고 차별했고, 김대중을 죽음으로 몰아넣으려 했던 독재 정치가들에 대해서도 한편으로는 연민하면서, 정치적 보복 없는 화해를 이루기 위해 힘썼다.

화해라는 마음의 현상이 객관적 환경을 다 바꿀 수 있는 것은 아니다. 화해는 마음으로부터 시작하여 사람들의 관계에서 구현되거나, 정치적으로, 때로는 국가간에도 적용되는 개념이다. 화해의 마음이 현실화되는 데에는 필연적으로 객관적 조건이 작동되기 마련이다. 남북문제나 한일문제에서 보듯 한 번 화해를 이루었다고 하여 계속 화해적 관계가 지속되는 것은 아니다. 법제도적으로든 사회문화적으로든 화해 상황을 역행하지 않고 지속하기 위한 노력이 되지 않으면 일시적일 수밖에 없다. 특히 화해의 정치라면 더욱 그렇다. 해당 사회나 국가가 진정 화해를 원한다면 화해를 유지하거나 그런 분위기를 성숙시킬 수 있는 주체와 노력이 필수적이다. 예컨대 1972년 빌리 브란트 서독 총리와 빌리 슈도프 동독 총리간에 동서독 기본조약을 체결하여 '동등한 기반 위에서 정상적인 이웃관계'를 약속했다. 또한 상호불가침 문제, 인도적 문제를 해결하기 위해 노력하는 과정에서 화해를 지켜나가기로 했다. 1991년 통일되기까지 두 번의 정권 교체가 있었으나 대체로 기본조약은 지켜졌다. 그러한 일관성 있게 화해 상태를 유지했기에 1972년의 정치적 조약은 동서독 통일로 이어질 수 있었다.

한반도에 진정 평화와 화해가 가능하기 위해서는 한 사람의 위대한 사상이나 정치만으로는 부족하다. 결국 위대한 사람의 정신을 지속적으로 계승해 나갈 수 있는 정치체제와 사회문화를 만들면서 주변국들을 이해시키며, 협조할 수 있는 기반을 만들어나가야 한다. 김대중의 화해의 사상과 정치는 21세기 여전히 진행 중인 꿈이자, 한반도 사람들이 미래를 열어나가야 할 전망이다.

8장 김대중의 용서·화해 사상과 분단극복·지구평화

제3부의 두 번째 장은 노명환 교수의 '김대중의 용서·화해 사상과 분단극복·지구평화'이다. 필자는 김대중의 용서·화해 사상은 그가 추구한 자유, 민주주의, 공존, 평화, 상생의 사회를 위해 핵심 가치를 이룬다고 본다. 이러한 그의 용서·화해 사상을 이해하기 위해서는 그의 인간과 사회의 본질에 대한 통찰력 그리고 그의 기독교 신앙을 깊이 있게 파악할 필요가 있다. 김대중의 용서·화해 사상의 핵심에는 이분법의 극복과 지속적인 다양성 속의 통일의 변증법을 추구하는 바가 들어 있다. 즉, 변증법의 세계관·우주관으로 연결되어 있다.

김대중의 이러한 용서와 화해 사상을 보편성과 특수성으로 나누어서 이해해 볼 수 있겠는데, 그의 용서·화해 사상의 보편성은 인류 보편의 차원을 뜻하며, 특수성은 이러한 보편성이 그의 시련의 삶과 정치에서 특수하게 융합·구성된 측면을 말한다. 이 특수성은 정치적 보복이라는 가능성을 절대적으로 초극하기 위한 치열한 추구와 관련되어 있다.

이러한 그의 용서와 화해 사상의 특수성은 그의 독실한 기독교 신앙과 오랜 민주화 및 평화통일운동으로 인한 박해와 시련의 생애와 깊은 연관을 가지고 있다. 물론 이러한 특수성과 보편성은 명확히 구별되지 않고 많은 부분 서로 중첩되어 있다. 둘 사이의 차이점은 다양한 관점들에 따라 다양하게 부각될 수 있고, 이분법적으로 나뉠 수 없는 것으로 변증법적으로 통합되어 갈 수 있다. 즉, 이 특수성과 보편성의 측면들은 고정된 성격들이 아니다. 끊임없이 상호 작용하며 새롭게 융합된다. 이를 이론적으로 그리고 정치·사회 현실 속에서 파악해 내는 것이 대단히 중요하다. 정치 현실에서 그의 용서와 화해 정책은 많은 논란을 야기했다.

그런데 궁극적으로 김대중의 용서와 화해 사상의 보편성과 특수성은 끊임없는 변증법의 상호 작용의 과정 속에서 융합적으로 변화·생성되어 갔고, 따라서 그의 용서와 화해의 사상은 이러한 변증법적인 역사의 역동성 속에서 해소되고 승화되어야 한다. 용서와 화해가 지속적인 엄정한 단죄와 함께 변증법적인 과정을 통해 완성될 수 있도록 해야 한다. 이를 현재와 미래의 우리가 실천하고 완성해 가야 한다. 즉, 용서와 화해, 민주주의, 평화와 상생의 길을 위한 김대중의 몫과 국민의 몫이 역사 속에서 변증법적으로 조화를 이룸으로써 최상의 과거사 청산이 이루어지도록 해야 한다.

그의 용서와 화해 사상이 자유, 민주주의, 공존, 평화, 상생의 가치 그리고 분단극복·지구평화를 위한 정책들과 연결되어 있다. 이를 이해하기 위하여 특히, 그의 지구민주주의 개념 및 지식정보 사회 그리고 그와 인연이 있는 한류(韓流)의 의미와 정책을 되새겨 볼 필요가 있다. 특히, 이러한 정책들이 변증법의 세계관·우주관 속에서 용서와 화해 사상에 기반하여 자유, 민주주의, 공존, 평화, 상생의 가치를 어떻게 추구해가는지를 살펴보아야 한다.

그의 용서와 화해 사상은 크게 보아 동양의 전통적인 음양사상의 우주 철학 같은 성격의 인간과 사회의 본질에 대한 이해에 기초했다. 그는 이를 헤겔의 변증법 철학, 토인비의 도전과 응전의 문명사관, 떼이야르 드 샤르댕의 변증법적 진화론의 신학과 융합하면서 체계화하고 발전시켜 갔다. 그에 따르면 우주의 존재 그 어느 것도 고정된 것은 없고 상호 작용하면서 끊임없는 변화의 과정 속에서 존재한다. 그는 용서와 화해가 이러한 우주의 원리 속에서 필수적이라고 강조한다. 그리하여 용서와 화해는 민주주의, 공존, 평화, 상생의 세상을 위한 기본 전제 조건이 된다고 말한다.

그의 국내 정치적 용서와 화해의 실천, 북한과 화해·협력의 햇볕정책, 일본과의 미래 지향적 동반자 정책, 지구민주주의 등이 모두 이러한 그의 용서와 사랑, 화해 사상에 기초를 두고 있다. 이러한 변증법적 진화의 과정 속에서 그는 인간 세계의 민주주의를 넘어서는 조화로운 자연과 인간 사이의 용서와 화해, 소통, 사랑의 지구민주주의를 추진했다. 그의 지구민주주의에서 용서와 화해의 보편성과 특수성은 끊임없는 변증법으로서 변화·생성의 역동성을 기본 원리로 가졌다. 그는 특히, 지식정보 사회의 도래에 제대로 응전함으로써 이러한 지구민주주의를 꽃피울 수 있다고 생각했다. 이러한 정책들의 연장선상에서 일본과 추진한 대중문화 교류를 실현했고, 이는 세계적 한류를 만들어 내는데 기여했다. 이러한 한류는 세계시민사회를 이루어가고 지구민주주의를 실현하는데 기여할 수 있어야 했다. 남북분단 극복을 위해서 그리고 세계·지구 평화를 위해서 기여할 수 있어야 했다. 필자는, 우리가 그의 용서·화해 사상과 남북분단 극복, 세계·지구 평화의 정책을 이러한 관점에서 이해할 수 있어야 하겠다고 제안하고 있다.

9장. 김대중의 연합과 통합의 정치

끝으로 9장에서 필자 박명림은 김대중의 연합과 통합의 정치를 논구한다. 김대중은 내부적인 통합·연합의 정치와 대외적인 평화·공존의 정치를 일관되게 추구하였다. 필자는 김대중이 어떻게 민주화 운동부터 대통령 시기에 이르기까지 연합과 통합의 정치를 추구하고 실천하였는지를, 핵심 사상과 사건, 정치행위, 정책에 대한 정리를 통하여 살펴보고 있다.

먼저, 통합과 연합정치의 경우, 첫째 민주화 운동 시기의 의회내부(김영삼), 재야 및 민주화운동세력과의 연대, 그리고 박정희와의 대화 시도, 둘째 대선과정에서의 산업화·보수 세력과의 정치연합·이념연합·지역연합(김대중-김종필 연합)을 통한 집권과 최초의 평화적 정권교체, 셋째 대선 이후 내각구성과 정책실현에서의 보수세력과의 정치적 정책적 연대를 통한 남북관계 개선과 외환위기 극복사례가 분석된다. 집권 이후 정책적 연합성과 포괄성은, 김대중 정치의 일관된 특성의 하나로서, 특히 주목할만하다.

둘째로 통합정치의 대내 기저이자 대외 확장인 화해 정치의 경우, 박정희 기념사업지원 및 전두환 노태우 사면을 통한 진보-국내 수준의 보수-화해, 그리고 김대중-오부치 선언을 통한 한일 화해, 건국 이래 최초의 남북정상회담과 6.15공동선언을 통한 남북화해가 해당된다. 이를 통해, 김대중정치는 한국에게 가장 어려운 3대 요소인 진보-보수. 한국-일본, 남한-북한의 화해의 정치를 일정한 수준에서 모두 이루어낸 드문 시기로 이해된다. '국가를 위한 충성'(한국전쟁 참전자)과 '국가에 의한 희생'(제주 4.3사건)을 함께 포용하고, 함께 지원하고, 함께 추념하게 된 첫 계기도 김대중 정부 시기부터였다.

기실 김대중의 정치적 목표의 실현은 모두 통합과 연립·연합을 통한 집권으로 인해 가능하였다. 이는 본문에서 간략하게 언급하는, 김대중과 가까웠던 빌리 브란트와 넬슨 만델라가 모두 자기 나라 최초의 연합정부, 대연정, 국민통합정부로서, 독일·남아공·한국에서 사회민주당, 흑인, 야당으로서는 자기 나라에서 최초의 집권이었다. 연립·연합의 힘이었다. 흥미있는 것은 김대중이 통합과 연합을 통해 집권하였을 뿐만 아니라, 집권 이후에도 그들은 국정의 각 분야에서 통합과 연합의 정치와 정책을 펼쳤다는 점이다.

한국에서 1997년 김대중-김종필연합에 의한 정부교체는, 그때까지의 폭력에 의한 정권교체와 정당 내 정부교체를 넘어 선거를 통한 최초의 정당 간 정권교체로서 민주공화국의 명실상부한 한 완성의 의미를 지닌다. 단기적인 성공과 후퇴에도 불구하고, 스웨덴, 핀란드, 독일, 오스트리아, 이탈리아, 미국, 네덜란드, 남아프리카 공화국의 역사적 경로들에 비추어 정치연합은 위기극복과 국민통합, 민주주의와 국가발전, 그리고 거시적인 평화와 통일의 결정적인 경로로 해석된다.

거시적인 국가발전의 견지에서 볼 때 한국은 국가형성연합, 산업화연합, 민주화연합의 연속적인 성공을 통해 오늘의 선진국 수준에 도달하였음을 부인할 수 없다. 그러나 1948년의 이승만-김구 분열과 1960년 4월혁명세력의 분열, 그리고 1987년의 87년의 김영삼-김대중 분열을 포함해 중대 계기에 연합정치의 지혜와 경험은 크게 부족한 것도 사실이었다. 그 점에서 1997년 김대중-김종필 연합은 산업화세력과 민주화

세력의 정치연합, 보수와 진보의 이념연합, 호남과 충청의 지역연합의 복합적인 3중 의미를 함께 갖는다. 김대중-김종필 정치연합은 최초의 정당 간 평화적 정권교체를 성취한 것을 비롯해 보수와 진보가 함께 연립·연합정부로서 외환위기 극복, 국민통합, 사회적 대타협, 대북 온건정책, 전방위외교를 가능하게 한 요체였다.

특히 국민통합에는, 진보-보수 인사의 균형적 내각구성을 통한 통합정부실현 뿐만 아니라 지역균형발전을 통한 지역통합, 외교·안보·통일 분야 각료급 전원의 보수인사 등용을 통한 정책통합, 그리고 노사정위원회를 통한 노사통합, 국가를 위한 유공과 국가에 의한 피해를 동시에 보상하고 포용하는 역사통합-과거통합의 추구를 포함하였다. 다층적 다면적 다성적(多聲的) 국민통합이었던 것이다. 금모으기운동, 남북정상회담, 한일 월드컵 역시 국민통합의 중요한 계기들이었다.

그러나 김대중의 국가리더십은 내각제 개헌합의 추구의 시도 부재, 구조조정 과정에서의 재벌체재 개혁과 노사정 불균형의 한계, 사회타협·남북관계·외교관계의 제도화와 연속성의 확보에서 일정한 한계를 노정하였다. 그러한 정치적 한계는 만델라와 브란트의 경우도 불가피하였다. 그럼에도 불구하고 각각 자신의 나라에서, 그리고 세계에서 비교를 통해 볼 때 김대중이 통합과 연합, 화해와 공존의 정치를 전범적(典範的)으로 추구한 지도자였다는 점은 분명하였다.

1부

한반도 국제전략 평화

1장

햇볕정책: 한반도 평화·통일·번영의 대전략

백 학 순
김대중학술원

본 연구는 김대중 대통령이 대한민국 대통령으로 재직 시(1998년 2월~2003년 2월) 취했던 '햇볕정책'이 화해·협력의 대북정책이었을 뿐만 아니라 외교정책, 군사·안보정책, 경제정책을 아우르는 '한반도 평화·통일·번영의 대전략'이었다고 해석하고 설명하기 위한 것이다.[1] 즉 햇볕정책은 일차적으로는 남한, 그러나 우리 민족 전체, 한반도 전체의 생존과 발전을 위한 대전략(grand strategy)이었던 것이다.

본 연구의 구성은 다음과 같다. 제1절에서 역사의 '전환기적 시점'에서 김대중 대통령이 어떤 '중요 선택'을 했는지를 살펴보고, 그것이 단순한 대북정책이 아니었고 나라와 민족의 생존과 발전을 위한 대전략이었다는 성격을 밝힐 것이다. 제2절에서는 햇볕정책의 이해와 '분석의 틀'로서 정책주체(지도자)와 환경구조, 정치기회구조 차원의 변수들,

1) 대전략으로서의 햇볕정책은 한반도에서 민족사회문화공동체 형성을 위한 '사회문화정책'도 포함하고 있으나, 본 글에서는 사회문화정책에 대한 분석과 설명은 지면 제약 등의 이유로 생략하기로 한다.

그 변수들의 상호작용의 결과가 햇볕정책으로 산출됐음을 설명할 것이다. 제3절은 나라와 민족의 생존과 발전을 위한 대전략으로서의 햇볕정책을 대북정책, 외교 및 군사·안보정책, 경제정책으로 나눠 검토할 것이다. 마지막으로, 제4절에서는 햇볕정책를 평가하되, 그것의 성과와 김대중정부 이후의 '제도화' 문제에 대해 살펴보기로 한다.

1. 김대중과 햇볕정책: '전환기적 시점'에서 선택한 '대전략'

여기에서는 역사의 '전환기적 시점'(critical juncture)에서 김대중 대통령이 어떤 '중요 선택'(critical choice)을 했는지, 그리고 그것은 단순한 '대북정책'이 아니었고 나라와 민족의 생존과 발전을 위한 '대전략'(grand strategy)이었다는 것을 설명할 것이다. 즉 햇볕정책은 1차적으로 남한의 대북정책이었지만, 그것은 대북정책을 넘어 외교 및 군사·안보정책, 경제정책이었고, 지역적으로는 남한을 넘어 한반도 전체, 아니 유라시아 대륙과 아시아·태평양 지역을 대상으로 민족 전체의 생존과 발전을 포함하는 것이었다.

1) '전환기적 시점'과 '중요 선택'

동서고금의 역사를 보면, 나라와 민족마다 각각 따로 흐르던 여러 분야의 핵심문제들이 합류되어 매우 긴장감이 팽팽하고, 불확실하지만 유연성이 충만한, 어떤 커다란 변화를 만들어 낼 수 있는 역사적 시점, 즉 전환기적 시점이 있다. '옛것'과 '새것' 간의 팽팽한 긴장과 대립이 고조되고 충돌이 발생하는 그러한 역사적 시점에서 변화를 추구하는 세력과 함께하는 지도자는 현상유지 세력의 반대를 물리치고 새로운 변화를 위한 '중요 선택', 획기적 선택을 함으로써 시대의 대전환을 이뤄낸다.[2]

이처럼 획기적 선택을 통해 대전환이 일어나면, 사회, 정치와 정책의 주체가 달라지고, 그들이 추구하는 미래의 비전과 이익, 목표가 새롭게 자리 잡게 된다. 동시에 공동체의 이념, 이익, 정체성이 질적인 변화를 겪는 등 세상의 흐름이 크게 변하게 된다. 역사에서 '옛 시대'가 가고 '새 시대'가 오는 것이다.[3]

이러한 전환기적 시점에서는 전략주체(정책주체, 행위자)가 원하는 정책을 만들고 실행할 수 있는 '정책 창문'—즉 평소에 주장하는 정책 방안을 관철시키거나 평소에 지적해온 문제점들에 관심을 강요할 수 있는 기회—이 열릴 수 있는데,[4] 정책 창문은 정치적 사건이나 정치적 발전 때문에 열리기도 하고(정치적 창문), 혹은 정치지도자들이 무시하기 힘든 혹은 이용하기 편리한 어떤 절박한 사회적 문제나 이슈 때문에 열리기도 한다(문제 유도 창문). 구체적인 현실에서는 두 가지 요소가 함께 결합되어 정책 창문이 열린다고 할 수 있다.[5]

---

2) 백학순, "왜 평화인가? 그리고 무엇이 문제인가?" 백학순 외, *한반도 평화대전략* (성남: 세종연구소, 2022), 31-32; 백학순, 박기덕·이종석 편, *남북한 체제비교와 통합모델의 모색* 중 "북한정권의 생존전략과 전망,"(성남: 세종연구소, 1995), 18-25; John W. Kingdon, *Agendas, Alternatives, and Public Policies* (Boston: Little, Brown and Company, 1984), 21, 173-174; Guillermo O'Donnell and Philippe C. Schmitter, *Transition from Authoritarian Rule* (Baltimore: The Johns Hopkins University Press, 1986), 3-5, 18; Stein Rokkan, *Citizens, Elections, and Parties* (New York: David McKay, 1970), 112; Ruth Berlins Collier and David Collier, *Shaping the Political Arena: Critical Junctures, the Labor Movement, and Regime Dynamics in Latin America* (Princeton: Princeton University Press, 1991), 27-39; David Collier and Deborah L. Norden, "Strategic Choice Model of Political Change in Latin America," (review article) *Comparative Politics*, 24, no. 2 (1992): 230.

3) 백학순, "왜 평화인가? 그리고 무엇이 문제인가?" 31-32.

4) John. W. Kingdon, *Agendas, Alternatives, and Public Policies*, 21, 173-176.

5) Ibid., 21, 173-176, 182-187; John T. S. Keeler, "Opening the Window for Reform," *Comparative Political Studies*, 25, no. 4 (1993): 436.

일반적으로, 정부와 정치지도자의 변경과 교체가 가장 확실한 새로운 정책 창문을 제공한다.[6] 대표적으로 지도자의 교체는 강력한 정책쇄신의 장치이자 새로운 정책에 대한 예고자이다. 무엇보다도 '새로운 지도자는 새로운 정책을 의미'한다.[7]

거시적인 창문의 열림은 정치지도자들에게 극적이고 폭 깊은 정책 개혁의 기회를 부여한다. 그런데 어떤 정부가 극적인 정책 개혁을 달성할 수 있을 것인지의 여부는 개혁을 위한 '창문의 크기'에 의해서 결정되고 그 창문의 크기는 그 정부가 향유하는 '위임의 크기'와 그 개혁 정부가 들어서는 과정과 들어서고 난 후 초기 몇 개월 동안의 '위기의 심각성'에 의해 결정된다.[8] 위기가 심각하면 심각할수록 개혁 정부는 그만큼 더 커다란 위임을 받을 수 있다.[9] 어떤 전환기적 국면에서 일단 정책 창문에 열리면, 정책주체는 획기적 중요 선택을 하게 된다.[10]

한편, 개혁을 추진하는 정치지도자들은 그들의 개혁정책에 반대하는 그룹들을 어떤 경우에도 패배시킬 수 있도록 선택의 이슈들(dimensions of choice)을 조작하여 반대 그룹이 택할 수 있는 선택지의 구조(structure of alternatives)를 변경함으로써 항시적 필승전

6) Ibid.

7) Valerie Bunce, *Do New Leaders Make a Difference?* (Princeton: Princeton University Press, 1981), 11, 166, 225, 255.

8) John T. S. Keeler, "Opening the Window for Reform," 436-442.

9) Ibid., 442-443.

10) Ruth B. Collier and David Collier, *Shaping the Political Arena,* 37, 39, 770; Gerardo L. Munck, "Between Theory and History and Beyond Traditional Area Studies: A New Comparative Perspectives on Latin America," (Review Article) *Comparative Politics,* 25, no. 4 (1993): 479.

략(恒時的 必勝戰略: heresthetics)을 쓰거나,[11] 다른 행위자들이 그 안에서 선택을 하는 상황을 주조함으로써 목표를 추구하는 전략적 선택(strategic choice)을 하게 된다.[12]

이상의 논의를 종합하면, 전환기적 국면과 중요 선택, 그리고 항시적 필승전략을 고려할 때, 결국 중요한 것은 전략주체의 전략적 선택 능력이다.[13] 그리고 그 선택 능력은 설정된 목표를 달성하기 위한, 행위자의 인식능력, 분별력, 판단력, 융통성, 그리고 행위자가 가지고 있는 아이디어와 물질적 자원(ideational and material resources) 등의 조합에 바탕을 두고 있다.

한반도: '전환기적 시점'과 '중요 선택' (1991~2000)

한반도의 경우, 1991년 12월 소련의 붕괴와 더불어 전환기적 시점을

11) W. H. Riker, "Political Theory and the Art of Heresthetics," in A.W. Finifter, ed., *Political Science: The State of the Discipline* (Washington, D.C.: American Political Science Association, 1983), 55, 60, 142-152; Yousseff Cohen, "The Heresthetics of Coup Making," *Comparative Political Studies*, 24, no. 3 (1991): 345-346, 359-360.

12) David. Collier and Deborah L. Norden, "Strategic Choice Model of Political Change in Latin America": 229-230.

13) Gerardo L. Munck, "Between Theory and History and Beyond Traditional Area Studies": 491; Juan J. Linz, *The Breakdown of Democratic Regimes: Crisis, Breakdown, & Reequilibration* (Baltimore and London: The Johns Hopkins University Press, 1978), 4-5; James DeNardo, *Power in Numbers: The Political Strategy of Protest and Rebellion* (Princeton: Princeton University Press, 1985), 20, 31-32; Christopher Young, "The Strategy of Political Liberalization: A Comparative View of Gorbachev's Reforms," *World Politics*, 45, no. 1 (1992): 48; Valerie Bunce, *Do New Leaders Make a Difference?*, 81, 4, 17-18; Paul Kennedy, "Grand Strategy in War and Peace: Toward a Broader Definition," in Paul Kennedy, ed., *Grand Strategy in War and Peace* (New Haven and London: Yale University Press, 1991), 5; Merilee S. Grindle and John W. Thomas, *Public Choices and Policy Change: The Political Economy of Reform in Developing Countries* (Baltimore: The Johns Hopkins University Press, 1991), 7-8; Guiseppe Di Palma, To Craft *Democracies: An Essay on Democratic Transitions* (Berkeley: University of California Press, 1990), 9; Doh Chull Shin, "On the Third Wave of Democratization: A Synthesis and Evaluation of Recent Theory of Research" (Review Article), *World Politics*, 47 (October 1994): 161.

맞았다. 1988년에 출범한 노태우정부는 소련에서 미하일 고르바초프가 1986년부터 개혁·개방정책을 추진함으로써 국제정치가 전변하고 있던 국제정치 상황과 1988년 서울 하계올림픽의 성공적 개최의 필요성으로 인해 사회주의권 국가들에 대한 외교정책과 대북정책에서 대전환의 필요성을 인식했다. 노태우정부는 그 바탕 위에서 사회주의권에 대해서 '북방정책'을 추진했고, 대북정책으로서는 '민족자존과 통일번영을 위한 대통령 특별선언'(7·7 선언), '한민족 공동체 통일방안', 남북고위급회담, 북한과 유엔 동시 가입, '남북 사이의 화해와 불가침 및 교류협력에 관한 합의서'(남북기본합의서), '한반도 비핵화공동선언' 등을 이뤄냈고, 남북정상회담 제안, 스포츠 및 기타 남북한 교류·협력 등 민족 화해·협력을 추진했다.[14]

노태우정부의 대북·대외정책에는 당시 제1야당 대표인 김대중이 1970년대 초부터 해온 '3단계 통일론', 한반도 '4대국 안전보장론'(평화보장론), 남북한 유엔 동시 가입, 남북대화, 사회·문화분야의 교류·협력 등 많은 정책 주장들이 반영되어 있었다.[15]

한편, 1993년 2월에 출범한 김영삼정부는 기본적으로 노태우정부의 통일방안을 계승하여 '한민족 공동체 건설을 위한 3단계 통일방안'(민족공동체 통일방안)을 제안했다. 그러나 1994년 7월 4일 김일성 주석이 사망하자 '조문파동'이 일어났다. 김영삼 대통령은 북한체제의 붕괴가 임박했다고 보고(북한의 경착륙론), '북한의 붕괴를 유도하고 한반도 통일을 이룩'하고자 했다. 김영삼 대통령은 유엔이나 인도주의 단체들의 대북 식량지원 호소에 응하지 않았을 뿐만 아니라 다른 나라들

14) 백학순, *노태우정부와 김영삼정부의 대북정책 비교* (성남: 세종연구소, 2012), 10-12, 17-24, 52-79.

15) 김대중, *나의 길 나의 사상: 세계사의 대전환과 민족통일의 방략* (서울: 한길사, 1994), 344-345.

의 대북 원조도 막아 북한의 붕괴를 촉진시키고자 했다. 김영삼 대통령은 또한 1996년 4월 총선에서의 승리 등 자신의 국내정치적 이익에 대한 고려 때문에 북한에 대한 강경 자세를 고수했다. 김영삼 대통령은 북한의 붕괴에 대비하여 크게 두 가지 조치를 취했는데, 그것은 탈북자 대책의 수립과 남북통합의 대비였다.[16] 이로써 노태우정부 시절에 추구했던 남북 화해·협력은 실종되고, 남북대결이 강화됐다. 더구나 제1차 북핵위기를 해결하기 위한 북미회담이 남한이 배제된 채 진행되고 1994년 10월에 북미기본합의(Agreed Framework)가 이뤄지자 김영삼정부는 '한반도 문제'(Korean Problem) 해결의 당사자이면서도 협상에 참여해 보지도 못한 채 대북 경수로 건설 비용의 70%를 떠맡아야 했다.

김영삼 대통령은 한반도 문제 해결의 당사자 지위를 회복할 필요성 하에서 1996년 4월 '한반도 평화구축을 위한 4자회담'(4자회담)을 제안했다. 1997년 8~11월의 예비회담을 거쳐 1997년 12월 4자회담 본회담을 시작했으나,[17] 큰 성과를 내지 못했다. 그리고 경제·통상 정책에 실패하여 1997년 말 외환위기로 국제통화기금(IMF) 구제금융을 받는 등 경제 파탄 상황을 맞았다. 1997년 12월 18일 치러진 15대 대통령 선거에서 새정치국민회의 김대중 후보가 대통령에 당선됐다.

위에서 살펴보았다시피, 1986년 고르바초프의 개혁·개방정책과 1991년 12월 소련 붕괴는 전 세계적으로 냉전시대를 종식시켰고, 그 영향 하에서 노태우정부가 민족 화해·협력을 추진하는 등 한반도에서도 탈냉전 국제정치와 보조를 맞춰 나갔다. 그러나 김영삼정부 들어 그러한 정책을 지속하지 못함으로써 한반도에서 민족화해를 진전시키고 냉

16) 백학순, *노태우정부와 김영삼정부의 대북정책 비교*, 33-35, 79-83, 92-94.

17) 위의 책, 83-91.

전구조를 해체할 수 있는 기회를 놓치고 말았다.

김대중 대통령은 본격적인 민족화해와 한반도 냉전구조 해체를 핵심으로 하는 햇볕정책을 시작했다.[18] 김대중 대통령은 소련의 붕괴로 시작된 '탈냉전 과도기'를 우리나라와 민족의 생존과 발전을 위한 결정적인 기회로 사용하기로 하고 북한의 김정일 국방위원장과 남북정상회담을 추진했다. 과도기가 끝난 후 강대국 이익을 중심으로 강대국 질서가 들어서면, 그것이 우리 남한과 우리 민족에게 하나의 제한적 결정력으로 작용하여 우리의 자율성을 구조적으로 제한할 터였다. 따라서 이 과도기에 남북한이 적극적인 화해·협력을 통해 남북 각각의 이익을 물론 우리 민족의 공동이익을 확보함으로써 새로운 국제질서가 생겨나더라도 우리의 생존과 발전을 지켜나갈 수 있기를 희망했다. 김정일 위원장도 결국 김대중 대통령의 그러한 전략적 구상에 동의하여 2000년 6월 역사적인 남북정상회담과 6.15남북공동선언이 이뤄졌던 것이다.

남북정상회담과 6.15남북공동선언의 성과를 바탕으로, 2000년 10월에는 김정은 위원장의 특사인 조명록 북한 국방위원회 제1부위원장이 워싱턴을 방문하여 역사적인 "북미공동코뮈니케"에 합의했고, 이어 클린턴 대통령의 방북을 준비하기 위해 매들린 올브라이트 미 국무장관이 평양을 방문했던 것이다.

2) '대전략'으로서의 햇볕정책

김대중 대통령이 취했던 햇볕정책은 단순한 대북정책이 아니라 대북정책을 넘어 외교정책, 군사·안보정책, 경제정책을 아우르는 남한은 물론 우리 민족 전체의 생존과 발전을 위한 '대전략'이었다. 그리고 민

18) 김대중, *김대중 자서전 2* (서울: 삼인, 2010), 228.

족화해, 평화정착, 평화통일을 중심으로 한 대북정책은 외교, 군사·안보, 경제 분야의 정책에 심대한 영향을 끼쳤다.

우리가 해결해야 할 '한반도 문제'는 민족문제이면서 동시에 국제문제이다. 한반도 문제는 한반도 분단과 분단 고착화, 6.25전쟁의 미(未)종전, 정전체제의 존속 및 악화, 그에 따른 남북 간에 '화해와 평화' 대신 '적대와 전쟁'의 정체성 강화, 북미관계의 미(未)정상화와 북미 적대관계 지속 및 강화, 북한의 핵·미사일 문제, 남북협력 vs. 한미동맹 간의 대립 및 충돌, 한반도에 대한 강대국 '힘의 정치' 등 각종 한반도 관련 문제들의 조합으로 이뤄져 있다[19]

이러한 한반도 문제는 남북화해만으로는 해결하는 데 한계가 있고, 결국 한반도 문제에 관계했고 또 이해관계를 갖고 있는 국가들과 유엔과 같은 국제기구들이 모두 함께 힘을 합해 노력해야 해결될 수 있는 성격의 문제이다. 이러한 성격을 중시했던 정치인 김대중은 1970년대 초부터 민족화해와 평화통일을 위한 '3단계 통일론'과 동시에 한반도에 대한 '4대국 안전보장론'(4대국 평화보장론)을 주장했다. 그리고 대통령이 된 후 2000년부터는 지난 30년 동안 연구해온 정책을 본격적으로 현실에 적용하여 '민족화해'와 더불어 '한반도 냉전구조 해체'와 '한반도 평화체제 수립'을 위해 혼신의 노력을 기울였다.

구체적으로, 1997년 12월에 대통령 선거에서 당선된 김대중 대통령이 처한 상황은 외환위기 극복과 경제살리기에 총력 집중하지 않으면 안 되는 상황이었다. 김대통령은 우선 초기 2년 동안(1998~1999) 화해·협력의 대북정책(햇볕정책)으로 한반도에서 전쟁위협을 줄이고 한반도 군사·안보 상황을 안정시킴으로써 국가 신인도를 높이는 등 경제살리

19) 백학순, "왜 평화인가? 그리고 무엇이 문제인가?" 29, 36, 63-64.

기에 전력투구하여 외환위기를 극복했다.

김대중 대통령은 2000년부터 본격적으로 한반도 냉전구조 해체에 나섰다. 대북 화해·협력정책을 지속·강화함과 동시에 '한반도 냉전구조 해체를 위한 포괄적 접근전략'(평화 프로세스)을 채택하고,[20] 국제사회, 특히 미국으로 하여금 '페리 프로세스'(Perry Process)를 통해 한반도 냉전구조 해체에 협조토록 했다.

이처럼 햇볕정책은 범위와 대상, 성격으로 볼 때, 대북 화해·협력뿐만 아니라 한반도 냉전구조 해체와 평화체제 수립을 위해 미국, 중국 등 국제사회에 대한 정책이었고, 대북정책, 외교정책, 군사·안보정책, 경제정책을 포함한 한반도 전체의 생존과 발전을 위한 '대전략'이었던 것이다.

북한의 조응: '21세기 생존과 발전의 전략'

한 가지 주목할 것은 대전략으로서의 햇볕정책과 북한의 '21세기 생존과 발전의 전략'이 일종의 짝을 이뤄 상호작용하면서 각자의 이익과 동시에 공동이익을 추구했다는 것이다. 만일 북한이 김대중 대통령의 햇볕정책에 전혀 협조하지 않고 반대만 했다면, 2000년 6월 초유의 남북정상회담과 6.15남북공동선언, 그 이후의 민족화해와 남북 경제협력, 한반도 군사적 긴장완화와 전쟁 방지, 냉전구조 해체 노력, 북미대화와 관계 개선 등은 가능하지 않았을 것이다.[21]

---

20) 임동원, *피스메이커: 남북관계와 북핵문제 20년* (서울: 중앙북스, 2008), 399, 400-410.

21) 남북한의 이러한 이러한 상호작용과 공동이익의 추구는 김학노가 제시한 남북 간에 '서로주체적' 관계의 발전과 심화, 즉 서로주체적 통합 노력의 대표적인 경우라고 할 수 있을 것이다. 김학노, *남과 북의 서로주체적 통합* (서울: 사회평론아카데미, 2018), 31-38, 184-188. 김학노, *정치: 아我와 비아非我의 헤게모니 투쟁*(서울: 박영사, 2023), 80-97, 272-286도 참조.

그렇다면, 북한의 '21세기 생존과 발전의 전략'은 무엇인가?[22] 북한은 1980년대 후반부터 1990년대 초반에 걸쳐 고르바초프의 개혁·개방 정책, 동유럽 사회주의 정권들의 붕괴, 소련의 붕괴, 핵개발 문제를 둘러싼 미국과의 대결, 심각한 경제의 악화 등이 결합되어 전환기적 시점을 맞이했다. 북한은 이러한 결정적 국면에서 '21세기 생존과 발전의 전략'을 세우고, 그 전략을 이행하여 생존하고 발전하기 위해 노력했다.[23]

북한의 전략은 가장 상위의 '전략적 구상' 차원에서는 소련이 부재한 자리에 미국을 끌어들여 미국을 당시 북한에 대한 영향력을 급속히 강화하고 있던 중국에 대한 대항력으로 사용하는 균형전략을 추구하는 것이었다. 그리고 구체적인 '정책' 차원에서는 미국과 협상을 통해 6.25 전쟁의 종전, 한반도 정전체제의 평화체제로의 전환, 북미관계 정상화, 북미 간 경제·통상 및 에너지 협력 등을 이뤄내어 생존하고 발전하기 위한 것이었다.[24]

이러한 전략과 정책의 이행 차원에서 북한은 남한의 협력이 필요했다. 따라서 남한에 대해서는 김일성이 김영삼 대통령과 남북정상회담에 합의하는 등 적극적인 협력 조치를 취했으나, 이미 위에서 설명했듯이, 김일성이 사망하고 뒤이어 조문파동이 일어나면서 남북관계는 나락으로 떨어졌다. 제1차 북핵위기를 해결하기 위한 북미양자회담이 남한을 배제한 채 진행되어 제네바 북미기본합의를 이뤄냈고, 미국은 대북 경

---

22) 북한의 '21세기 생존과 발전의 전략'이라는 개념과 표현은 백학순이 소련 붕괴 이후 시기의 북한의 대외전략, 특히 북한의 미국에 대한 전략을 분석하고 설명하기 위해 제시한 것이다.

23) Haksoon Paik, "North Korea's Choices for Survival and Prosperity since 1990s: Interplay between Politics and Economics," *Sejong Policy Studies,* 3, no. 2 (2007): 250-277.

24) Ibid.; Haksoon Paik, "Changes and Continuities in Inter-Korean Relations," in Kyung-Ae Park and Scott Snyder, eds., *North Korea in Transition* (Lanham, MD: Rowman and Littlefield Publishers, Inc., 2013), 245-246; 백학순, "왜 평화인가? 그리고 무엇이 문제인가?" 41, 328.

수로 제공을 위한 비용의 70%를 남한에게 부담지웠다.[25]

그러나 북한은 김대중 대통령이 취임하여 일관성 있게 민족화해·협력의 대북정책(햇볕정책)을 추진하자 2000년 6월 초유의 남북정상회담과 6.15남북공동선언에 합의했다. 그리고 남북관계 개선을 계기로 2000년 10월에 클린턴 대통령의 방북과 북미정상회담을 준비하는 차원에서 북미양국 간에 조명록 조선인민군 총정치국장의 워싱턴 방문과 메들린 올브라이트 미 국무장관의 평양 방문이 이뤄졌다.

이처럼 북한은 자신의 '21세기 생존과 발전의 전략'으로써 남한의 햇볕정책에 조응하면서 일종의 짝을 이뤄 양자가 상호 긍정적인 영향을 주었던 것이다. 이는 물론 북한이 21세기에 생존하고 발전하기 위해서는 대남관계와 대미관계를 동시에 개선하고 발전시켜야 하는 필요성 때문이었다.

2. 햇볕정책: 지도자, 환경구조, 정치기회구조

본 절에서는 햇볕정책을 이해하고 분석하는 틀을 제시하고 있다. 구체적으로, 지도자(정책주체) 차원의 변수들과 환경구조 차원의 변수들, 그것들 간의 상호작용과 정책 행위를 위한 유리한 정치기회구조의 조성의 결과가 햇볕정책의 산출로 이어지는 메커니즘을 설명하고 있다.

1) 지도자 김대중

한반도 평화·통일·번영의 문제는 우리나라 정치지도자 중에서 유

---

25) 김대중, *김대중 자서전 2*, 639-640.

일하게 '사상가' 반열에 오른 김대중 대통령에게 있어서 필생의 사유와 해결의 문제였다. 해방 이후부터 국회의원, 대통령 후보, 야당 지도자를 거쳐 대통령이 되고 또 대통령 퇴임 이후 서거할 때까지 민족통일, 한반도 전쟁과 평화 문제, 민족의 번영과 발전의 문제는 항상 정치지도자 김대중의 전략과 정책의 핵심 부분이었다.

김대중은 자신이 직접 한반도 분단과 6.25전쟁을 겪었고, 전쟁 중에 수많은 희생자들처럼 무고하게 자신의 목숨을 잃을 뻔하기도 했다. 김대중 대통령은 자서전에서 전황의 변화와 사상의 대립으로 인한 반복적인 살육전 등 전쟁을 겪은 후 "평생 민족의 화해와 전쟁이 없는 세상을 꿈꾸며 살았다"고 했다.[26] 그리고 김대중 대통령은 자신을 '진보적인 통일론자이고 적극적인 화해론자'라고 규정했다.[27]

김대중 대통령은 "민족의 통일 없이는 절대로 진정한 민족의 평화와 번영은 있을 수 없다고 확신"했다.[28] 다시 말해, 민족화해와 평화통일 정책이 한반도에서 평화와 경제적 번영을 이뤄내는 열쇠였고, 김대중에게 있어서 통일정책은 자연히 외교, 군사·안보, 경제 분야 정책을 품고 있었다. 따라서 그의 '햇볕정책'은 단순한 대북정책이 아니라 나라와 민족의 생존과 발전을 위한 '대전략'이었던 것이다.

여기에서는 김대중 대통령이 정책주체 차원에서 평생을 두고 정리하여 제시했던 한반도 평화·통일·번영에 대한 생각과 주장을 살펴보기로 한다. 구체적으로, 첫째, 정치지도자 김대중의 '비전과 이익, 목표'로서 '3단계 통일론', '4대국 안전보장론'(4대국 평화보장론), '한반도 냉

---

26) 김대중, *김대중 자서전 1* (서울: 삼인, 2010), 82.

27) 김대중, *김대중 자서전 2*, 73.

28) 위의 책, 278, 278-283.

전구조 해체'와 '평화체제 수립', 그리고 '주한미군 주둔 필요성'에 대한 강조를 살펴보고, 둘째, 정책주체로서 김대중 대통령의 '정체성'을 검토하되, '평화 vs. 전쟁', '대북의식'(대결 배제 vs. 화해 공존), '민족의식'(자주성 vs. 국제성)을 분석해 보기로 한다.

(1) 비전과 이익, 목표

김대중 대통령은 "남북이 평화공존하고 평화교류하는 가운데 장차의 평화통일에 대비하자"는 것이 햇볕정책이라고 했다.[29] 그렇다면, 햇볕정책을 추진한 정치지도자 김대중 대통령의 남북관계와 통일, 외교, 군사·안보, 경제 분야에서의 비전과 이익, 목표는 무엇이었는가? 그것은 정치지도자 김대중이 1970년대 초부터 지속적으로 보완하고 체계화한 '3단계 통일론'과 '4대국 안전보장론'(4대국 평화보장론), 그리고 대통령이 된 후인 2000년에 들어 본격적으로 시작한 '한반도 냉전구조 해체'와 '평화체제 수립', 그리고 1970년대부터 주장해 온 '주한미군 주둔 필요성'과 직접적으로 연결되어 있었다.

3단계 통일론

김대중은 '통일은 감상적인 희망만으로 이뤄지지 않는다. 구체적이고 현실적이어야 한다'면서 단계적 통일방안이 우리 민족이 처한 현실에서 가장 올바른 방안이라는 결론을 내리고, '3단계 통일론'을 내세웠

29) 김대중, "평화의 편에 선 전령사" (북한에서 정상회담을 마치고 방한 중인 요한 페르손(Göran Persson) 스웨덴 총리 및 EU 대표단을 위한 만찬에서의 건배사) (2001년 5월 3일), 연세대학교 김대중도서관 편, *김대중 전집 I 제6권, 한반도 평화를 위한 실용주의 외교를 펼치다 (2001년 1월~2001년 7월)* (서울: 연세대학교 대학출판문화원, 2015), 265; 김대중, "요란 페르손 스웨덴 총리와의 공동기자회견" (2001년 5월 4일), 위의 책, 271; 김대중, "동북아의 번영과 한·중협력" (방한 중인 리펑(李鵬) 중국 전국인민대표대회 상무위원장을 위한 오찬에서 한 건배사) (2001년 5월 25일), 위의 책, 303; 김대중, "평화 수호의 값진 희생을 기리며" (서울 신라호텔에서 열린 〈한국전쟁 제51주년 참전용사 위로연〉에서 한 연설) (2001년 6월 25일), 위의 책, 354.

다. 3단계 통일론이 시간에 따라 어떻게 변천하고 체계화됐는지 살펴보기로 한다.

김대중은 1971년 2월 3일 신민당 대통령 후보의 자격으로 워싱턴 내셔널프레스클럽(National Press Club)에서 통일은 가까운 장래에 가능성이 보이지 않지만, "통일을 향해 터전을 다져야 한다"면서 최초로 통일의 '3단계'를 제시했다.[30] 제1단계는 남북이 서로 전쟁을 사태 해결의 수단으로 삼지 않기로 하고 서로 파괴 공작을 않으며, 무력의 포기를 안전하고 영구적인 것으로 보장, 제2단계는 기자 교환, 라디오, TV 등 상호 청취 허용 등 비정치적인 접촉, 제3단계는 경제적 접촉, 나아가 정치적 접촉을 하고 끝내 통일 기한다는 것이었다.[31] 이 3단계는 큰 틀에서 보면, 나중에 주장한 '평화적 공존', '평화적 교류', '평화적 통일'과 대동소이한 것이었다.

김대중 후보는 1971년 3월 24일 발표된 제7대 대통령 선거 공약에서 통일정책을 "폐쇄전쟁 지향에서 적극평화 지향"으로 변화시키겠다는 것,[32] 외교정책을 "예속외교에서 자유 실리외교"로의 전환하겠다는 것('4대국 안전보장론' 포함), 또 안보정책을 "정권안보에서 민족안보"로 전환하고, 한반도를 둘러싼 긴장완화와 전쟁 억제 조치의 강구, 향토예비군의 전면 폐지, 주월 국군의 철수 등을 약속했다.[33]

---

30) 김대중, *김대중 자서전 1*, 278-280; 김대중, "워싱턴 내셔널프레스클럽(National Press Club) 기자회견 요약문" (1971년 2월 3일; 〈동아일보〉, 1971년 2월 4일 게재), 연세대학교 김대중도서관 편, *김대중 전집 II 제6권: 제7대 대통령 선거에서 정책대결의 장을 열다* (1969년~1972년 9월) (서울: 연세대학교 대학출판문화원, 2019), 422-423.

31) 위의 글.

32) 김대중은 이를 위해 세 가지를 공약했다. 첫째, '내정의 태세를 확립', 둘째, '긴장완화와 남북교류', 셋째, '통일외교 강화'였는데, 각 분야마다 구체적인 정책을 제시했다. 김대중, "제7대 대통령 선거공약" (1971년 3월 24일), *김대중 전집 II 제6권*, 452-453.

33) 위의 글, 453-454.

김대중 후보의 이러한 공약은 당시로서는 어떤 정치지도자도 가히 내어놓기 힘든 파격적인 것이었다. 그런데 이 모든 공약은 그가 1970년대 초 미국과 중국, 미국과 소련 간의 데탕트, 즉 국제정치가 "코페르니쿠스적 전환"을 하면서 "군사적 대결보다는 평화, (독일과 같은) 분단된 나라 속에서도 평화공존의 시대로 접어 들어가고" 있는 상황을 면밀히 살펴보고, 그것이 한반도에 미칠 그 영향을 분석한 바탕에서 내어놓은 것이었다.[34] 김대중은 1971년 4월 27일 치러진 제7대 대통령 선거에서 당선되지 못했다.

대통령 선거 후인 1972년 2월 24일 김대중은 도쿄 '일본외국특파원협회'에서 또 '3단계 통일론'을 밝혔다. 제1단계는 남북 간 전쟁억제와 긴장완화를 위해 총력을 다하고, 제2단계는 남북 교류를 과감하게 실시해 나가며, 제3단계는 정치적 통일을 이루는 것이었다.[35] 이는 1971년 2월 3일 워싱턴 내셔널프레스클럽에서 제시한 3단계 통일론을 발전시킨 것이었다.

그 후 김대중은 그해 6월 6일 서울 명동 대성빌딩에서 '3단계 통일방안'에 대한 연설을 했다.[36] 그는 이 연설을 통해 당시까지 해서 가장 체계화된 3단계 통일론을 제시했다. 그 핵심 내용은 다음과 같다.

---

34) 참고로, 1971년 4월 23일 목포에서 열린 대선 유세 연설에서 김대중은 박정희정권이 "지금 내일이라도 마치 김일성이가 쳐들어올 것 같은 위기의식을 조장하고 있지만, 김일성이는 적어도 앞으로 10년간은 대한민국을 침략 못할 것이라는 것을 나는 단언한다"면서, "국제정세의 추세는 과거처럼 전쟁 지향적이 아니라 최근의 미국과 중공 간의 해빙 무드에서 보는 것과 같이 평화지향적이므로, 소련과 중공이 결코 김일성의 불장난을 허용하지 않을 것"이라고 했다. 김대중, "목포에서 열린 대선 유세 연설 요지," *김대중 전집 II 제6권*, 494. 또 김대중, "삼단계 통일방안에 대한 연설" (서울 명동 대성빌딩에서 한 연설) (1972년 6월 6일), 위의 책, 630, 632 참조.

35) 김대중, "〈일본외국특파원협회〉에서의 연설" (1972년 2월 24일), 위의 책, 565-567.

36) 김대중, "삼단계 통일방안에 대한 연설," 630-670; 아태평화재단, *김대중의 3단계 통일론—남북연합을 중심으로* (서울: 아태평화출판사, 1995), 630-670.

김대중은 1959년 아이젠하워-흐루쇼프의 캠프 데이비드 회담, 1972년 2월 닉슨 미 대통령의 중국 방문과 샹하이 코뮈니케, 그해 5월 소련 방문과 미소 간에 전략무기제한협정(SALT)의 조인, 6월 4일에 베를린 문제에 대한 미국·소련·영국·프랑스의 '4대국 협정' 체결, 동서독이 체결한 국가 간 통행협정, 독일국회에서 독·소 및 독·폴란드 불가침조약의 비준을 소개하면서, 전 세계가 '코페르니쿠스적 전환'을 하고 있다고 했다. 이제 동서진영 간에 군사적 대결보다는 평화공존, 분단국인 동서독도 평화공존의 시대로 접어들고 있다고 했다.[37]

김대중은 빌리 브란트의 '동방정책'을 거론하면서, 1973년 4월쯤에 4대국이 독일에 대한 전쟁 종결선언을 하고, 9월쯤에는 유엔 동시 가입이 될 것이라고 했다. 그리고 세계적인 데탕트에 따라 한반도에서도 남북적십자회담이 개최되는 등 큰 변화가 일어나고 있다고 했다. 그리고 독일의 상태는 "우리에게 많은 교훈"을 준다고 했다. 김대중은 결국 우리의 통일정책이 "전환해야 하고, 전환하지 않을 수 없는" 단계에 와 있다고 했다.[38]

김대중은 국내외 여론, 자신의 연구를 기반으로 해서 '평화적 공존, 평화적 교류, 평화적 통일'의 '3단계 통일론'을 재확인하고, 최초로 '평화적 통일, 자유있는 통일, 민주주의적 절차에 의한 통일'(평화, 자유, 민주)의 '통일 3원칙'을 제시했다.[39]

김대중은 통일을 단계별로 해나가면, "우리가 바라는 자유민주주의 통일을 할 수 있는 것"이라는 확신과 신념을 표시하면서, 특히 3단계 중

---

37) 김대중, "삼단계 통일방안에 대한 연설," 630-632.

38) 위의 글, 634-638.

39) 위의 글, 642-643, 654.

제1단계에서 '자유의 확보'를 강조했다.[40] 그리고 제3단계에서의 평화적 통일(정치적 통일)은 여러 가지가 있다면서,[41] 미리 어떤 통일방안을 결정하고 고집하는 것보다는 "시일을 두고 서서히 연구하는 것이 오히려 신중하고 현명하고 유익한 방법"이라고 했다.[42] 김대중은 또한 국제정세 완화에 적응해 나가면서 '자주적으로 통일'을 해나가야 한다고 했다.[43]

김대중은 자신의 '3단계 통일안'이 "우리 한국의 현실을 비추어서 안정성 있고, 가장 착실하고, 그리고 국민이 납득할 수 있는, 국제적 지원을 받을 수 있는 통일방안"이며, 자신이 '앞으로 국정을 책임'지게 되면 "이런 방향으로 통일을 추진하겠다"고 했다.[44] 그리고 그는 나중에 대통령이 된 후에 실제 그렇게 했다.

김대중은 1972년 7월 13일 '서울외신기자 구락부(클럽)'에서 한 연설에서 그해 2월 24일 도쿄 일본외국특파원협회에서 밝힌 3단계 통일론을 거론하면서 당시의 '시의에 가장 적합'하도록 "몇 가지 방안과 더불어 이를 설명"했다. 통일의 3단계는 '평화적 공존, 평화적 교류의 확대, 평화적 통일'이었다. 그리고 자신의 남북통일의 기본은 "자유 있는 통일을 민주적 절차에 의해서 평화리에 달성한다"는 '자유, 민주, 평화의 3대원칙에 의해서 추진한다'는 것임을 강조했다.[45]

---

40) 위의 글, 643, 654.

41) 김대중은 통일방법에는 유엔 감시 하의 남북 총선거, 남북연방제, 중립국 감시하에서의 총선거, 또 한국의 중립화 등을 열거했다. 위의 글, 653.

42) 위의 글, 653.

43) 위의 글, 654-655.

44) 위의 글, 654-655, 664. 김대중은 3단계 통일방안에 '절대적인 조건이 하나' 있는데, 그것은 우리에게 힘과 자신이 있어야 한다는 것이고, 또 국민 모두가 원하는 통일을 위해서는 먼저 '자유, 생활, 양심'의 세 가지에 대한 '보장'이 있어야 된다고 했다. 위의 글, 654-655, 664.

45) 김대중, "남북성명과 나의 주장" (서울외신기자구락부에서의 연설) (1972년 7월 13일), *김대중 전집II 제6권*, 674-675.

'공화국 연방제' 통일론[46]

김대중은 위에서 설명한 바와 같이 '평화공존, 평화교류, 평화통일'의 3단계 통일론을 체계화해 가면서, 1972년부터는 '3단계 통일론의 틀 내'에서 '평화공존과 평화교류를 촉진하기 위한 정치제도적 방안'으로 '연방제'를 고려하기 시작했다.[47] 위의 3단계는 현실에서는 상호 병행해서 이뤄질 수 있는 것이 많지만, 무엇보다도 '평화공존과 평화교류를 촉진'하기 위해 '낮은 단계' 혹은 '느슨한 단계'의 '공화국 연방'이 필요하다고 본 것이다. 그런데 이것은 실질적으로 '공화국 연합제'로서 1995년에 완성한 '김대중의 3단계 통일론'의 첫 번째 단계인 '국가연합'(남북연합)과 동일한 것이었다.

그럼 '공화국 연방제'의 체계화 과정을 통시적으로 살펴보자. 김대중은 《다리》지 1972년 9월호에 게재된 김동길 교수와의 대담에서 "통일은 양쪽이 비로소 안심하고 평화공존이 가능한 경우에만 된다"면서 "그 과정에 있어서는 연방제 같은 과도적인 형태도 검토되어야 할 것"이라고 했다.[48] 김대중의 통일론에서 '최초로' 연방제 아이디어가 등장한 것이다.

김대중은 1973년 2월 7일에는 3단계 통일론에서 제3단계인 '평화통일'은 '완전한 통일까지는 현실적으로 상당한 시일'이 걸리지만, 남북이 "외교·국방·내정의 독립권"을 각자 보유하면서 "낮은 단계의 연방적 통일을 통일의 범주"에 넣어 통일 노력을 해나간다면 '시간이 그다지 걸

---

46) 이 부분은 장신기, *성공한 대통령: 김대중과 현대사* (서울: 시대의창, 2021), 464-472의 많은 부분을 인용하고 있다.

47) 위의 책, 464.

48) 김대중, "〈다리〉지 주최 김동길교수와 대담" (1972년 8월 11일) (〈다리〉지 1972년 9월호에 게재된 〈다리〉 창간 2주년 기념 김동길 교수와의 대담), *김대중 전집II 제6권*, 690.

리지 않을 것'이라고 했다.[49] 특기할 것은 김대중이 제시한 '낮은 단계의 연방'은 이론적으로 볼 때 '국가연합'과 동일한 개념이었다는 점이다.[50]

김대중은 그해 3월 21일 일본에서 한 연설에서도 기본적으로 위의 2월 7일자 연설과 동일한 내용의 주장을 했다. 그는 연방제를 통해 '1민족 2국가가 아니라 1민족 2정부'의 원칙 하에서 '현실은 현실대로 인정하고 공존'하되, '교류를 적극적으로 실천'하면서, '통일의 길로 완전히 가자'는 것이었다.[51] 다시 말해, 김대중은 '낮은 단계의 연방제'를 통해 현실 인정의 바탕 위에서 평화통일의 길을 준비하는 맥락에서 적극적으로 평화공존과 평화교류의 문제를 해결하려고 한 것이었다.[52]

김대중은 이를 '더욱 구체화'하여 그해 6월 1일 인터뷰에서 이제 통일 단계로서 '연방제 공존, 전면 교류, 완전 통일'의 3단계를 제시했다.[53]

한편, 김대중은 1972년 10월, 박정희정권의 '10월 유신'에 반대하여 일본에서 망명을 택한 후 1973년 8월 8일 일본에서 납치되어 한국에 강제 귀국을 당했다. 김대중은 그후 1980년 '5.18 광주민주화운동' 시기에 전두환 군사법정에서 사형을 선고받은 후 1983년 12월 23일 미국으로 망명할 때까지 거의 10년 동안 자신의 통일방안에 대해 더 이상 공개적으로 보완하지 않았다.[54]

---

49) 김대중, "아시아-아프리카(AA)문제연구회에서의 연설과 질의응답" (1973년 2월 7일), 연세대학교 김대중도서관 편, *김대중 전집 II 제7권: 납치와 연금 속에서 민주화운동의 상징으로 떠오르다 (1972년 10월~1973년)* (서울: 연세대학교 대학출판문화원, 2019), 98.

50) 장신기, 앞의 책, 465.

51) 김대중, "한국의 민주주의와 통일의 전망" (1973년 3월 21일), *김대중 전집 II 제7권*, 144.

52) 장신기, 앞의 책, 467.

53) 김대중, "<자유공화국>과의 인터뷰" (1973년 6월 1일), *김대중 전집 II 제7권*, 203.

54) 장신기는 그 이유를 두 가지로 들고 있다. 첫째, 통일론의 핵심 내용을 다 완성했다, 둘째, 김대중에 대한 유신정권의 무차별적 색깔론 공세의 대상이 연방제 등 김대중의 통일론이었다는 것이다. 장신기, 앞의 책, 468.

미국으로 망명한 다음, 김대중은 다시 자신의 통일방안을 수정하고 체계화해 나갔는데, 1984년 《행동하는 양심》 4월호 서문에 '통일을 지향하는 1단계'로서 '공화국 연방'을 제시했다. 그것은 '하나의 연방 아래 두 개의 독립된 공화국의 형태'인데, '남한은 북한의 존재를 사실상 그리고 법률상으로 인정'하고 '북한도 마찬가지로 남한 민주정부를 인정'하면서 두 공화국의 '상호 공존'을 받아들이며, 두 공화국은 "상호 이해와 신뢰를 증진시키고, 합의된 만큼의 권력을 점진적으로 중앙연방에 이전하도록 노력"한다고 했다.[55]

김대중은 1985년 《월간조선》 4월호에 게재된 인터뷰에서 '공화국 연방'을 설명하면서 "아주 루스한(loose, 느슨한) 연방"의 구성을 강조하고 있는데,[56] 이 '느슨한 연방'은 1973년 2월 7일 제시한 '낮은 단계의 연방'과 동일한 개념이었다.

김대중은 1987년 10월에 들어 '공화국 연방제'가 "북의 연방제와 용어가 유사하다고들 해서 이제 안 쓰기로" 했다면서, 자신은 '통일에 목적이 있는 것이지 굳이 용어 때문에 오해받을 필요는 없다'고 그 이유를 설명했다.[57] 그 이유는 그가 '연방제'라는 용어 때문에 계속 색깔론에 시

55) 김대중, "십자로에 선 조국의 운명: 타개책에 대한 나의 소신" (1984년 4월 10일), (행동하는 양심 1984년 4월호(제2호)의 서문), 연세대학교 김대중도서관 편, *김대중 전집 II 제11권: 목숨을 건 귀국으로 민주화운동의 열기를 더하다 (1984년 2월~1985년 2월)* (서울: 연세대학교 대학출판문화원, 2019), 71.

56) 김대중, "〈월간조선〉과의 인터뷰" (1985년 3월 11일), (〈월간조선〉 1985년 4월호에 "민주 위해 누구와도 손잡겠다"는 제목으로 게재된 유정현 기자의 인터뷰 기사), 연세대학교 김대중도서관 편, *김대중 전집 II 제12권: 1987년 한국 민주화 이행의 중심축이 되다* (1985년 3월~1987년) (서울: 연세대학교 대학출판문화원, 2019), 28.

57) 김대중, "〈경향신문〉과의 인터뷰" (1987년 10월 9일) (〈경향신문〉 1987년 10월 9일 자에 "출마는 거역 못 할 국민의 명령"이라는 제목으로 게재된 홍성만 기자의 인터뷰 기사), 위의 책, 671. 참고로, 김대중, "나의 통일정책을 말한다" (1991년 7월 《월간조선》과의 인터뷰를 정리한 글), *김대중, 나의 길 나의 사상: 세계사의 대전환과 민족통일의 방략,* 353-356.

달렸기 때문이었다.

'3단계 통일론' 완성본 출간(1995)

김대중은 1991년 4월에 '공화국 연방제'가 아닌 '공화국 연합제'를 제시한다. 그것은 '3원칙 3단계의 통일방안'이었는데, '평화공존, 평화교류, 평화통일'의 '통일 3원칙'과 '1연합 2독립 정부: 공화국 연합제', '1연방 2지역자치 정부', '1국가 1정부'의 '3단계 통일론'이었다.[58] 기존의 '낮은 단계의 연방'과 '느슨한 연방'이 모두 '공화국 연합제'(국가연합, 남북연합)를 의미했기 때문에 김대중은 내용을 크게 바꾸지 않으면서도 '공화국 연합제'라는 새로운 용어로써 색깔론의 공격에서 벗어나기를 희망했던 것이다.

김대중은 1991년 4월의 '3원칙 3단계의 통일방안'을 기반으로 1995년 8월에 *김대중의 3단계 통일론—남북 연합을 중심으로*의 출간을 통해 '3단계 통일론'의 '완성판'을 내어놓았다. 그것은 '자주, 평화, 민주'의 '3대 통일원칙'[59] 하에서 '남북연합 → 남북연방 → 완전통일'로 나아가는 3단계 통일론이었다.[60] 김대중은 위의 *김대중의 3단계 통일론—남북 연합을 중심으로*의 맨 처음 "이 책을 민족에게 드리며"에서 "이제 통일로 가는 길의 설계 도면은 우리 손에 쥐어졌다"고 썼다.[61]

1995년 '3단계 통일론'의 완성판에 들어 있는 예닐곱 가지 주목할

---

58) 김대중, "공화국연합제 통일의 제창: 3원칙과 3단계 통일방안" (1991년 4월 ㅇㅇ일), 연세대학교 김대중도서관 편, *김대중 전집 II 제14권: 지방자치제 전면 실시와 의회민주주의 발전에 힘쓰다 (1989년 6월~1991년 8월)* (서울: 연세대학교 대학출판문화원, 2019), 794-800. 참고로, 김대중은 1973년 7월 일본 도쿄의 한 '외신기자클럽'에서 연설하면서 처음으로 '공화국연합제' 통일을 제안했다고 했다. 위의 글, 795.

59) 아태평화재단, 앞의 책, 31-32.

60) 위의 책, 34-44; 김대중, *김대중 자서전 1*, 281-282.

61) 아태평화재단, 앞의 책, 6; *김대중, 김대중 자서전 1*, 645.

만한 내용을 살펴보자.

첫째, 특기할 것은 예전 1971년부터 1980년대까지 '통일 3단계'로서 제시됐고 또 1994년에는 '통일 3원칙'으로 정의되어 제시됐던 '평화공존, 평화교류, 평화통일'이 1995년에는 통일을 위한 '3대 행동강령'으로 재(再)정의되어 제시됐다는 점이다.[62] 그리고 1972년 6월 6일 서울 명동 대성빌딩에서 한 "삼단계 통일방안에 대한 연설"에서 '통일 3원칙'으로 '평화, 자유, 민주'를 내세웠던 것을 이번에 순서를 바꿔 '자주, 평화, 민주'를 '통일 3원칙'으로 제시했다.

둘째, 제1단계인 '남북연합'(남북공화국연합)은 통일 3단계 중에서도 김대중이 가장 중시했던 단계였다. 특기할 것은 김대중의 '남북연합'은 김영삼정부가 화해·협력의 심화를 남북연합의 전제조건으로 설정하고 있는 것과는 달리, 화해·협력을 진지하게 이끌어내는 장치로서 남북연합을 상정하고 있다. 남북 간에 최소한의 정치적 신뢰만 조성되면 남북연합이라는 협력장치를 만들어 남북협력을 제도화하고, 이를 통해 화해·협력을 의도적이고 적극적으로 성취할 수 있다고 보고 있다. 따라서 김대중 대통령이 '3단계 통일론'에서 설정하고 있는 "남북연합은 남북교류·협력의 결과가 아니라," 민족적 합의와 남북당국의 정치적 결단, 그리고 현실적인 몇 가지 여건 조성의 결과이며, 동시에 양자 간의 "화해와 협력을 심화시키는 촉진제"인 것이다.[63]

셋째, 남북연합의 최대의 임무는 남북한 '평화공존, 평화교류, 평화통일'의 '3대 행동강령'을 구현하는 것이다.[64] 또 남북연합 단계의 중요

---

62) 아태평화재단, 앞의 책, 37-38.

63) 위의 책, 36-37, 38-39, 63-64.

64) 위의 책, 37-38, 65-66. 김대중은 남북연합은 '3대 행동강령'을 구현하기 위해 '6대 과제'를 실천해야 한다고 했다. 위의 책, 66-68.

한 원칙 중 하나는 남북연합기구(남북연합정상회의, 남북연합회의, 남북연합각료회의 등)를 통해 남북연합헌장 등 공동의 법률과 정책을 제정·집행하는 것이다.[65]

정리하면, 남북연합의 단계에서는 남북이 다른 정치·경제체제 및 정부를 유지한 채 협력기구를 구성하고, 두 국가가 평화적으로 협력하고 안전하게 체제통합을 지향해야 한다. 이때 남북한은 하나의 민족, 두 개의 국가, 두 개의 체제와 독립 정부의 형태를 띠게 된다(1 민족, 2 국가, 2 체제, 2 독립정부).[66]

넷째, 제2단계인 '연방제'는 '완전통일'을 위한 과도기적 단계이지만, 그 자체가 통일단계이기도 하다. '시장경제와 민주주의를 기반'으로 체제통합을 실현하는 단계이다. 이 시기에는 체제통합의 충격을 완화해야 하며 두 개의 지역 자치정부와 외교, 국방, 내정을 관리하는 연방정부를 구성해야 한다. 남북한의 상호합의를 통한 연방헌법의 마련, 연방대통령과 의회의 구성, 유엔 내 단일회원국으로 활동, 외교 단일화 등을 시행하여 하나의 국가로서 통일의 기반을 마련한다. 이전 남북연합의 단계와 달리 하나의 민족, 하나의 국가, 하나의 체제, 두 개의 자치정부의 형태를 띠게 된다(1 민족, 1 국가, 1 체제, 2 지방자치정부).[67]

다섯째, 김대중의 연방제는 1980년 북한이 제안한 '고려민주연방공화국 창립방안'과 차이가 있다. 김대중의 연방제는 '시장경제와 민주주의를 기반'으로 한 '1 체제 연방제'인데 반해, 북한의 연방제는 남북한의 체제를 그대로 인정하는 '2 체제 연방제'이다. 결국 2 체제 연방제는 남·

65) 위의 책, 68-73.

66) 위의 책, 39-40, 68-73.

67) 위의 책, 35, 41, 42-43.

북 예멘 연방공화국의 경우처럼 불안정성을 포함하고 있다는 점을 감안할 때, 김대중은 미국, 독일처럼 1 체제에 의한 안정성 있는 연방제를 주장했던 것이다.[68]

여섯째, 제3단계인 '완전통일'에서는 중앙집권제 혹은 여러 개의 지방 자치정부를 포함하는 미국·독일식 연방제를 통해 남북이 완전통일을 이루게 된다(1 민족, 1 국가, 1 체제, 1 중앙정부). 연방제 아래에서 한반도가 통일적이고 균형적인 발전을 도모하여 남북의 사회·문화적인 동질성을 확보하면 완전한 통일단계로 진입할 수 있다.[69]

표 1-1 **"김대중의 3단계 통일론"(1995)**

1단계	남북연합	두 가지 체제의 공존 · 평화 지향 (1 민족, 2 국가, 2 체제, 2 독립정부)
2단계	연방제	체제통합 · 연방정부 수립 (1 민족, 1 국가, 1 체제, 2 지방자치정부)
3단계	완전통일	중앙집권제 혹은 미국·독일식 연방제 (1 민족, 1 국가, 1 체제, 1 중앙정부)

일곱째, 김대중의 3단계 통일론은 노태우정부의 '한민족공동체 통일방안'과 김영삼정부의 '민족공동체 통일방안'에 큰 영향을 미쳤지만,[70] 그 내용에 있어서는 차이가 있다.

김대중은 '교류·협력' 혹은 '화해·협력' 단계가 아닌 '남북연합' 단계를 첫 번째 단계로 설정했다. 김대중은 '교류·협력' 혹은 '화해·협력'

68) 김대중 대통령은 2000년 6월 14일 김정일과 비공개 회담에서 "'2체제 연방제' 통일방안은 수락할 수 없다"는 것을 명확히 했다. 김대중, *김대중 자서전 2*, 284.

69) 아태평화재단, 앞의 책, 44.

70) 김대중, *나의 길 나의 사상: 세계사의 대전환과 민족통일의 방략*, 344-345. 참고로, 김영삼 대통령의 '민족공동체 통일방안'은 노태우 대통령의 '한민족공동체 통일방안'을 거의 그대로 이어받았다. 또 김대중, "공화국연합제 통일의 제창: 3원칙과 3단계 통일방안," 795 참조.

과 같은 기능적 통합 노력만으로는 '남북연합'으로 넘어가는 데 한계가 있다고 보았다. 신속한 통일을 위해 남북연합을 우선시한 것이다.

또 노태우, 김영삼 정부의 통일방안에서 '연방제' 단계가 없는 것과 달리, 김대중은 3단계 통일의 '제2단계'(중간단계)로서 '연방제' 단계를 넣었다. 김대중은 남북한 두 개의 주권국가(남북연합)가 바로 하나의 주권국가(완전통일)로 이행될 수는 없다면서, 남북연합 단계와 완전통일 단계 사이에 '과도기적' 성격을 지닌 '연방제' 단계를 추가함으로써 보다 현실성있고 실현가능한 통일방안을 수립했던 것이다.

표 1-2 **"노태우·김영삼·김대중의 3단계 통일방안 비교"**

노태우	한민족공동체 통일방안	교류·협력 → 남북연합 → 하나의 헌법 아래 완전통일
김영삼	민족공동체 통일방안	화해·협력 → 남북연합 → 통일국가
김대중	3단계 통일론	남북연합 → 연방제 → 완전통일

마지막으로, 김대중은 대통령이 된 후인 2000년 3월 9일 '베를린 선언'을 하고, 4월 8일 베이징에서 제3차 남북 특사접촉을 통해 남북정상회담 개최를 포함한 '4.8 합의문'을 만들어 4월 10일에 북한과 동시에 발표했다. 김대중 대통령은 자서전에서 "필생의 통일철학을 마침내 실현하는 기회를 맞는" 기쁨을 적었다.[71] 김대중은 이제 대통령으로서 그동안 온갖 비판을 무릅쓰고 지키고 갈고닦은 자신의 통일 철학과 사상, 구체적인 '3단계 통일론'을 마침내 실천할 수 있는 기회를 갖게 된 것이었다.[72]

71) 김대중, *김대중 자서전 2*, 247-248.

72) 김학재는 김대중의 통일·평화사상이 기반하고 있는 핵심가치들 중의 하나로 "그만의 통일·평화론을 만들어내고 어떤 도전에도 굴하지 않고 도전했던 창의적 낙관주의(Creative Optimism)"를 꼽고 있다. 그는 김대중은 "기존의 통일, 평화론과 달리 남북연합이라는 차별적인 단계와 제도를 창의적으로 설계했고, 어떤 비관과 어려움에 직면해도 가능성의 미래를 믿는 낙관주의를 체득"하고 있었다고 주장하고 있다. 김학재, "김대중의 통일·평화사상," *통일과 평화*, 9집 no. 2 (2017): 62, 77-85.

'4대국 안전보장론' (4대국 평화보장론)

김대중은 1970년대 초에 '3단계 통일론'과 더불어 미국·중국·일본·소련의 '4대국 안전보장론'을 제시하고 제7대 대통령 선거 공약을 포함하여 이를 지속적으로 주장했다. 그는 한반도에서의 4대국이나 그들의 위성국을 동원한 전쟁을 방지하기 위해 4대국 간의 이해를 대립시켜 한국에 손을 못 대게 하는 '견제와 균형' 정책(4대국 균형전략)을 주장하고,[73] 또 통일에 있어서도 4대국 협조의 확보가 중요함을 강조했다.[74]

김대중이 4대국 안전보장론을 주장하게 된 배경은 무엇보다도 1969년 7월 '닉슨 독트린'의 발표라고 할 수 있었다. 미국은 베트남전쟁에서 발을 빼기로 하고, 베트남전쟁을 베트남인의 손에 맡기는 '베트남전쟁의 베트남화'를 선언하면서, 아시아 동맹국들이 미국 의존도를 줄이고 그들의 안보문제를 독자적으로 해결하기를 원했다.[75]

그 영향은 당장 주한미군 철수의 제기 등 '한국문제의 한국화'로 나타나기 시작했다. 1970년 7월 '닉슨 독트린'에 의한 미국의 주한미군 감축 통고, 8월 애그뉴 미 부통령의 방한과 주한미군 감축 협의가 이뤄졌다. 이러한 상황에서 1970년 9월 김대중은 신민당 대통령 후보로 선출됐던 것이다.[76] 참고로, 1971년 2월 한미양국 간에 주한미군 감축과 '한국군 현대화 계획' 공식 합의, 3월 주한미군 제7사단(2만 명) 철수 등이 이어졌다.[77]

김대중은 1970년 10월 16일 대통령후로서 첫 번째 기자회견을 했는

73) 김대중, "삼단계 통일방안에 대한 연설," 649.

74) 위의 글, 648, 664.

75) 백학순, *박정희정부와 전두환정부의 통일 · 대북정책 비교* (성남: 세종연구소, 2014), 50.

76) 장신기, 앞의 책, 477.

77) 위의 책, 49, 52-57.

데, 그는 외교방향으로 '민족 외교'를 제창하면서, "전쟁을 억제하고 민족의 평화와 안전을 보장하는 데 비중을 둘 것"을 강조했다. 김대중은 "미·소·일·중공 등 4대 국가에 대해서 한반도에서의 전쟁 억제를 공동으로 보장하도록 요구할 것"이라고 했다.[78] 김대중의 '4대국 안전보장론'이 최초로 그 모습을 드러낸 것이다.

김대중 후보는 1971년 2월 3일 워싱턴 내셔널프레스클럽 연설에서 "4대국 보장에 의한 한반도 긴장 완화 및 통일 전망"을 이야기하면서 '4대국 안전보장론'을 주장했다.[79] 그는 지난 80년 동안 중국, 일본, 소련, 미국은 모두 다 한반도에서 전쟁을 했는데, 이들 나라는 "한국민의 의사와 상관없이 한국에서 전쟁을 할 수 있는 그런 나라들"이라고 했다. 그래서 자신이 집권하면, 김일성에게 전쟁하지 말자는 제의를 하는 것은 물론, 이들 4대국도 "한반도에서 전쟁을 하지 않겠다는 보장"을 하도록 하겠다고 했다. 그는 1971년 2월 26일 순천 기자회견에서 4대국 보장문제는 그들이 또다시 이 나라를 청일전쟁이나 러일전쟁 같은 자의의 전쟁터로 삼지 말며 남북 간에 침략전쟁을 돕지 말라고 요구하는 것이라고 했다.[80]

김대중 후보는 1971년 4월 18일 서울 장충단공원 유세에서도 '4대국 전쟁 억제 문제'를 강대국들이 이 나라에서 '제2의 청일전쟁이나 러일전쟁을 하지 말라', '다시 6.25 같은 전쟁을 제3국을 조정해서 획책하지 말라'는 요구로 설명했다. 그는 국제정세는 급속도로 변하고 있다면

78) 김대중, "희망에 찬 대중의 시대를 구현하자" (1970년 10월 16일) (신민당 대통령 후보 선출 이후 가진 첫 번째 기자회견에서 발표한 내용), *김대중 전집 II 제6권*, 361.

79) 김대중, "워싱턴 내셔널프레스클럽(National Press Club) 기자회견 요약문," 422-423.

80) 김대중, "평화지향적인 나의 정책 자유우방서 환영" (1971년 2월 26일; 순천 기자회견문 초안), *김대중 전집 II 제6권*, 424.

서, 박정의 후보에게 국제정세 공부, 50년과 100년 앞을 내다보고 국가의 운명을 내다보는 공부를 하라고 권고하기도 했다.[81]

김대중은 제7대 대통령 선거 1년여 후인 1972년 6월 6일, 명동 대성빌딩에서 한 '3단계 통일론' 관련 연설에서 "4대국은 한국에서 전쟁을 일으킬 수도 있고, 전쟁을 안 일으킬 수도 있고, 전쟁을 막을 수도 있다"면서 4대국에 의한 한국에서의 '부전(不戰) 보장'을 추진해야 한다고 다시 강조했다. 김대중은 4대국이 공동책임을 지고 한국에서 전쟁을 억제하고, 공동책임을 지고 한국의 통일에 협조하도록 "서로 이해를 대립시켜 한국에 손을 못 대게 하는 그런 슬기로운, 이 '체크 앤드 밸런스(checks and balances)'라는 이러한 정책을 촉진해 나가야 할 것"이라고 했다. 이는 김대중 대통령이 이미 1970년대 초에 '4대국 균형전략'을 생각했다는 것을 의미한다. 그는 또한 4대국 협조를 받아야 한국의 통일도 순조로울 것임을 강조하고, 독일의 예를 따라서 남북한 유엔 동시가입을 제안했다.[82]

김대중은 1973년 2월 6일 일본의 《주간 이코노미스트》와의 인터뷰에서 "북한은 일본이나 워싱턴에 대사관을 두고 우리는 북경과 모스크바에 (대사관을) 두는" '교차 승인'을 주장했다.[83] 김대중이 1970년대 초부터 주장해 온 '4대국 안전보장론'은 냉전시대에 전쟁을 방지하기 위한 것이었지만, 남북한에 대한 '4대국 교차 승인론'(4대국 평화보장론)은 세계적인 데탕트를 맞아 한반도와 동아시아에서 군사적 긴장완화와

---

81) 김대중, "제7대 대통령 선거 서울 장충단공원 유세 연설" (1971년 4월 18일), 위의 책, 478-479.

82) 김대중, "삼단계 통일방안에 대한 연설," 648-649, 651.

83) 김대중, "〈주간 이코노미스트(エコノミスト)〉와의 인터뷰" (1973년 2월 6일) ("민주화야말로 남북통일의 전제(民主化こそ南北統一の前提)"라는 제목으로 게재된 인터뷰 기사), *김대중 전집 II 제7권*, 81.

평화증진을 목표로 한 것이었다.

참고로, 1971년 제7대 대통령 선거 당시 공화당 박정희 후보는 김대중 후보의 '4대국 안전보장론'에 대해, 그것은 해방 직후의 '신탁통치론'이나 1960년대 초의 '중립화론'과 다를 바 없으며, "한마디로 외세의존사상의 소산이며 즉흥적 기회주의자의 갈대 외교이며 망상적 허수아비 안보론"으로 비난했다.[84] 또 공화당은 4대국 안전보장론을 '중공에게 우리 안보를 맡기자는 것'이라고 했다.[85]

흥미롭게도, 박정희 대통령은, 미소와 미중 간의 데탕트를 맞아, 김대중 후보가 1971년 대통령 선거와 그 후 주장했던 공약들의 일부를 자신의 정책에 수용했다. 즉 1972년 '7.4 남북공동성명'과 1973년 '6.23 평화통일 외교정책 선언'(6.23 선언)이 그것이었다.[86] 김대중은 7.4 남북공동성명이 나오자 그것을 환영하고, 유엔 동시가입을 주장했다.[87]

1988년 2월에 출범한 노태우정부는 고르바초프의 개혁·개방정책에 영향을 받고, '88 서울올림픽'의 성공적인 개최를 위해 대북 화해·협력정책과 사회주의 국가들에 대한 '북방정책'을 시작했다. 1988년 7월 발표된 '민족자존과 통일번영을 위한 특별선언'(7.7선언)이 그것이었다. 노태우정부는 1990년에 소련, 1992년에는 중국과 수교했다.

김대중의 '4대국 안전보장론'(4대국 평화보장론)은 이처럼 노태우

---

84) *경향신문*, 1971년 4월 15일.

85) *조선일보*, 1971년 4월 22일.

86) 참고로, 김대중은 김용식 외무부 장관이 1972년 4월 22일 유엔본부에서 우방국 대표들과 만찬에서 "3단계 통일안"을 말했는데, 그것은 적십자회담의 성공(제1단계), 남북 간에 비정치적 회담 개최(제2단계), 정치적 통일 논의(제3단계)였다. 김대중은 김용식 장관의 통일안은 자신의 3단계 통일과 비교하면, 내용은 다르지만, 문구는 그대로 사용하는 등 김대중 자신의 정책을 "상당히 여러 가지로 갖다 쓰고 있"다고 했다. 김대중, "삼단계 통일방안에 대한 연설," 638-639.

87) 김대중, *김대중 자서전 1*, 278.

정부의 정책과 외교를 통해 일부 구현된 셈이었다. 노태우정부의 북방정책에는 북방수교정책과 대북포용정책이 "동전의 양면처럼 서로 맞물려" 있었다.[88] 김대중의 3단계 통일론, 4대국 안전보장론은 노태우정부의 "남북 사이의 화해와 불가침 및 교류협력에 관한 합의서"(남북기본합의서)의 탄생에도 지대한 영향을 미쳤다.

한반도 냉전구조 해체, 평화체제 수립, 주한미군 주둔 필요

김대중 대통령이 1998년 대통령에 취임한 이후에는 '4대국 안전보장론'과 '4대국 교차승인론'의 핵심 요구가 새로운 성격으로 전환됐다. 이제 4대국 협력을 통해 한반도 '냉전구조 해체'와 '평화체제 수립'을 이루려는 데 초점이 맞춰졌다.

김대중 대통령은 2000년 1월 5일 국가안전보장회의에서 대북정책 기조는 남북관계 개선임을 명백히 하고, "올해는 한반도 냉전구조 해체과정을 본격 추진하여 안정된 '평화정착의 원년'"으로 삼겠다고 했다.[89] 김대통령은 2000년 3월 9일에 있었던 '베를린 선언'의 요지를 미리 북한에 보냈는데, 이는 분단 이후 남북 간에 처음 있는 일이었다. 그리고 주한미국 대사와 일본 대사에게도 미리 그 내용을 알렸다.[90] 김대통령은 베를린 선언에서 북한에 4개 항을 제의했는데, 제2항은 '현 단계에서 우리의 당면 목표는 통일보다는 냉전 종식과 평화 정착'이라는 것이었다.[91]

김대중 대통령은 2000년 6월 13일 정상회담을 위해 평양으로 출발

---

88) 박철언, *바른 역사를 위한 증언: 5공, 6공, 3김시대의 정치비사, 2* (서울: 랜덤하우스중앙, 2005), 23-24.

89) 김대중, *김대중 자서전 2*, 228.

90) 위의 책, 242-243. 또 김대중 대통령은 1개월 동안 철저한 보안 속에 진행된 특사 접촉상황을 미국과 일본 대사에게 미리 설명해주기도 했다. 위의 책, 248.

91) 위의 책, 241-242.

하면서 발표한 성명에서 이번 평양길이 '평화와 화해의 길'이 되도록 진심으로 바란다면서, "한반도에서 전쟁의 위협을 제거하고 남북 7천만 모두가 안심하고 살 수 있는 냉전 종식의 계기"가 되기를 바라 마지않는다고 했다.[92)]

김대중 대통령은 6.15남북공동선언 문안 타결을 앞둔 6월 14일 저녁, 목란관에서 개최한 북한 주요인사 초청 만찬에서 한 건배사에서 한반도에서 "20세기 유산으로 남아 있는 냉전적 요소들을 말끔히 청산"하고 남과 북이 우선 "평화롭게 공존공영"할 것을 강조했다.[93)] 결국, 김 대통령은 북한과 정상회담을 통해 남북한은 "냉전시대의 상호 간 적대감을 제거하고 한반도에 평화정착을 시작할 수 있는 기회"를 가질 수 있었으며,[94)] 남북정상회담의 "가장 큰 성과는 전쟁의 위험을 막고 남과 북이 평화공존의 틀을 마련한 것"이었다.[95)]

2000년 6월 15일, 김대중 대통령은 남북공동선언은 발표하고 평양을 떠나 서울로 돌아온 후 발표한 '대국민 보고 연설'에서 자신이 김정일에게 지금은 "이제 4대국이 우리를 지배하는 시대가 아니라 4대국을 우리 시장으로 이용할 수 있는 그런 시대"라고 말했음을 밝혔다.[96)]

---

92) 위의 책, 262; 김대중, "평화와 민족 화해의 첫길" (평양을 방문하기에 앞서 성남 서울공항에서 발표한 대국민 인사) (2000년 6월 13일), 연세대학교 김대중도서관 편, *김대중 전집 I 제5권: 남북화해와 협력의 새로운 장을 열다 (2000년 6월~2000년 12월)* (서울: 연세대학교 대학출판문화원, 2015), 16.

93) 김대중, "민족의 밝은 미래" (평양 방문 중 목란관에서 열린 북한 주요 인사 초청 만찬에서 한 건배사) (2000년 6월 14일), *김대중 전집 I 제5권*, 23.

94) 김대중, "역사의 전환점에서" (한국전쟁 50주년을 맞이해 미국 국민에게 보낸 편지) (2000년 6월 25일), 위의 책, 42.

95) 김대중, "역사적 순간의 감격들" (〈남북정상회담 사진전〉에 보낸 축하메시지) (2000년 8월 1일), 위의 책, 89.

96) 김대중, "새로운 희망과 확신" (평양을 떠나 서울로 돌아온 후 발표한 대국민 보고 연설) (2000년 6월 15일), 위의 책, 29-30, 33.

2000년 12월 10일 오슬로에서 열린 노벨평화상 수여식에서 군나르 베르게 노벨평화상 선정위원장은 김대중 대통령을 수상자로 선정한 이유를 밝혔다. 그는 '이제 한반도에는 냉전이 종식되리라는 희망이 싹트고 있다'면서[97] 세계는 '햇볕정책이 한반도의 마지막 냉전 잔재를 녹이는 것을 보게 될 것'이라고 했다. 비록 시간이 걸릴 것이지만, 그 과정은 시작되었으며, "오늘 상을 받는 김대중 씨보다 더 많은 기여를 한 사람은 없다"고 했다.[98]

김대중 대통령은 2001년 3월 9일 미국기업연구소(AEI)와 미국외교협회(CFR) 초청 오찬 연설에서 대북포용정책, 즉 햇볕정책의 핵심은 두 가지인데, 하나는 "한반도에서 냉전을 종식시키고 평화적으로 같이 살자는 것"이고, 또 하나는 그런 가운데 정치·경제·사회·문화·체육 모든 분야에서 교류를 확대하고 또 교류를 통해서 서로 신뢰를 회복하고 민족의 동질성을 회복하자는 것이라고 했다.[99] 그는 햇볕정책을 통해 "전쟁억지라는 소극적 평화를 넘어, 불가침 합의와 교류·협력의 상호의존성이 깊어지는 가운데 평화를 정착해 가는 적극적 평화를 실현"시키고자 하는 것이라고 했다.[100]

특기할 것은 김대중 대통령은 남북화해의 중요성과 함께 '한미공조'와 '북미관계 개선'의 중요성을 강조했다는 점이다. 김대통령은 "한미공조는 북한의 변화를 유도하고 궁극적인 한반도 평화체제를 달성하는 데

---

97) 김대중, *김대중 자서전 2*, 355.

98) 위의 책, 390.

99) 김대중, "러시아 공영방송 〈ORT-TV〉와의 회견" ("새천년 지구촌 정상 대한민국 김대중 대통령"의 제목으로 2001년 4월 10일 방송됨) (2001년 2월 22일), *김대중 전집 I 제6권*, 79; 김대중, "한반도 냉전종식과 평화정착을 위한 한·미협력," 위의 책, 143.

100) 김대중, "한반도 냉전종식과 평화정착을 위한 한·미협력," 143.

필수적"이라면서, "미북관계의 진전 없이는 남북관계의 진전이 어려우며, 한반도 냉전종식과 평화체제의 구축도 불가능"하다고 했다.[101]

참고로, 김대중 대통령은 대통령에 당선되기 훨씬 이전인 1970년대 초부터 한미상호방위조약의 유지와 미군 주둔의 필요성을 지속적으로 강조했다.[102] 예컨대, 1972년 7월 13일 서울외신기자클럽 연설에서 한반도에서의 완전한 평화가 보장되기 위해서는 "한·미방위조약의 계속적인 강력한 유지가 절대로 필요하며, 침략에 대한 응징능력을 갖추지 않는 평화공존은 하나의 망상에 불과"하다고 했다.[103]

그해 11월에는 미국의 주요 인사들을 대상으로 제작한 영문 팸플릿에서 김대중은 '주한미군은 북한의 또 다른 남침에 대한 예방'을 넘어 '오늘날 아시아의 새로운 정치적 환경의 변화'로 인해 주한미군을 철수해서는 안 된다는 주장을 펴고 있다.[104] 그는 또 에드워드 케네디 상원의원을 만나 '한국에서 미군을 너무 빨리 철수해 버리면' 당시 진행되고 있던 남북대화의 배후에 동요가 생길 것이기 때문에 반드시 철수해야 한다면, '절차에 따라 동요가 생기지 않도록 철수'해야 한다고 강조했다.[105]

김대중은 탈냉전 시대에 들어서도 주한미군 철수를 반대했다. 그는 1995년 5월 미국 아시아 소사이어티(Asia Society)에서 한 연설을 통해 동아시아의 평화와 안정, 번영의 지속을 위해 미국이 아시아·태평양지역에서 '균형의 수호자'로서 '앞으로도 큰 역할'을 해주어야 한다고 했

101) 김대중, *김대중 자서전 2*, 283; 김대중, "한반도 냉전종식과 평화정착을 위한 한·미협력," 144-146.

102) 장신기, 앞의 책, 479-483.

103) 김대중, "남북성명과 나의 주장," 674.

104) 김대중, "한반도 상황과 나의 신념 (Korean Situation and My Belief)" (1972년 11월 ㅇㅇ일) (1972년 11월 13일에 해외 망명 투쟁을 위해 미국으로 출국 후 미국 주요 인사들에게 유신체제의 문제점과 한국 민주화의 필요성을 호소하기 위해 제작한 영문 팸플릿 자료), *김대중 전집II 제7권*, 31.

105) 김대중, "〈주간 이코노미스트(エコノミスト)〉와의 인터뷰," 79.

다. 동아시아 상황을 볼 때, 남북한, 미국, 일본, 중국, 러시아가 참여하는 '다자안보기구'를 창설하여야 하며, 이 기구가 효력을 발휘하려면 "미군이 한반도를 비롯한 동아시아에 계속 주둔해야 한다"고 했다. 미군의 아시아 주둔을 "역내 안정의 핵심적인 요소"라고 보았다.[106]

2000년 6월 평양에서 김대중 대통령은 김정일 위원장에게 '주한미군의 주둔 필요성'과 함께 북한이 계속 미국과 적대관계를 유지하는 한 한반도 평화는 기대하기 어렵다는 것을 강조했다.[107] 양 지도자는 우리 민족이 '자주적'으로 한반도 문제를 주도권을 갖고 해결해 나가야 한다는 것에 합의했다. 그러나 김대통령은 김위원장에게 남북한이 미국, 중국, 일본, 러시아의 "네 나라와 좋은 관계를 맺고 지내야 한반도의 평화와 통일에 도움"이 되며, "한반도 평화문제를 풀어가는 데는 이들 국가의 협력이 필수적"이라고 강조했다. 따라서 자주는 "'배타적인 자주'가 아니라 '열린 자주'가 돼야 한다"는 점을 반복적으로 강조했다.[108]

그렇다면, 김대중 대통령의 주한미군 주둔의 필요성 주장에 대해 김정일 위원장은 어떻게 반응했을까? 김정일은 우선 6월 3일 평양정상회담 이전에 회담 준비차 비공개로 평양을 방북한 당시 임동원 국정원장에게 김대중 대통령이 '동북아의 평화와 안전을 위해 통일 후에도 미군이 계속 주둔해야 한다'고 주장하는데 "사실 제 생각에도 미군 주둔이 나쁠 거 없"다고 했다. 단지 '주한미군이 북한에 대한 적대적 군대가 아

---

106) 김대중, "아시아태평양 시대의 한국 (Korea in the Asia-Pacific Century)" (1995년 5월 9일) (아시아 소사이어티(Asia Society) 주최 모임에서의 연설), 연세대학교 김대중도서관 편, *정계복귀로 다시 승부수를 던지다 (1995년~1996년 6월), 김대중 전집II 제18권* (서울: 연세대학교 대학출판문화원, 2019), 196.

107) 김대중, *김대중 자서전 2*, 283.

108) 위의 책, 283, 291.

니라 한반도 평화유지군으로 지위와 역할이 변경돼야 한다'는 점을 강조했다.[109]

김대중 대통령은 남북정상회담에서 '북한이 반세기 동안 주장해 오던 세 가지를 양보받았다'고 했는데, 그 중의 첫째로 '한반도 미군 주둔'과 주한미군이 '통일 후에도 동북아시아의 안정에 기여해야 한다'는 자신의 말에 김정일이 '공감'했다는 것을 꼽았다.[110] 김정일은 평양을 방문한 김대통령에게 '러시아, 중국, 일본 등 대국을 견제하기 위해서는 미군이 있어야 한다'고 했다.[111] 김정일은 또 1992년 1월 북미고위급회담을 위해 김용순 비서를 뉴욕에 보내서 미국 회담대표인 아놀드 캔터 미국부무 정무차관에게 "미군이 계속 남아서 남북이 전쟁을 하지 않도록 막아주는 역할을 해달라고 요청"했으며, "동북아의 역학관계로 보아 조선반도의 평화를 유지하자면 미군이 와 있는 것이 좋다"고 말해주었음을 김대통령에게 밝히기도 했다.[112]

김정일은 6.15남북공동선언 후인 2000년 10월 평양을 방문한 메들린 올브라이트 미 국무장관에게 '주한미군에 대한 북한정부의 견해는 냉전 이래로 변화'했는데, "주한미군이 지금은 안정자 역할(stablizing role)을 하고 있다"고 긍정적으로 말했다.[113]

참고로, 김대중 대통령은 6.15남북공동선언에서 합의한 김정일 위원장의 서울 답방을 위해 최선을 다했다. 그는 김정일의 답방으로 개최

---

109) 임동원, *다시, 평화: 임동원 자서전* (서울: 폴리티쿠스, 2022), 342.

110) 김대중, "방송 3사 공동 특별생방송 〈김대중 대통령, 국민과의 대화〉" ("희망과 용기를 가지고 함께 나아갑시다"라는 제목으로 방송) (2001년 3월 1일), *김대중 전집 I 제6권*, 131.

111) 김대중, *김대중 자서전 2*, 376.

112) 임동원, *다시, 평화: 임동원 자서전*, 354.

113) Madeline Albright, *Madam Secretary: A Memoir* (New York, NY: Miramax Books, 2003), 591.

될 제2차 남북정상회담의 핵심은 "첫째, 냉전종식을 위한 군사적 긴장 완화이고, 둘째, 서로에게 이득이 되는 교류협력의 방안을 확립하는 것"이라고 했다.[114] 구체적으로, 남북이 다시는 전쟁하지 말고 평화적으로 공존하고, 이산가족 교류와 경제협력, 문화·사회 교류를 통해서 민족의 동질성을 회복하자는 것이었다.[115]

결론적으로, 대전략으로서의 햇볕정책에는 정책주체인 김대중 대통령의 다음 네 가지의 '비전과 이익, 목표'가 포함되어 있었다.

첫째, 햇볕정책에는 '김대중의 3단계 통일론'의 제1단계인 '남북연합' 실현이 포함되어 있었다. 6.15남북공동선언 제2항은 "남과 북은 나라의 통일을 위한 남측의 연합 제안과 북측의 낮은 단계의 연방제안이 서로 공통성이 있다고 인정하고 앞으로 이 방향에서 통일을 지향시켜 나가기로" 함으로써[116] 남북지도자가 공히 '남북연합'의 방향에서 통일 노력을 해나갈 것임을 확인했다.

둘째, 햇볕정책에는 '한반도 냉전구조 해체'와 '평화체제 수립'이 포함되어 있었다. 그러한 비전과 목표 달성을 위해서는 미국, 중국 등 주변국들과 국제사회의 협력이 필요했다. 따라서 햇볕정책에는 자연히 '4대국 교차승인론' 등 주변 강대국에 대한 외교정책과 군사·안보정책이 포함돼 있었다. 그리고 김대중 대통령이 1970년대부터 주장해왔고 또 2000년 6월 김정일이 동의한 '주한미군 주둔 필요성'에 대한 인식과 이해가 자리 잡고 있었다.

셋째, 나중에 본 연구의 "3. 햇볕정책: 대북정책, 외교 및 군사·안보

114) 김대중, "〈경남신문〉 창간 55주년 기념 회견" ("대통령중임제 등 개헌 고려한 바 없다"는 제목으로 게재) (2001년 2월 22일), *김대중 전집 I 제6권*, 82.

115) 김대중, "방송 3사 공동 특별생방송 〈김대중 대통령, 국민과의 대화〉," 130.

116) "남북공동선언," 2000년 6월 15일, 평양.

정책, 경제정책"의 "3) 햇볕정책 3: 경제정책"에서 자세히 살펴보겠지만, 햇볕정책에는 '균형적인 민족경제 발전', 즉 민족경제공동체 형성을 위한 남북 경제협력이 포함되어 있었다.

마지막으로, 이것도 나중에 "3) 햇볕정책 3: 경제정책"에서 살펴보겠지만, 햇볕정책에는 김대중 대통령의 '철의 실크로드'의 비전이 포함돼 있었다. 즉 북한을 관통하여 중국과 러시아, 중앙아시아, 유럽으로 철도를 연결함으로써 우리 경제가 유라시아에 본격 진출할 수 있을 것이고, 동시에 한반도가 대륙세력과 해양세력 간의 교량 역할을 함으로써 우리 경제가 대륙과 해양의 양방향으로 뻗어나가 예전과 다른 차원에서 경제번영을 할 수 있게 될 것이었다.

(2) 정체성: '전쟁 vs. 평화', '대북의식', '민족의식'[117]

정치지도자와 그의 핵심참모들이 보여주는 정체성,[118] 특히 '전쟁 vs. 평화' 정체성과 그에 따른 행동은 한반도 문제를 해결하고 평화전환을 이루는 데서 매우 중요한 관념적 구조(ideational structure)로서 작용한다. 구체적으로, 지도자들이 자신들의 사회화 과정을 통해 형성된 정체성이 '전쟁 vs. 평화' 정체성에서 어느 쪽에 어느 정도로 더 가깝

117) 이 부분은 백학순, "김대중정부와 노무현정부의 대북정책 비교"*세종정책연구,* 5권 no.1 (2009): 280-284를 거의 그대로 가져왔음을 밝힌다.

118) '정체성'이란 행위자가 자신을 별개의 독립된 존재 혹은 별개의 독립된 그룹의 성원으로 인식하고 이해하는 바탕 위에서 '자기 자신에 대한 상대적으로 안정된, 역할 관련 이해와 기대'를 말한다. 정체성은 기본적으로 '자기 이해'이며, 스스로 자신이 누구인지, 다른 사람들에게 '자신이 누구인지'를 말해주고, 그리고 '다른 사람들이 누구인지'를 말해준다. 따라서 행위자의 정체성을 이해하고 있으면, 그가 어떤 일을 할 때, 어떤 특정한 행위를 할 것인지, 또 다른 행위자에 대해 어떤 이익과 선호를 추구할 것인지를 미리 예상할 수 있게 도와준다. Alexander Wendt, "Anarchy is what states make of it: the social construction of power politics," *International Organization 46,* no. 2 (1992): 397.

고 강력한지가 중요하다. 만일 특정 지도자가 '화해와 평화'의 정체성이 아니라 '대결과 전쟁'의 정체성을 갖고 있다면, 그의 정체성은 평화를 증진시키는 데 큰 장애물로서 작용할 것이다.

여기에서는 김대중 대통령의 남북관계와 통일에 대한 '정체성'의 유형을 분류·비교하는 기준으로서 '대북의식'—북한과 '대결 배제' 혹은 북한과 '화해 공존'하는 통일지향성—과 '민족의식'—민족과 국제사회(외세)와의 관계에서 '민족주의'적 지향성(자주성) 혹은 '국제주의'적 지향성(국제성)—을 제시하고,[119] 이들 두 가지의 기준을 2×2로 조합하여 김대중 대통령의 남북관계와 통일에 대한 정체성을 판단해 보자.

표 1-3 "남한정부의 남북관계·통일에 대한 정체성의 유형"

㉮의 정체성: 북한과 '대결 배제'하는 '민족주의'적 정체성
㉯의 정체성: 북한과 '대결 배제'하는 '국제주의'적 정체성
㉰의 정체성: 북한과 '화해 공존'하는 '민족주의'적 정체성
㉱의 정체성: 북한과 '화해 공존'하는 '국제주의'적 정체성

김대중 대통령의 남북관계·통일에 대한 '정체성'은 위의 ㉰의 정체성, 즉 북한과 '화해 공존'하는 '민족주의'적 정체성과 ㉱의 정체성, 즉 북한과 '화해 공존'하는 '국제주의'적 정체성을 '적극적'으로 '조합'한 것이었다. 그러나 '민족주의'적 정체성이 보다 더 강조된 정체성이

119) 심지연은 해방이후부터 한반도문제, 남북한관계, 통일문제는 기본적으로 '자주화'와 '국제화'라는 두 개의 커다란 흐름 속에서 해결이 모색됐다고 본다. 이 둘의 동태적인 흐름의 반응으로서 남북한이 각각 제시한 통일방안은 공통적으로 통일문제의 '자주화 단계', '국제화 단계', '탈국제화 시도 단계', '자주화와 국제화의 양립 단계', 그리고 '자주화로의 공명 단계'라는 다섯 단계를 거쳐 왔다고 주장하고 있다. 심지연, *남북한 통일방안의 전개와 수렴, 1948-2001: 자주화·국제화의 관점에서 본 통일방안 연구와 자료* (서울: 돌베개, 2001), 18-22.

었다.[120]

김대중 대통령은 남북관계와 통일문제는 '우리 민족이 스스로 주도권을 갖고' 나아가야 할 문제이며, '통일 3대 원칙'으로 자주, 평화, 민주의 원칙을 내세웠다.[121] 그는 남북연합, 연방제, 완전통일의 '3단계 통일론'의 제1단계인 남북연합은 남북지도자가 '통일에 대한 적극적 의지'에 기반을 둔 '정치적 결단과 합의의 결과'로서 달성할 수 있다는 것, 그리고 남북연합의 주된 임무는 평화공존, 평화교류, 평화통일의 '3대 행동강령'을 실현하는 것이라고 했다.[122]

김대중 대통령의 이러한 남북관계와 통일에 대한 정체성과 지향성은 당장 외환위기 극복과 경제 살리기를 위해 남북관계의 안정과 한반도에서의 긴장완화를 이뤄내야 하는 현실적인 필요성과 맞물려,[123] 북한과의 '대결 배제'가 아닌 '화해 공존'을 통한 문제해결과 통일의 길을 선택하는 데 결정적인 영향을 미쳤다. 그리고 2000년 6월 남북정상회담 개최와 6.15남북공동선언의 채택은 김대중 대통령의 '민족주의'적 정체성을 여실히 증명했다.

---

120) 김대중정부의 햇볕정책의 '6대 추진기조' 중의 하나는 '남북당사자 해결 원칙 하에 국제적 지지 확보'였다. 통일부, *국민의 정부 5년: 평화와 협력의 실천* (2003년 2월), 12-16. 또 김대중 대통령은 6.15남북공동선언의 의의를 자평했는데, 남북공동선언을 통해 "한민족 전체의 미래를 우리 스스로 결정하는 기회를 마련했다"고 했다. *김대중, 김대중 자서전 2*, 224, 311.

121) 아태평화재단, 앞의 책, 34-35.

122) 위의 책, 41-42, 69. 백학순의 임동원과의 제1차 인터뷰, "연세대학교 김대중도서관의 '김대중 대통령 구술사(oral history) 프로젝트: 외교, 안보, 통일 분야'," 2007년 8월 3일.

123) 참고로, 김대중 대통령 당선자가 대통령직 취임 직전인 1998년 2월 19일 '문화방송' 의뢰로 한국갤럽에서 '차기 대통령의 우선 과제'에 대한 여론조사 결과를 보면, 경제위기 극복(81.1%), 부정부패 척결(11.2%), 사회복지 등 삶의 질 향상(3.1%), 지역갈등 해소(2.4%), 남북관계 및 통일문제(2.2%) 순이었다. 당시는 IMF 구제금융 위기 직후였기 때문에 경제관련 관심이 압도적이었고 남북관계와 통일문제는 겨우 2.2%만의 최우선적인 관심사였다. 한국갤럽, "'새 대통령에게 바란다' 국민여론조사," *한국갤럽*, 1998년 2월 19일.

김대중 대통령은 2000년 6월 13일 김영남 북한 최고인민회의 상임위원장이 인민문화궁전에서 주최한 만찬에서 답사를 했는데, 김대통령은 "이번 방문으로 7천만 민족이 전쟁의 공포에서 해방될 수 있기를 진심으로" 바라고, "이번 방문으로 반세기 동안의 불신과 대결의 관계가 화해와 협력의 관계로 바뀌기를 충심으로 기대"한다고 했다.[124]

김대중 대통령은 6.15남북공동선언 이후인 9월 24일 북한 김일철 인민무력부장의 청와대 예방을 받았는데, "인민군 대표들은 시종 부동자세"로 자신의 이야기를 경청하고, 인민군 수뇌부가 "경례"로써 자신을 대하는 것을 보면서, 6.15남북공동선언이 "모든 남북관계를 질적·양적으로 변화"시켰으며, "무엇보다 중요한 것은 남과 북 서로가 서로를 재발견하게 되는 계기"가 됐고, "적이 아닌 공존공영의 대상으로 재인식"하게 되었다고 했다. 남북이 "반세기의 불신을 씻고 신뢰를 구축한 것이 얼마나 다행"인지를 느꼈다고 했다.[125] 다시 말해, 남북관계의 정체성이 '대결과 전쟁'의 정체성에서 '화해와 평화'의 정체성으로 변환되기 시작한 것이었다.

김대중 대통령은 또한 '민족주의적' 정체성 못지않게 '국제주의적' 정체성을 보였다. 김대통령은 김정일에게 자주는 '배타적인 자주'가 아니라 '열린 자주'가 되어야 한다고 했다.[126] 김대통령은 미국, 중국, 일본, 러시아 등의 4강 정상외교를 통해 적극적으로 햇볕정책의 지지를 구했다. 이러한 외교적 노력 덕분에, 결국 햇볕정책은 남한정부의 대북정책으로서는 역사상 유례없이 북한의 동맹국인 중국과 북한의 우방인 러시

124) 김대중, "민족의 힘을 하나로" (평양 방문 중 김영남 북한 최고인민회의 상임위원장이 인민문화궁전에서 주최한 만찬에서 한 답사) (2000년 6월 13일), *김대중 전집 I 제5권*, 19.

125) 김대중, *김대중 자서전 2*, 337-338. 김학노, *남과 북의 서로주체적 통합*, 186-187도 참조.

126) 위의 책, 283, 291; 임동원, *피스메이커: 남북관계와 북핵문제 20년*, 102, 117.

아의 지지를 획득한 정책이 됐다.

김대중 대통령은 햇볕정책을 추진하는 데서 적극적으로 미국정부와의 소통을 통해 클린턴정부의 적극적인 지지를 끌어냈다. 특히 1998년 8월 말 북한의 대포동미사일 시험발사 이후, 미국은 북한 핵·미사일 문제 해결을 위해 '페리 프로세스'(Perry Process)를 시작했다. 김대중 정부는 영구적인 평화정착을 달성하려는 '한반도 평화프로세스'의 기본적인 아이디어를 미국정부에 제공했고,[127] 1999년 9월에 발표된 '페리 보고서'에는 한국 측의 "제안과 의견이 고스란히 반영"됐다.[128]

그러나 김대중정부 후반 2년은 2001년 1월 미국에서 조지 W. 부시 정부가 등장하여 클린턴정부의 대북 포용정책을 뒤집는 대북 강경정책을 취했다. 특히, 2002년 10월 부시 대통령 특사 제임스 켈리의 평양 방문을 통해 북한의 소위 '비밀' 고농축우라늄계획 문제가 불거지면서 제2차 북핵위기가 발생했다. 이후 네오콘과 강경파들이 주축이 되어 미국의 대북정책이 초강경으로 돌아서게 됨으로써 햇볕정책에 대한 미국정부의 지지는 더 이상 기대할 수 없는 상황에 처했다.

2) 환경구조, 정치기회구조

전략주체(지도자)로서 김대중 대통령은 햇볕정책을 추진하는 데서 당시 자신이 처한 환경구조에 의해 제한을 받음과 동시에 그것을 이용하여 햇볕정책을 추진했다.[129]

일반적으로, 환경구조가 전략적 선택에 불리할 때 전략주체는 '협력

127) 임동원, *피스메이커: 남북관계와 북핵문제 20년*, 400 430.

128) 김대중, *김대중 자서전 2*, 148.

129) 백학순, "왜 평화인가? 그리고 무엇이 문제인가?" 54.

(포용과 설득), 경쟁, 대결'을 통해 '의식적'이고 '합목적적'으로 '정치기회구조'를 유리하게 조성하는 노력을 한다.[130] 정치기회구조를 유리하게 만드는 데 성공해야 실제 의도하는 전략적 선택이 가능하고 또 그 선택이 성공하게 된다.[131] 김대중 대통령도 햇볕정책을 위한 정치기회구조를 유리하게 조성하여 햇볕정책을 추진했다.

(1) 환경구조

김대중 대통령이 처해있었고 또 상호작용한 환경구조에는 몇 가지 주요 변수들이 있었다. 첫째, 햇볕정책의 선택과 추진에 유리 혹은 불리한 국내 환경구조(즉 남한사회와 대북정책), 둘째, 햇볕정책의 선택과 추진에 유리 혹은 불리한 국제 환경구조(즉 북한의 대남정책, 미국과 중국의 한반도정책), 셋째, 김대중 대통령이 햇볕정책을 선택하고 추진하는 데 필요한 가용자원(즉 관념자원, 물질자원) 등이었다.

남한사회와 대북정책[132]

햇볕정책의 정책주체인 김대중 대통령이 처해있던 국내 환경구조로서 우선 '남한사회와 대북정책'을 들 수 있다. 당시 햇볕정책의 국내

---

130) 정치기회구조는 정책주체(행위주체)가 전략·정책적 행위를 하는 데 영향을 미치는 정치적 환경에서의 구조(규칙과 자원의 배열)라고 할 수 있다. 다시 말해, 정치기회구조는 행위주체와 그 주위의 다른 행위자들 간의 힘의 배분과 힘의 행사에 영향을 미치는 구조을 의미한다. Charlies Tilly, *From Mobilization to Revolution* (New York: Random House, 1978), 7, 98; Charles D. Brockett, "The Structure of Political Opportunities and Peasant Mobilization in Central America," *Comparative Politics*, 23, no. 3 (1991): 254; Hak Soon Paik, "North Korean State Formation, 1945-1950," (Doctorate, University of Pennsylvania, 1993), 32; 백학순, *북한권력의 역사: 사상, 정체성, 구조* (서울: 한울아카데미, 2010), 31-34.

131) 백학순, "왜 평화인가? 그리고 무엇이 문제인가?" 62.

132) 이 부분은 백학순, "김대중정부와 노무현정부의 대북정책 비교," 299-301을 거의 그대로 가져왔음을 밝힌다.

정책환경을 살펴보면, 한편으로는 대북 화해·협력 세력과 대다수 국민의 지지, 다른 한편으로는 보수 야당과 보수 언론의 반대가 공존하고 있어서 복잡했다.

그러나 김대중 대통령은 대통령과 한반도 문제 해결의 비전과 목표를 공유한 핵심참모진과 정책결정 시스템을 갖추고 있었다. 김대통령은 집권 5년 동안 내내 임동원을 대통령 외교안보수석비서관, 통일부장관, 국가정보원장, 통일부장관, 대통령 외교안보통일특별보좌역의 요직에 중용했다. 그리고 그동안 헌법상으로는 존재했었지만 기능적으로 제대로 작동하지 못했던 '국가안전보장회의(NSC) 상임위원회'를 새로 '법제화'하여 NSC를 실질적으로 작동시켰다. 김대중 대통령은 이처럼 핵심참모인 임동원과 임동원의 체계적이고 효과적인 '국가안전보장회의(NSC) 상임위원회' 운영을 통한 보좌를 받아, 대북정책의 일관성과 지속성을 유지했다.[133]

또한 김대중 대통령에게는 햇볕정책에 대한 대다수 국민의 지지가 있었다. 이를 여론조사 결과를 통해 살펴보자. 김대중정부가 집권하여 '햇볕정책'이 발표된 후, 1998년 3~6월 기간에 행해진 여론조사를 보면, 정부가 행한 여론조사에서 햇볕정책은 평균 86.9% 지지를 받았고, 조선일보, 중앙일보, 동아일보의 소위 3대 보수신문이 행한 여론조사에서도 햇볕정책은 무려 83.8%의 평균 지지율을 기록했다.[134]

한편, 1999년 6월 제1차 서해교전(연평해전)이 포함되어 있었던 1999

133) 임동원, *피스메이커: 남북관계와 북핵문제 20년,* 345-354. 참고로, 임동원은 김대중정부 5년 동안 개최된 NSC 상임위원회 회의 총 229회 중에서 단 1회를 제외하고 모두 참석하였다. 그리고 김대중 대통령은 임동원이 주도적으로 마련하고 조정하여 올린 NSC 상임위원회 건의를 거의 100% 승인하였다. 위의 책, 354.

134) 박선원, "한반도 위기상황 때 햇볕정책 지지율 오히려 높아져"(연세대 박선원 교수, 지난 5년간 여론조사 결과 분석) *프레시안,* 2002년 12월 14일.

년 1년 동안의 햇볕정책에 대한 지지율이 정부의 여론조사에서 65.6%, 2002년 6월 제2차 서해교전 직전의 2002년 1~4월의 평균 지지율이 73.5%였다. 이는 햇볕정책의 지지가 가장 낮았던 1, 2차 연평해전 시에도 햇볕정책은 국민의 3분의 2의 지지를 받았다는 것을 의미했다.[135]

2000년 6월 남북정상회담 개최 직후의 여론조사에서는 정부의 여론조사에서 93.7%, 한겨레신문, 한국일보, 경향신문, 즉 자유주의적 언론의 여론조사에서 95.7%, 보수언론의 여론조사에서 86.7%의 지지를 받았다.[136] 한편, 1998년 3월부터 2002년 4월까지 김대중정부의 전 기간에 국민의 햇볕정책에 대한 지지율은 평균 79.81%로서 거의 80%였다.[137]

특기할 것은 김대중정부의 햇볕정책의 공헌 중의 하나는, 위의 각종 여론조사 결과가 암시하듯이, 그것이 남한사회에서 '화해·협력 세력의 확장'을 가져왔다는 점이다. 그리고 이 확장된 화해·협력 세력은 햇볕정책 추진과 이행의 주요 국내환경적 요소가 됐다.

반면, 대북 '퍼주기론'은 보수 야당과 보수 언론이 앞장서서 햇볕정책을 반대하고 비난한 정치적 논리와 수사였고, 이는 '남남갈등'을 불러일으켰다. '퍼주기' 논란은 김대중정부 5년 내내 햇볕정책의 발목을 잡았다.[138]

한 가지 흥미로운 점은 보수 언론들이 처음부터 대북 퍼주기론을 주장한 것은 아니었다는 점이다. 그들 중 일부는 오히려 햇볕정책을 지지하기도 했다. 예컨대, 동아일보 김병관 발행인이 1998년 7월 14일자

135) 위의 글.

136) 위의 글.

137) 위의 글.

138) 김대중정부 하에서 보수야당과 보수언론은, 김학노의 주장에 비추어보면, 대표적으로 '홀로주체적' 담론을 주장한 집단이었다고 할 것이다. 김학노, 앞의 책, 236-256 참조.

동아일보 1면에 '발행인'의 명의로 된 특별 "시국제안"을 하였는데, 그는 햇볕론은 "선택의 문제가 아니"며 "북한과 싸우지 않고 사이좋게 지내면서 북한이 스스로 개방하도록 만들어야 한다는 정책에 어떤 선택의 여지가 있는지 우리는 알지 못한다," 그리고 "냉전이 끝나고 남북 간 체제경쟁이 사실상 끝난 상태에서 대북화해, 포용정책 외에 다른 대안은 없다"면서 햇볕정책을 공개적으로 지지했던 것이다.[139]

그런데 김대중정부가 금융개혁에 성공하고 재벌개혁에도 차츰 성공하여 가면서 그 여파가 동아일보와 같은 '기업언론'에까지 미치게 될 조짐이 보이면서 개혁이 '더 이상 남의 일이 아닌' 상황으로 변해가자, 보수 기업언론들은 자기 방어에 나섰던 것으로 보인다. 당시 경제위기 속에서 김대중정부의 경제개혁 조치들이 국민의 지지를 얻고 있는 상황에서, 기업언론들은 김대중정부의 '경제개혁이 잘못됐다'는 식으로 공격하지 않고 김대중정부의 '대북정책이 잘못됐다'는 식으로 햇볕정책을 희생양으로 삼았던 것으로 보인다. 동족상잔의 62.5전쟁을 일으킨 북한에 대한 적대감은 대다수의 남한사람들에게는 빈부의 차이와 관계없이 상존하는 요소였던 점을 감안하면, 보유 언론과 보수 야당이 햇볕정책을 우리의 '경제살리기' 정책이 아닌 '대북 퍼주기' 정책으로 규정한 것은 매우 심각한 도전이었다. 왜냐하면 당시 외환위기, 경제위기를 맞아 남한도 실업자와 경제파탄자가 급증하고 있는 상황에서 김대중정부가 햇볕정책을 통해 북한에게 '퍼주기'를 하고 있다는 보수 언론의 감성적 호소가 일반 국민들에게 먹혀들어 갔기 때문이었다.[140]

139) 김병관(*동아일보* 발행인), "시국제언" *동아일보,* 1998년 7월 14일.

140) 백학순, "김대중정부와 노무현정부의 대북정책 비교," 300-301.

북한의 대남정책[141)]

북한의 대남정책은 김대중 대통령 임기 초기와 말기에 햇볕정책 추진과 지속에 어려움을 주었지만, 2000년 6월 정상회담 전후와 6.15남북공동선언 이후 적극적인 협력을 했다. 그 근저에는, 이미 위에서 살펴보았지만, '북한의 21세기 생존과 발전의 전략'의 호응이 있었다.

위에서 이미 설명한 것이지만, 김대중 대통령은 2000년 6월 남북정상회담에서 북한이 반세기 동안 주장해 오던 '세 가지를 양보'받았다고 했다. 김정일 위원장은 주한미군 주둔과 주한미군이 통일 이후에도 계속 주둔함으로써 동북아의 안정에 기여할 것이라는 데 동의했고, 남북공동선언 제2항에서 사실상 '남북연합'을 받아들였으며, 국가보안법 문제도 더 이상 문제 삼지 않고 '남쪽에서 알아서 하라'는 입장을 취했던 것이다.[142)]

한편, 햇볕정책의 추진에 큰 어려움을 준 사건들은 1998년 6월 22일 강원도 속초 앞바다에 북한 잠수정 한 척이 어선 그물에 걸려 표류 중 발견된 사건, 1년 뒤인 1999년 6월과 그로부터 3년 후인 2002년 6월에 발생한 두 차례의 연평해전(서해교전)이었다.

우선 강원도 북한 잠수정 표류 발견 사건은 '햇볕정책의 시험대'가 됐다. 김대중 대통령은 국가안전보장회의(NSC)를 주재한 자리에서 "도발은 불용하되, 햇볕정책의 기조 유지"를 결정하고, "확고한 안보태세 유지와 교류·협력 추진이라는 병행전략을 일관성 있게 견지해 나갈 것"이며, "강력한 안보태세가 화해·협력을 가능케 하고, 화해·협력에 의한

---

141) 이 부분은 백학순, "김대중정부와 노무현정부의 대북정책 비교," 302으로부터 많은 부분을 가져왔음을 밝힌다.

142) 김대중, "방송 3사 공동 특별생방송 〈김대중 대통령, 국민과의 대화〉," 131.

남북관계 개선이 안보위협을 감소하게 될 것"임을 "재확인"했다.[143]

1999년 6월 15일 제1차 연평해전과 2002년 6월 29일 제2차 연평해전은 말할 것도 없이 김대중정부의 대북정책에 큰 걸림돌로 작용했다. 제1차 연평해전으로 당시 거의 성사 단계에 있었던 남북당국회담이 불발되었고,[144] 특히 제2차 연평해전은 우리 해군의 피해가 적지 않아서 임기 말인 김대중정부가 남북 화해·협력을 지속해 나가는 데 큰 타격을 주었다.

그러나, 보다 근본적으로는, 햇볕정책의 추진과 관련한 대외 환경구조로서의 '북한의 대남정책'은 북한이 이미 10여 년 전부터 준비하고 이행을 시도해온 '북한의 21세기 생존과 발전의 전략'[145] 덕분에 남한정부가 햇볕정책을 추진하는 데 유리한 변수로 작용했다.

북한의 햇볕정책에 대한 호응은 북한의 '북한의 21세기 생존과 발전의 전략', 특히 '대미전략'의 맥락에서 이뤄졌다. 북한은 소련이 붕괴한 후 북한에 대해 급속히 영향력이 커지고 있던 중국을 제어하는 균형력, 대항력으로서 미국을 끌어들여 미중양국에 대한 균형전략을 통해 외교에서의 자신의 독립성과 자율성을 확보코자 했다. 그리고 미국과 협상을 통해 '전쟁과 평화'의 문제(6.25전쟁의 종전, 평화체제 수립, 관계정상화), 경제문제를 해결고자 했던 것이다.

---

143) 김대중, *김대중 자서전 2,* 95-96. 속초 잠수정 사건에도 불구하고, 연론조사에서 86.6%가 햇볕정책을 지지했다. 위의 책, 97.

144) 김대중정부와 북한과의 최초의 당국 간 회담은 1998년 4월 북경에서 개최된 남북차관급회담이었는데, 북한은 당시 어려운 식량사정을 때문에 '비료지원'부터 요구하였고, 남한정부는 국내의 보수세력으로부터의 공격을 우려하여 비료지원에 '이산가족 상봉'을 연계하는 '상호주의'를 주장하였는데, 결국 북한이 이를 거부하여 첫 번째 당국회담이 실패하였던 적이 있었다. 백학순의 임동원과의 제2차 인터뷰, "연세대학교 김대중도서관의 '김대중 대통령 구술사(oral history) 프로젝트: 외교, 안보, 통일 분야'," 2007년 8월 16일.

145) 백학순, "왜 평화인가? 그리고 무엇이 문제인가?" 54.

참고로, 북한은 대미 접근방법으로서 대미 직접협상('워싱턴 바로가기')과 남북관계 개선을 통한 대미접근('서울을 거쳐서 워싱턴 가기')을 선택적으로 사용하거나 동시 병행적으로 사용했다. 김대중정부 시기 북한은 '서울을 거쳐서 워싱턴 가기'를 선택했고, 일단 미국과 대화와 협상이 이뤄지자 남북관계와 북미관계는 동시 병행적으로 진전됐던 것이다.[146]

결국 김대중 대통령의 햇볕정책의 '한반도 냉전구조 해체'와 '평화체제 수립'의 비전과 이익, 목표와 김정일 위원장의 '21세기 생존과 발전의 전략'의 비전과 이익, 목표가 일종의 짝을 이뤄 조응하면서 남북한은 각자의 이익과 동시에 한반도에서 전쟁종식과 평화정착이라는 공동이익의 확보를 위해 협력했던 것이다.[147]

미국과 중국의 한반도정책[148]

햇볕정책은 대외적으로 미국, 중국을 비롯하여 전 세계 국가들의 전폭적인 지지를 받았다. 무엇보다도 클린턴정부가 김대중정부의 햇볕정책의 강력한 후원자 역할을 했다.

우선, 클린턴 미 대통령이 '자신은 김대중 대통령이 운전하는 자동차의 조수석에 앉아 가겠다'면서 한미양국의 대북정책의 주도권을 김대중 대통령에게 맡겼고,[149] 올브라이트 국무장관은 "김대중이라는 거인의 어깨 위에 서서" 2000년 10월 북미관계가 급진전하고 있었음을 인

---

146) 백학순, "10대 핵심쟁점" 백학순 외, *한반도 평화대전,* 368-369, 381.

147) 본 글의 각주 21 참조.

148) 이 부분은 백학순, "김대중정부와 노무현정부의 대북정책 비교," 301-302를 거의 그대로 가져왔음을 밝힌다.

149) 김대중, 김대중 자서전 2, 84; 백학순의 임동원과의 제2차 인터뷰, 2007년 8월 16일; 임동원, *다시, 평화: 임동원 자서전,* 322-323.

정하고 김대중 대통령에게 감사했다.[150] 1998년 8월 북한의 대포동 미사일 시험발사의 충격 하에서 진행된 '한반도 평화 프로세스'('한반도 냉전구조 해체를 위한 포괄적 접근 전략')는 한미양국의 합작품인 '김대중-클린턴 프로세스'였다.[151] 또 윌리엄 페리는 자신의 이름이 붙은 '페리 프로세스'를 '임동원 프로세스'라고 부를 정도로 클린턴정부는 대북정책에서 김대중정부의 의견과 입장을 중시하고 수용했다.[152]

무엇보다도 북한의 동맹국인 중국이 우리의 대북정책을 지지한 것은 사상 초유의 일이었다. 한국은 미국의 동맹이고 또 6.25전쟁에서 싸운 적국이었다. 그러나 장쩌민 주석, 주룽지 총리 등 중국 지도자들은 김대중 대통령의 햇볕정책을 일관되게 지지했다.

또 러시아, 일본은[153] 물론 전 세계 국가들이 한결같이 김대중정부의 햇볕정책을 지지했다.[154] 위에서 이미 지적하였지만, 김대중 대통령이 '한국과 동아시아에서의 민주주의와 인권'과 '특히 북한과의 평화와 화해'를 위한 그의 업적으로 노벨평화상을 수상하게 된 것도[155] 국제사회의 햇볕정책에 대한 지지의 결실이었다.

그러나 2001년에 새로 출범한 미국의 조지 W. 부시정부가 클린턴정부의 대북 포용정책을 뒤집고 나왔다(소위 'ABC 정책'). 2001년 9.11 대미 테러사건 발생, 2002년 1월 부시정부의 북한에 대한 '악의 축' 발

---

150) Madeleine K. Albright, U.S. Secretary of State, Press Briefing On Plane En Route Washington, D.C. from Seoul, Republic of Korea, October 26, 2000.

151) 임동원, *다시, 평화: 임동원 자서전,* 318-324.

152) 김대중, *김대중 자서전 2,* 148.

153) 일본의 고이즈미 준이치로 수상은 김대중 대통령의 지지와 중개에 힘입어 2002년 9월에 평양을 방문하여 김정일 위원장과 '조일평양선언'(북일평양선언)에 합의했다.

154) 임동원, *피스메이커: 남북관계와 북핵문제 20년,* 374-379, 383, 386.

155) https://www.nobelprize.org/prizes/peace/2000/summary/.

언, 특히 2002년 10월 제임스 켈리 미 대통령특사의 방북과 '고농축 우라늄계획' 의혹 제기, 대북 중유지원 중단, 제네바 북미기본합의 폐기, 북한의 NPT 탈퇴 등으로 제2차 북핵위기가 발생했다. 결국 이러한 국제 환경구조의 악화로 인해 김대중정부는 임기 말에 햇볕정책을 지속적으로 추진하는 데 큰 어려움을 겪게 됐던 것이다.[156]

가용자원: 관념자원과 물질자원

정책주체의 가용자원은 크게 '관념자원'(ideational resources)과 '물질자원'(material resources)으로 나눠서 생각할 수 있다.[157] 관념자원은 전략주체가 정책을 형성하고 이행하는 데서 갖고 있는 비전, 아이디어, 사상, 가치, 의미, 규범, 담론, 지식, 정체성 등이다. 한편, 물질자원'은 인구, 영토, 경제력, 군사력 등으로서 특히 경제력과 군사력을 포함한다.[158]

관념자원은 '소프트 파워'(soft power)의 중요 구성요소이며, 물질자원은 '하드 파워'(hard power)을 포함한 비(非)관념자원이다. 그런데 물질자원 자체만으로는 의미와 방향성 없는 자원이어서 관념자원이 물질자원을 동원하고 사용하는 데서 의미와 방향성을 제공한다.[159]

그렇다면, 김대중 대통령의 경우, 어떤 자원을 보유·동원할 수 있었는가? 김대통령의 관념자원(사상자원)은 위에서 설명한 '3단계 통일론', '한반도 냉전구조 해체', '평화체제 수립', '주한미군 주둔의 필요성'에 대한 이해와 주장과 같은 그의 비전과 이익, 목표였다. 물질자원의 경우,

156) 백학순, "김대중정부와 노무현정부의 대북정책 비교," 302.

157) '관념자원'(사상자원)은 '한경구조' 차원의 변수가 아닌 '지도자'(전략주체, 정책주체) 차원의 변수로 볼 수 있다. 그러나 여기에서는 편의상 '가용자원'의 일부로서 환경구조 차원의 변수로 다루고 있다.

158) 백학순, "왜 평화인가? 그리고 무엇이 문제인가?" 87-88.

159) 위의 글, 88.

김대통령은 남한의 우월한 경제력을 바탕으로 대북 경제협력, 민족경제 공동체 형성을 추진했으며, 강력한 군사력을 기반으로 북한의 무력도발을 불용했다. 두 차례의 '연평해전'(서해교전)에서 보듯이, 실제 무력도발이 발생한 경우에는 단호하게 군사력으로 대처했다.

김대중 대통령은 위의 관념자원(소프트 파워)과 물질자원(하드 파워)을 적절히 결합하여 사용하는 '스마트 파워 전략'(smart power strategy)을 구사해서 국내외 반대를 극복하고 햇볕정책을 추진함으로써 역사적인 6.15남북공동선언을 이뤄내고 또 그 공동선언을 이행해나갔던 것이다.

(2) 정치기회구조

국내외 환경구조는 전략주체에게 주어진 것이지만, '정치기회구조'는 전략주체가 '의식적'이고 '합목적적'으로 조성하여 이용하는 것이다. 이는 전략주체가 환경구조 차원의 변수들을 특정 전략과 정책의 추진에 유리하게 전환시키는 데서 기본적으로 전략주체의 비전, 이익, 목표가 중요함을 말해준다. 김대중 대통령의 경우, '3단계 통일론', '한반도 냉전구조 해체', '평화체제 수립', '주한미군 주둔의 필요성'에 대한 이해와 주장과 같은 그의 관념자원이 중요한 역할을 했다.

그렇다면, 김대중 대통령이 햇볕정책을 위해 유리하게 정치기회구조를 조성해 낼 수 있었던 환경구조 차원에서의 유리한 주요 요소들은 무엇이었는가?

첫째, 우선 국내 환경구조를 살펴보면, 보수 야당과 보수 언론의 반대에도 불구하고, 김대중 대통령은 임동원을 중심으로 한 핵심참모진과 'NSC 상임위원회'라는 정책결정 시스템을 갖추고 있었다. 그리고 대다수 국민의 햇볕정책에 대한 지지가 있었다. 그 덕분에 햇볕정책의 일관성과 지속성이 유지됐다.

둘째, 국제 환경구조적 변수로서, 김대중 대통령 시기는 기존의 강대국 질서인 냉전 국제질서가 소련의 멸망으로 붕괴되어 탈냉전 시대로 접어들었고 아직 새로운 강대국 국제질서가 등장하기 이전의 시기, 즉 '과도기'였다. 강대국의 영향력이 상대적으로 감소된 과도기에서 남북 지도자들은 상호 협력을 통해 우리 민족의 자주성을 발휘했던 것이다.

셋째, 북한이 1991년 소련 붕괴를 대비하여 자신의 '21세기 생존과 발전의 전략'을 세웠고, 그것은 남한 및 미국과의 대화와 협상, 협력을 핵심 요소로 하고 있었다. 바로 북한의 그러한 전략과 남한의 햇볕정책은 일종의 짝을 이뤄 상호작용하면서 각자의 이익은 물론 남북화해, 6.25전쟁의 종식, 냉전구조 해체, 평화체제 구축과 같은 공동의 이익을 추구하면서 진행됐던 것이다.

넷째, 클린턴 미 대통령의 적극적인 협력이 매우 중요한 기여를 했다. 김대중 대통령은 미국에게 남북관계에 대한 모든 정책을 사전에 알려주는 등 클린턴정부와의 동맹공조를 철저히 했다. 주목할 것은 예전의 한미동맹이 냉전시대에 냉전적 사고방식 하에서 북·중·러 3국과 대결을 위한 동맹공조였다면, 김대중 대통령과 클린턴 대통령의 한미공조는 탈냉전 시대에 남북화해, 한반도 냉전구조 해체, 평화체제 수립과 같은 새로운 목표를 함께 추구하는 동맹공조였던 것이다.

이미 위에서 언급한 것이지만, 클린턴 대통령의 김대통령에 대한 신뢰와 햇볕정책의 지지는 대북정책과 한반도정책에서 '김대중 대통령이 운전석에 앉고 자신은 조수석에 앉는다'는 식으로 표현됐다.[160] 또 클린턴 대통령은 자신이 중국방문을 해야할지 여부에 대해 김대통령의 의견

160) 김대중, *김대중 자서전 2*, 84.

을 구하고 김대통령의 의견에 따랐다. 이처럼 김대통령은 탈냉전의 시대에 클린턴 대통령과의 협력을 통해 한반도를 넘어 아시아·태평양 국제정치에도 영향력을 미쳤던 것이다.[161]

다섯째, 중국과 일본, 러시아의 햇볕정책에 대한 적극적인 지지 또한 큰 기여를 했다. 장쩌민 주석과 주룽지 총리의 햇볕정책에 대한 지지, 또 고이즈미 준이치로 일본 총리는 김대중 대통령의 지지와 중개에 따라 2002년 평양을 방문하고 '조일평양선언'(북일평양선언)을 발표했다. 러시아의 보리스 옐친 대통령도 햇볕정책 적극적인 지지자였다.

김대중 대통령은 자신의 뚜렷한 한반도 냉전구조 해체와 평화정착의 비전과 목표 하에서 이상의 국제 환경구조에서의 유리한 요소들을 적극적으로 이용하여 한반도 국제정치에서 주도권을 쥐고 한반도 국제정치에 관한 한 '규칙제정자'(rule-setter)의 위상을 획득하여 햇볕정책을 추진해 나갔고 역사적인 6.15남북공동선언을 성취했던 것이다.

김대중 대통령은 6.15남북공동선언을 통해 "한민족 전체의 미래를 우리 스스로 결정하는 기회를 마련했다"고 평가했고,[162] 북한 언론 매체들은 "민족 분열 사상 처음으로 개최되는 이번 상봉과 만남은 민족 주체적 노력으로 통일 성업을 이룩해 나갈 겨레의 확고한 의지를 과시하는 중대한 사변"이라고 했다.[163]

이상에서 제3장 "햇볕정책: 지도자와 환경구조, 정치기회구조"를

---

161) 위의 책, 85.

162) 김대중, *김대중 자서전 2,* 224. 김대중 대통령은 "남북 정상회담에 대한 수많은 평가가 있지만 나는 돈 오버도퍼(Don Oberdorfer) 교수의 글에 특히 주목했다"면서, 그의 평가를 소개했는데, 그것은 "남북정상회담을 시발점으로 남북한은 사상 처음으로 한민족 전체의 미래를 스스로 결정할 수 있는 기회를 마련했다"라고 되어 있다. 위의 책, 311; Don Oberdorfer, *The Two Koreas: A Contemporary History,* Revised and Updated (New York, NY: Basic Books, 2001), 443.

163) 김대중, *김대중 자서전 2,* 273.

살펴보았다. 구체적으로, (1) 김대중 대통령의 지도자(정책주체) 차원의 변수들과 (2) 국내외 환경구조 및 정치기회구조를 검토했다. 그런데 이 양자 간의 상호작용이 햇볕정책을 산출했던 것이다.

구체적으로, (1) 정책행위자로서 김대중 대통령의 '3단계 통일론', '4대국 안전보장론'(4대국 평화보장론), '냉전구조 해체'와 '평화체제 수립'이라는 '비전과 이익, 목표', 그리고 '전쟁 vs. 평화', '대북의식', '민족의식' 차원의 김대중 대통령의 '정체성'과 (2) 남한사회와 대북정책, 북한의 대남정책, 미국과 중국의 한반도정책, 가용자원(사상자원과 물질가원)으로 구성된 환경구조를 분석했다. 결론적으로, 김대중 대통령은 자신의 남북화해, 전쟁종식과 평화정착의 뚜렷한 비전과 목표 하에서 당시 환경구조적 변수들을 의식적이고 합목적적으로 동원하고 이용하여 정치기회구조를 유리하게 조성함으로써 햇볕정책을 추진하고 성공시켰던 것이다.

3. 햇볕정책: 대북정책, 외교 및 군사·안보정책, 경제정책

한반도 평화·통일·번영의 '대전략', 나라와 민족의 생존과 발전의 '대전략'인 햇볕정책을[164] 여기에서는 대북정책, 외교 및 군사·안보정책, 경제정책으로 나눠 각각 순서대로 살펴보기로 한다.

---

164) 참고로, 김대중은 *월간조선* 1991년 7월호에 게재된 인터뷰에서 이솝 우화를 원용하면서 '태양빛'(햇볕)이라는 표현을 처음 사용했고, 1993년 10월 1일 미국 컬럼비아대 강연 및 질의응답에서 '햇볕정책'이라는 표현을 처음 사용했다. 장신기, 앞의 책, 486.

1) 햇볕정책 1: 대북정책

여기에서는 햇볕정책의 목표, 3원칙, 추진기조, 추진방향, 그리고 구체적으로 역사적인 남북정상회담과 6.15남북공동선언을 살펴보기로 한다.

참고로, 위의 어느 것이든지 간에 햇볕정책은, 김대중 대통령의 핵심 전략참모였던 임동원의 표현에 따르면, 북한과 협력하는 데서 선이후난(先易後難: 쉬운 것을 먼저 하고 어려운 것은 나중에 한다), 선민후관(先民後官: 정부가 대화가 되지 않더라도 민간 접촉부터 시작한다), 선경후정(先經後政: 정치적 접근보다는 경제적 접근을 먼저 추진한다), 선공후득(先供後得: 먼저 주고 후에 받는다)의 정신과 방법론적인 특성을 갖고 있었다.[165]

(1) 정책목표, 3원칙, 추진기조, 추진방향

첫째, 대북정책으로서의 햇볕정책의 목표는 무엇이었는가? 햇볕정책은 북한의 '붕괴임박론'이 아닌 '점진적 변화론'에 기초하여[166] 북한의 변화를 유도하고 평화를 만들어 '사실상의 통일상황'(de facto unification)을 실현하려는 것을 '목표'로 했다. 즉 화해협력을 통한 북한의 개방·개혁 유도와 평화공존을 통한 남북 간의 교류협력이 남북관계 개선을 가져올 것이고, 이를 통해 남북이 상호이해의 폭을 넓히고 민족동질성을 회복하게 되는 '사실상의 통일상황'의 실현이 가능하다고 보았다. 따라서 햇볕정책의 네 가지 키워드는 '화해', '협력', '변화', '평화'였다.[167]

---

165) 임동원, *피스메이커: 남북관계와 북핵문제 20년*, 423.

166) 위의 책, 340-344.

167) 백학순, "김대중정부와 노무현정부의 대북정책 비교," 306.

둘째, 김대중 대통령이 대통령 취임사에서 햇볕정책의 '3원칙'을 밝혔다. 그것은 '북한의 무력도발 불용', '남한의 대북 가해 및 흡수통일 반대', '남북 간의 화해·협력을 가능한 분야부터 적극 추진'이었다. 이는 무엇보다도 북한에게 남한에 의한 흡수통일의 우려를 불식시켜주고 그 대신 북한이 한반도 긴장완화와 평화공존에 적극 협력할 것을 요구하고, 남북한이 함께 노력해 나가자는 것이었다.[168] 이 햇볕정책 3원칙은 1995년 '김대중의 3단계 통일론'에서 주장한 '평화공존, 평화교류, 평화통일'의 '3대 행동강령'이 반영된 것이었다.

셋째, 햇볕정책의 추진기조는 여섯 가지였는데, 첫째, 안보와 협력의 병행추진, 둘째, 평화공존과 평화교류의 우선 실현, 셋째, 더 많은 접촉, 더 많은 대화, 더 많은 협력을 통한 북한의 변화 여건 조성, 넷째, 남북 간 상호이익 도모, 다섯째, 남북당사자 해결 원칙 하에 국제적 지지 확보, 여섯째, 투명성과 서두르지 않는 대북정책 추진이었다.[169]

마지막으로, 햇볕정책의 추진방향은 남북기본합의서의 이행,[170] 정경분리 원칙에 입각한 민간기업의 대북경협 활성화, 이산가족 문제의 우선적 해결, 민간 및 정부 차원의 대북 인도적 지원 제공, 긴장완화와 군사적 신뢰조성, 한반도의 냉전종식과 평화정착을 위한 국제적 협력 확보, 제네바 북미기본합의의 이행에 대한 적극 지원을 통한 북핵문제 해결과 남북관계 개선의 병행 추진이었다.[171]

---

168) 위의 글, 307.

169) 위의 글, 307-308.

170) 김대중 대통령은 2000년 6월 14일 오후 김정일과 비공개 회담에서 통일은 점진적·단계적으로 추진해 나가야 하며 통일의 과정을 남과 북이 협력하여 관리해 나가야 하는데, 그러기 위해 '남북 연합'을 제도화하자는 것인데 8년 전에 채택한 '남북기본합의서'에도 이런 정신이 반영되어 있다고 했다. 김대중, *김대중 자서전 2*, 279.

171) 백학순, "김대중정부와 노무현정부의 대북정책 비교," 308.

특히, 마지막의 '북핵문제 해결과 남북관계 개선의 병행 추진'은 양자의 '병행전략'을 의미하는 것으로서, 이는 김영삼정부 시기에 추진했던 양자의 '연계전략'을 근본적으로 수정한 것이었다. 북핵문제가 진전이 없으면 남북관계의 진전도 없는 연계전략보다는 남북관계가 북핵문제나 북미관계 진전의 종속변수가 되지 않고 독립변수로서 진전해 나가는 것이 민족의 이익을 더 잘 확보할 수 있는 길이라는 판단이었다.[172]

(2) 남북정상회담과 6.15남북공동선언

햇볕정책의 금자탑은 초유의 역사적인 남북정상회담과 6.15남북공동선언이었다. 이로써 남북관계사는 6.15남북공동선언의 '이전'과 '이후'로 나뉘었고, '6.15 시대'가 열렸다.

여기에서는 남북정상회담의 사전 정지작업으로서 베를린선언을 먼저 살펴보고, 남북정상회담과 6.15남북공동선언을 분석해보기로 한다. 구체적으로, 6.15남북공동선언의 이념적 기초로서 '김대중의 3단계 통일론', 정상회담의 의제와 공동선언의 내용, 의의를 살펴보기로 한다.

베를린선언

김대중 대통령은 2000년 1월 20일, 새천년민주당 창당대회에서 총재 취임사를 통해 총선 후 남북정상회담을 북한에 제의하겠다고 했다.[173] 그리고 3월 9일에는 독일 베를린자유대학 강연을 통해 '베를린선언'을 발표했다. 이어 3월 17일부터 4월 8일까지 남한의 특사 박지원과 북한의 특사 송호경이 중국 상하이와 베이징에서 3차례 접촉하여 남북

172) 위의 글, 308.

173) 김대중, *김대중 자서전 2*, 232.

정상회담 개최에 합의했다('베이징 4.8합의'). 그리고 이 합의는 4월 10일 서울과 평양에서 동시에 발표됐다.

남북정상회담을 가능케 한 '베를린선언'의 주요 내용은 남북경협을 통한 북한의 경제회복 지원, 한반도에서 냉전종식과 남북 간 평화공존 실현, 이산가족문제의 조속한 해결, 남북기본합의서 이행과 현안문제 해결을 위한 당국 간 대화였다.[174]

그리고 '베이징 4.8합의'의 내용은 남북한은 7·4남북공동성명에서 천명된 '조국통일 3대원칙'(자주적 통일, 평화적 통일, 민족대단결)을[175] 재확인하고 민족의 화해와 단합, 교류와 협력, 평화와 통일을 앞당기기 위하여 김정일 위원장의 초청에 따라 김대중 대통령이 평양을 방문하여 정상회담을 개최하며 쌍방은 4월 중에 절차문제 협의를 위한 준비접촉을 하겠다는 것이었다.[176]

6.15남북공동선언: '3단계 통일론' 적용

2000년 6월 13~15일 평양에서 개최되었던 역사적인 남북정상회담과 6.15남북공동선언은 김대중 대통령의 햇볕정책이 이뤄낸 역사적인 성과였다. 이로써 남북 간에 본격적인 화해·협력과 평화공존이 시작됐다.

특기할 것은 6.15남북공동선언이 김대중 대통령이 1970년대 초부터 제시하고 발전시켜 1995년에 완성판으로 나온 *김대중의 3단계 통일론—남북 연합을 중심으로*를 그 바탕으로 하고 있다는 점이다. 위에서 이미 언급했지만, 김대통령은 자신의 3단계 통일론의 완성판을 '민족에게 드리

174) 김대중, "베를린선언," 2000년 3월 9일, 베를린자유대학.

175) "남북공동성명," 1972년 7월 4일, 서울·평양.

176) '베이징 4.8합의'까지 이른 과정에 대한 자세한 설명은 황준호, "차라리 내가 김일성 참배하고 구속되겠다" *프레시안*, 2008년 6월 11일 참조.

며' "이제 통일로 가는 길의 설계 도면은 우리 손에 쥐어졌다"고 썼다.[177] 그리고 그 설계도를 자신이 집권한 후에 남북관계에 적용한 것이다.

구체적으로, 통일문제의 자주적 해결, 남한의 연합제와 북한의 낮은 단계 연방제의 공통점 인정, 이산가족 문제의 인도적 해결, 남북한의 평화로운 경제적 교류 추구, 남북 대화의 장 마련 등의 내용이 담겨 있다.[178] 공동선언 내용 전체가 그렇지만, 특히, 공동선언의 제2항에 명시된 연합제안과 제3항의 이산가족 상봉, 비전향장기수 문제 해결 등 인도적 협력, 제4항의 경제협력 및 사회·문화적 교류와 신뢰구축은 김대중 대통령이 자신의 3단계 통일론 중 1단계인 '남북연합' 단계의 실현을 목표로 하고 있었음을 보여준다.

6.15남북공동선언: 의제와 내용

2000년 6월 14일 남북정상회담에서 다룬 의제는 '화해와 통일 문제', '긴장완화와 평화 문제', '교류협력 활성화 문제', '이산가족 문제'의 네 가지였고,[179] 이에 따라 6·15남북공동선언에는 통일문제, 인도적 문제, 경제협력과 제반 분야의 협력과 교류, 신뢰구축 문제, 합의사항의 실천을 위한 당국 간 대화 개최, 김정일 위원장의 서울방문 문제가 포함됐다.[180]

위의 의제들을 논의하는 과정에서 어려움도 있었지만, 결국 모든 의제가 성공적인 합의를 거쳐 6.15남북공동선언에 포함됐다. 그 중에서도 특히 주목을 끈 것은 제2항, 남북은 나라의 통일을 위한 "남측의 연합제 안과 북측의 낮은 단계의 연방제 안이 서로 공통성이 있다"고 '인정'

177) 아태평화재단, 앞의 책, 6.

178) "남북공동선언," 2000년 6월 15일, 평양.

179) 임동원, *피스메이커: 남북관계와 북핵문제 20년*, 93-98.

180) "남북공동선언," 2000년 6월 15일, 평양.

하고 앞으로 이 방향에서 통일을 '지향'시켜 나가기로 한 것, 그리고 김대통령이 김정일 국방위원장의 서울 방문을 '정중히 초청'하였으며, 김정일 위원장은 "앞으로 적절한 시기에 서울을 방문하기로" 한 것이었다.[181] 실로 남북관계 역사상 최초로 남북 간에 통일방안에 대한 합의가 이뤄지고, 남북 최고지도자들의 교차방문이 합의된 것이었다.

6.15남북공동선언: 의의[182]

6·15남북공동선언의 의의는 무엇인가? 김대중 대통령은 퇴임 후 쓴 자서전에서 6.15남북공동선언을 통해 남북 지도자들이 네 가지에 대해 역사적인 합의를 이뤄냈다고 했다. 그것은 첫째, 남북 간에 처음으로 민족통일에 대한 접점을 찾은 것, 둘째, 미군의 항구적인 한반도 주둔에 대해 북한이 동의한 것,[183] 셋째, 남북 간 교류·협력에 합의한 것, 넷째, 김정일 위원장의 서울 답방에 합의한 것이었다.[184]

김대중 대통령의 평가와 중복이 되는 부분도 있지만, 6.15남북공동선언의 의의는 한 마디로, 한반도에서 남북한이 민족화해와 교류협력, 민족의 동질성 회복, 전쟁위협의 완화 및 실질적 종식을 통해 본격적으로 평화공존하고, 우리 민족이 '당사자 원칙' 하에서 한반도 문제를 해결하면서 평화통일로 나아가자는 이정표를 세웠다는 것이다. 결국 남북 분단 이후 '최초로 한민족이 자신의 운명을 자신의 손으로 결정'한 것이

---

181) 위의 글.

182) 백학순, "김대중정부와 노무현정부의 대북정책 비교," 317-321.

183) 김대중 대통령은 남한에 미군주둔에 대해 북한이 동의한 것이 "6.15 남북정상회담에서 거둔 가장 중요한 성과"라고 평가했다. 김대중, "햇볕정책이 반드시 성공해야 하는 이유" (제주 서귀포에서 열린 〈제1회 제주평화포럼〉 개막식에서 한 연설) (2001년 6월 16일), *김대중 전집 I 제6권*, 339.

184) 위의 글, 339-340.

었다.[185]

좀 더 구체적으로 살펴보자. 첫째, 6·15남북공동선언은 남북관계를 '불신과 대결'에서 '화해와 협력'의 관계로 전환하는 전기를 마련함으로써 평화공존에 바탕을 둔 평화와 통일의 길을 제시했다. 6·15공동선언은 한마디로 남북 '화해·협력'의 선언이었다. 그리고 이제 한반도에 본격적인 평화공존의 시대가 열렸다.

둘째, 6·15남북공동선언을 통해 북한지도자의 현재의 통일단계에 대한 인식이 '연합제' 단계라는 것이 최초로 확인됐다. 즉 남북한은 평화와 통일에 이르는 긴 과정을 관리하고 촉진시키기 위한 협조기구로서 '남북연합'(북측은 '낮은 단계의 연방'으로 호칭)의 형성이 필요하다는 데 동의했다. 두 정상은 '통일은 목표인 동시에 과정'이라는 데에 의견을 함께 한 것이었다.

셋째, 6·15남북공동선언을 통해 민족문제와 통일문제, 그리고 한반도 문제를 해결하는 데 있어서 우리 민족의 '당사자 원칙'을 선언함으로써 국제사회에서 '민족의 자존'을 높였다. 6·15남북공동선언은 우리 민족에게 우리가 주체적으로, 주도권을 잡고 '민족화해와 평화통일'을 달성할 수 있다는 자신감을 심어주었다.

넷째, 6·15남북공동선언으로써 남북 사이에 '전쟁의 위협'이 실질적으로 사라지고 긴장이 완화되었으며, 남북경협이 본격적으로 시작됐다. 남북정상 간의 비상연락망, 즉 '핫라인'(hot line)을 개설하였고, 이는 정상회담의 최대성과 중의 하나였다.

다섯째, 6·15공동선언은 이산가족 문제 해결에 돌파구를 마련했다. 그리고 남한에 남아 있는 비전향장기수 문제를 해결하기로 했다. 김대

185) 김대중, *김대중 자서전 2*, 224.

중 대통령은 정상회담을 위해 평양으로 떠나면서 이산가족 문제의 해결을 가장 시급한 과제로 인식하였고, 평양에서 이산가족 상봉 한 가지만 합의해도 정상회담이 '큰 성공'을 거두는 것으로 생각했다.

여섯째, 남북한은 6·15남북공동선언 이후 언론·방송, 문화·예술, 체육, 민간단체 행사, 종교, 교육·학술 분야에서 남북 간 교류를 활성화시킴으로써 민족 간 '동질성 회복'에 크게 기여했다. 이로써 김대중정부는 현실적으로 어려운 군사·안보 분야보다는 우선 가능한 분야에서의 협력을 통해 '북한의 점진적 변화'를 유도해 나갔던 것이다.

일곱째, 6·15남북공동선언은, 예전의 합의들과 달리, 남북이 합의한 것을 실제 실천한 '실천 선언'이었다.[186] 구체적으로, 5대 중점사업, 즉 철도·도로 연결, 개성산업공단 건설, 금강산 관광사업과 백두산관광 등 관광사업 확대, 이산가족 상봉, 사회·문화·경제 등 제 분야의 교류협력을 우선적으로 해 나가기로 했고, 이 사업들의 순조로운 실천을 위해 당국 간 대화를 해 나가기로 했다. 그러한 합의들은 나중에 기본적으로 실천됐다.

여덟째, 6·15남북공동선언은 남북한 최고지도자들이 직접 합의·서명한 것으로서, 그들이 반드시 지켜야 할 합의였다. 또한 민족문제와 관련하여 그들의 정통성 여부를 판단하고 판가름할 수 있는 성격의 합의였다.

2) 햇볕정책 2: 외교 및 군사·안보정책

햇볕정책은 화해·협력의 대북정책이었을 뿐만 아니라 우리 나라와

186) 참고로, 이전의 7·4공동성명, 남북기본합의서 등은 실천이 되지 않았다. 6·15공동선언은 우선 실천 가능한 것만 합의한 것이어서 실천이 가능했고, 실천을 통해 신뢰를 구축해 갈 수 있었다.

민족의 생존과 번영을 위한 외교정책[187] 및 군사·안보정책이었다.

1991년 12월 소련의 붕괴와 더불어 전 세계적으로 냉전질서가 무너짐으로써 한반도 국제정치도 전환기적 시점을 맞았다. 일정한 과도기가 지나면 또 다른 강대국 질서로서 새로운 국제질서를 수립할 터였다. 따라서 이 과도기를 전략적으로 잘 이용하는 것이 매우 중요했다. 남북한이 적극적인 화해·협력을 통해 남북 각자의 이익은 물론 우리 민족의 공동이익을 키워나가서 한반도에 새로운 강대국 질서가 생겨나더라도 우리의 생존과 번영의 이익을 외교·군사·안보적으로 지켜나갈 수 있어야 했다.

김대중 대통령은 바로 이 탈냉전 과도기를 효과적으로 이용하여 나라와 민족의 생존과 번영을 확보코자 했다. 김대통령은 한반도 문제 해결을 위한 우리 민족의 '당사자 원칙'을 중시하고, 북한의 김정일 위원장과 남북정상회담을 추진했다. 북한의 김위원장도 김대통령의 그러한 전략적 구상에 동의하여 정상회담과 6.15남북공동선언에 동의했던 것이다.

김대중 대통령은 임기 첫 2년(1998~1999) 동안에는 외환위기 극복과 경제살리기를 위한 정상외교에 치중했고,[188] 외환위기 극복의 바탕위에서 3년째 해(2000)부터 남북관계 개선, 냉전구조 해체, 평화체제 수립을 통한 한반도 평화정착에 심혈을 기울이기 시작했다. 김대중 대통령은 2000년 1월 5일 국가안전보장회의에서 새해에 남북관계 개선

187) 장신기는 햇볕정책을 '대북정책과 한반도 평화정착을 위한 외교정책을 포괄하는 개념'으로 이해한다. 장신기, 앞의 책, 490.

188) 참고로, 김대중 대통령은 IMF 구제금융체제 하에서 경제회생 문제에 전념해야 할 형편이었기에 외교·안보·통일은 그 분야의 핵심참모인 임동원에게 대폭 위임했다. 임동원은 이미 아태재단 사무총장으로 김대중 대통령과 3년간 호흡을 같이 해 왔고 특히 1995년 '김대중의 3단계 통일론' 완성판 출간을 도와 정책대안을 제시한 바가 있었다. 임동원, *피스메이커: 남북관계와 북핵문제 20년*, 331-332.

과 한반도 냉전구조 해체 과정의 본격적인 추진을 통해 안정된 '평화정착'의 원년으로 삼겠다고 했다.[189]

김대중 대통령은 우리는 주변 4대 강국에 둘러싸여 있어서 "세계에서 가장 외교가 필요한 나라"이며, 외교는 우리의 "명줄이나 다름없다"고 했다. 김대통령은 외교가 우리의 운명을 좌우한다고 해도 과언이 아니라면서 국내정치는 실수하더라도 고치면 되지만 외교의 실패는 돌이킬 수 없기 때문이라고 했다. 그리고 한반도는 4대국의 이해가 촘촘히 얽혀있는 기회이자 위기의 땅이라고 했다. 마치 "도랑에 든 소가 되어 휘파람을 불며 양쪽의 풀을 뜯어 먹을 것인지, 열강의 쇠창살에 갇혀 그들의 먹이로 전락할 것이지 그것은 전적으로 우리에게 달렸다"는 인식과 이해를 갖고 있었다.[190] 김대중 대통령은 그처럼 외교의 중요성을 간파하고 실천했던 지도자였다.

여기에서는 김대중 대통령이 햇볕정책을 외교 및 군사·안보 분야에서 어떠한 비전과 이익, 목표를 갖고 어떤 형식과 내용으로 추진하고 실천했는지 구체적으로 살펴보기로 한다.

전쟁위협 감소, 냉전구조 해체, 평화체제 수립

햇볕정책의 추진방향 중에는 불가침 약속이 들어있는 남북기본합의서의 이행, 한반도 긴장완화와 군사적 신뢰조성, 한반도의 냉전종식과 평화정착을 위한 국제적 협력 확보, 제네바 북미기본합의 이행에 대한 적극 지원을 통한 북핵문제 해결과 남북관계 개선의 병행 추진이 들어있었다.[191]

---

189) 김하중, *증언: 외교를 통해 본 김대중 대통령* (서울: 비전과 리더십, 2015), 276-278.

190) 김대중, *김대중 자서전 2*, 595, 597.

191) 백학순, "김대중정부와 노무현정부의 대북정책 비교," 308.

이러한 추진방향의 맥락에서, 2000년 6월 남북정상회담에서 실제 논의되고 합의되었지만 6.15남북공동선언의 본문에는 포함되어 있지 않은 것으로서 '한반도 평화정착' 관련 주요 합의들이 있었다. 그것은 한반도 평화정착을 위해서 남북 간의 상호불가침, 전쟁방지, 상호비방중지, 군사적 신뢰구축과 군사적 협력, 국방장관 회담, 북미 및 북일 적대관계 해소와 관계개선 등에 대한 합의였다.[192]

햇볕정책은 무엇보다도 냉혹한 국제정치의 희생양이 되어 나라와 민족이 분단되고 반세기 이상을 냉전시대의 희생양으로서 살아온 우리 민족에게 우리가 한반도 문제에 대해 '주인'으로서 '당사자 원칙'을 지키면서 자주성을 바탕으로 주도권을 잡고 민족화해, 평화체제, 평화통일을 달성하겠다는 정책이었다.

구체적으로, 북한이 군사지역이었던 개성지역을 개성공단으로 내어놓고, 최전방 지역의 군사 요충지에 위치한 해군항인 장전항을 금강산관광사업을 위해 내어놓음으로써 한반도에서 군사적 위협이 감소했다. 그리고 남북한은 군사분계선을 가로질러 철도와 도로를 연결함으로써 나라와 민족의 동강 난 허리를 잇고 민족 통일과 번영을 위해 본격적으로 협력하는 길을 열었다.[193]

특히, 남북한은 전쟁위협의 감소와 긴장완화의 증진과 관련하여 남북정상 간의 비상연락망, 즉 '핫라인'을 개설하였고, 이는 정상회담의 최대성과 중의 하나였다. 그리고 남북한은 "동해지구와 서해지구 남북

---

192) 백학순의 임동원과의 제3차 인터뷰, "연세대학교 김대중도서관의 '김대중 대통령 구술사(oral history) 프로젝트: 외교, 안보, 통일 분야'," 2007년 8월 29일. 이 합의들이 공동선언에 포함되지 않은 것은 그것들은 이미 남북기본합의서에서 합의된 것이기 때문에 6·15공동선언에 굳이 포함시킬 필요가 없다는 김정일위원장의 입장 때문이었다. 위의 인터뷰.

193) 통일부, *국민의 정부 5년: 평화와 협력의 실천,* 2003년 2월, 91-111.

관리구역 설정과 남북을 연결하는 철도·도로 작업의 군사적 보장을 위한 합의서"에 따라 비무장지대(DMZ)의 남북방한계선을 관통하여 일정 구간 내에서 철책과 지뢰를 제거하였고 경의선 공사에 따른 실무문제를 협의하기 위한 실무자간 직통전화를 개설했다.[194]

이제 필요한 것은 무엇보다도 제도적인 군사적 신뢰구축과 군축의 실현, 그리고 관련국들의 협력 하에 한반도에서 6.25전쟁의 종전을 선언하고 정전체제를 '분단고착적'인 평화체제가 아니라 '통일지향적'인 평화체제로로 전환하는 것이었다.[195] 따라서 이 모든 것을 위한 그만큼 적극적이고 효과적인 외교 및 군사·안보정책이 필요했다.

주변 4대국 및 ASEM 정상외교

김대중 대통령은 한편으로는 북한과 정상회담을 하고, 다른 한편으로는 주변 4대국과의 일련의 정상회담, 아시아·유럽정상회의(ASEM), 아시아태평양경제협력체(APEC) 정상회의, 유엔, 세계의 많은 국가들의 방문 등 다자 및 양자 정상회담을 통해 민족화해, 군사적 긴장완화와 실질적 전쟁 종식, 냉전구조 해체, 평화체제 수립을 위해 혼신의 외교적, 군사·안보적 노력을 기울였다.

대통령에 취임 몇 개월 후인 1998년 6월부터 2019년 5월까지 김대중 대통령은 미국, 일본, 중국, 러시아의 4대국 정상외교를 통해 햇볕정책에 대해 적극적인 지지를 받아냈다. 김대통령은 자신의 자서전에서 "대통령 선거에 출마했던 1971년에 4대국 한반도 평화보장론(4대국 안전보장론)을 주창한 바 있는 나로서는 실로 28년 만에 그 테두리를 마련

194) 백학순, "김대중정부와 노무현정부의 대북정책 비교," 319.

195) 임동원, *피스메이커: 남북관계와 북핵문제 20년*, 733-742.

한 셈이었다"고 썼다.[196]

주변 4대국 정상외교는 햇볕정책 외교의 가장 중요 부분이었다. 그런데 그 중요성과 내용이 잘 알려져 있기 때문에 여기에서는 김대중 대통령의 ASEM 외교만을 살펴보기로 한다.

김대중 대통령은 대통령 취임 2개월 후인 1998년 4월 개최된 런던 ASEM에 참석하여 외환위기 극복과 경제살리기를 위해 혼신의 노력을 기울였다. 김대통령은 주요 정상들을 만날 때마다 모두에게 '한국에 투자를 해 달라'고 부탁했다.[197] 제3차 ASEM은 김대통령이 남북관계 개선과 한반도 냉전구조 해체를 본격 추진하고 있었던 2000년 10월 20~21일 서울에서 개최됐다. 그런데 1주일 전인 10월 13일 노르웨이 노벨위원회는 '한국과 동아시아의 민주주의와 인권 신장, 특히 북한과의 평화와 화해에 기여'한 공로로[198] 김대중 대통령을 2000년 노벨평화상 수상자로 발표했다. 이러한 분위기 속에서 서울 ASEM은 특정 국가의 문제를 논의하지 않았던 그동안의 관행을 깨고, 김대통령의 평화 리더십과 햇볕정책을 지지하기 위해 "한반도 평화에 관한 서울선언"을 채택했다. 그리고 서울 ASEM 기간에 영국과 독일 등 유럽의 대다수의 정상들이 북한과 수교할 뜻을 나타냈다.[199]

2002년 9월 코펜하겐 제4차 ASEM에서도 "한반도 평화를 위한 정치선언"을 만장일치로 채택함으로써 김대중정부의 대북 포용정책의 골격을 대부분 수용했다. 김대중 대통령은 '한반도 평화를 위한 정치선언'

---

196) 김대중, *김대중 자서전 2,* 182.

197) 위의 책, 43-45.

198) "The Nobel Peace Prize for 2000," October 13, 2000, Oslo, Norway, https://www.nobelprize.org/prizes/peace/2000/summary/.

199) 김대중, *김대중 자서전 2,* 360, 362, 363.

의 내용 중에서도 "우리 외교 노선을 전폭 신뢰하고 북미대화의 필요성을 회원국 모두가 촉구한 것은 큰 의미"가 있었다고 평가했다.[200]

클린턴 미 대통령의 햇볕정책 지지

위에서 이미 언급했지만, 김대중 대통령은 햇볕정책을 추진하고 목표를 달성하는 데서 한미공조와 북미관계의 개선을 최우선적으로 중시했다. 왜냐하면 북한을 변화시키고 궁극적으로 한반도 평화체제를 수립하는 데서 한미공조는 필수적이며 북미관계 개선 없이는 남북관계 개선도 한계가 있고, 한반도 냉전종식과 평화체제 구축도 불가능하다고 생각했기 때문이었다.[201] 객관적으로 보아도, 아직도 6.25전쟁이 끝나지 않았기 때문에 '한반도 문제'의 핵심은 여전히 '전쟁과 평화'의 문제였다. 특히 한국이 미국으로부터 한국군에 대한 전시작전통제권을 환수하지 못한 상황에 있기 때문에 한반도에서 전쟁종식을 통해 냉전구조를 해체하고 정전체제를 평화체제로 전환하는 데서 현실적으로 북미양국의 협력이 매우 중요했다.

김대중 대통령이 햇볕정책을 주도적으로 추진할 수 있었던 데는 빌 클린턴과 같은 햇볕정책 지지자를 미국 대통령으로 둔 덕이 크게 작용했다. 1998년 6월 9일 미국 국빈방문 워싱턴 정상회담에서 클린턴 대통령이 햇볕정책에 대한 설명을 요청하자 김대통령은 다음과 같이 설명했다.

햇볕정책은 "따지고 보면 미국의 성공에서 배운 것"이다. 제2차 세계대전 후에 미국은 소련에 대해서 극단적인 냉전체제를 유지했지만, 결국 돌아오는 것은 무기 경쟁뿐이었고, 그러다 보니 공멸의 위기감만

---

200) 위의 책, 498.

201) 김대중, "한반도 냉전종식과 평화정착을 위한 한·미협력," 145-146.

고조됐다. 미국이 1970년대 중반부터 데탕트 정책으로 바꿨고, 경제협력과 교류를 하면서 15년 정도 지나니 소련이 붕괴됐다.[202] 공산주의는 문을 열면 망하고 닫으면 강해진다. 그것을 소련, 중국, 베트남을 통해서 배웠다. '북한도 마찬가지'다. 따라서 공산주의를 대할 때 군사적 도발 방지와 개방 유도를 동시에 해야 한다. 햇볕정책은 "미국의 대외정책을 통해 이미 검증을 마친 것"이다.[203]

이에 클린턴 대통령은 "이제 한반도 문제는 김대통령께서 주도해 주기를 바란다"면서 "김대통령이 핸들을 잡아 운전하고 나는 옆자리로 옮겨 보조적 역할을 하겠다"고 했다.[204] 이는 한미정상회담 공동성명에서 "미국의 포용정책과 김대통령의 햇볕정책에 따라 북한과의 관계개선을 확대하되, 그 과정에서 양국이 서로 소외되지 않도록 긴밀한 공조를 유지한다는 데 의견을 모았다"고 표현됐다.[205] 김대통령은 클린턴 대통령의 발언을 "우리가 분단 이후 처음으로 대북정책을 주도하게 되었음을 가리키는 상징적인 발언"으로 평가하고, "비로소 자주 외교의 새 장이 열리고, 한미 간에 대등하고도 한 차원 높은 관계가 펼쳐질 세 시대를 맞았다"고 했다.[206]

나중인 2001년 1월 출범한 조지 W. 부시정부가 클린턴정부의 대북정책을 포함한 모든 중요 외교정책을 '뒤집기'한 것을 고려할 때, 클린

202) 소련에 대한 미국정책 외에도 김대중 대통령은 한국전쟁 이래 중국에 대한 미국정책의 변화, 또 베트남에 대한 미국정책의 변화, 그리고 그러한 정책변화들이 어떤 바람직한 결과를 초래했는지 설명했다. 반대로 미국의 쿠바 봉쇄와 압박 정책은 쿠바를 굴복시키지 못했다면서, 만일 미국이 쿠바와 수교했다면 쿠바는 이미 개방했을 것이라고 설명했다. 김대중, *김대중 자서전 2*, 83-84.

203) 위의 책, 83-84.

204) 위의 책, 84.

205) 위의 책, 84.

206) 위의 책, 84.

턴 대통령의 햇볕정책 지지가 김대중 대통령의 햇볕정책을 성공케 한 핵심적인 요소 중의 하나였다는 것은 명확한 사실이었다.

한반도 냉전구조 해체를 위한 포괄적 접근 전략': '한반도 평화 프로세스'(페리 프로세스)

1998~1999년에 김대중정부는 한편으로는 외환 및 경제 위기, 다른 한편으로는 군사·안보 위기를 겪었다. 정부 출범한 지 반년밖에 되지 않은 1998년 8월 31일, 북한이 최초로 중거리 미사일인 '대포동 1호'를 시험 발사했다. 그러나 김대통령은 햇볕정책의 정당성에 대한 확신과 믿음을 갖고, 북한의 대포동 미사일 발사에 대한 대처방안으로서 미국에게 '한반도 평화 프로세스'('한반도 냉전구조 해체를 위한 포괄적 접근 전략')를 제안하고 해결방안에 대한 협의를 시작했다.[207]

클린턴 대통령은 "미국의 어떤 대북정책도 한국의 정책과 조화를 이뤄야 한다"는 생각을 갖고 있었고, 북한 대포동 미사일 발사 사건에 대한 대책을 마련하는 과정에서 윌리엄 페리 대북정책조정관을 통해 김대중 대통령의 의견을 구했다.[208] 1993년 3월 윌리엄 페리가 방한하여 북한의 대포동 미사일 발사에 대한 핵심 정책대안으로 "상호위협 감소(mutually reducing threat)를 위한 협상"을 선택했다고 김대중 대통령에게 보고했다. 전제조건은 만일 북한이 미사일 재발사를 유보하고 금창리 지하시설에 대한 접근을 허용하면, 미국이 대북제재를 유보하고 인도적 지원을 늘리겠다는 것이었다. 그리고 북한의 핵·미사일 위협의 감소와 그에 대한 대가로서 미국의 대북 경제제재 해제, 북미 적대관계 해소, 관계정상화를 주고받기 위한 '포괄적 대화'를 위해 미 국무장관의

207) 임동원, *다시, 평화: 임동원 자서전*, 318-323.

208) 김대중, *김대중 자서전 2*, 143-144.

평양 방문을 추진한다는 것이었다. 그리고 실천 프로그램으로서 '포괄적 제시와 단계적 추진'을 제안했다.[209]

결국 김대중정부는 미국정부에게 햇볕정책을 기본으로 핵심적인 정책 제안을 할 수 있었고, 1999년 9월에 발표된 "페리 보고서"에는[210] "한국 측의 제안과 의견이 고스란히 반영"됐다.[211] 페리 조정관은 '페리 프로세스'(Perry Process)도 실제로는 '김대중 대통령의 구상'이며, '임동원 수석이 제시한 전략 구상을 도용하고 표절하여 미국식 표현으로 재구성한 데 불과'한 것이라고 했다. 김대중 대통령은 그것은 "우리 외교 사상 처음 있는, 역사적인 사건"이었고, "자주 외교의 성공적 사례"로 평가했다.[212]

남북 국방장관회담과 군사실무회담

한편, 2000년 6월 15일 평양 정상회담에서 남북정상은 다음날인 6월 16일자로 휴전선에서 상대방에 대한 비방방송을 중지키로 결정했다. 그리고 6.15남북공동선언 이후 본격적인 군사적 긴장완화와 전쟁위협 제거, 한반도의 항구적이고 공고한 평화정착을 위한 군사·안보 대화와 협상, 합의가 이뤄졌다. 이에 따라 북한이 군사지역이었던 개성지역을 개성공단으로 내어놓고, 해군항이었던 장전항을 금강산관광사업을 위

209) 위의 책, 145.

210) 페리 보고서는 대북정책으로서 "포괄적이고 통합된 접근: 양궤도 전략"("A Comprehensive and Integrated Approach: A Two-Path Strategy")을 제안했다. Dr. William J. Perry, Special Advisor to the President and the Secretary of State, "Review of United States Policy Toward North Korea: Findings and Recommendations," October 12, 1999.

211) 김대중, *김대중 자서전 2*, 148.

212) 위의 책, 146-148. 김대중 대통령은 페리 프로세스를 만들어 내는 데 임동원의 큰 기여를 인정하여 페리 프로세스를 '임동원 프로세스'라고 생각했다. 위의 책, 148.

해 내어놓았다. 또 남북정상 간에 '핫라인'이 개설됐다.[213]

2000년 6월 평양 정상회담 이후 2003년 1월까지 6.15남북공동선언을 이행하기 위해 개최된 각종 남북대화는 총 60회였는데, 이 중에서 국방장관회담, 군사실무회담 등 군사분야 회담이 총 17회였다.[214] 그리고 군사분야의 대화를 통해 채택된 문건은 국방장관회담 '공동보도문' 1건, 군사분야 '합의서' 2건이었다.[215]

구체적으로, 2000년 9월 25~26일 제주도에서 개최된 초유의 남북국방장관회담은 5개 항의 공동보도문을 채택했다. 첫째, 6.15남북공동선언 이행에 최선을 다하고, 민간인들의 왕래·교류 보장에 따르는 군사적 문제해결을 위해 적극 협력, 둘째, 군사적 긴장완화와 한반도의 항구적이고 공고한 평화구축을 이룩하여 전쟁위협을 제거하기 위해 공동 노력, 셋째, 남북 연결 철도·도로 공사 관련, 비무장지대 양측 인원·차량·기재의 왕래 허가와 안전보장, 넷째, 철도·도로 주변의 군사분계선과 비무장지대를 개방하여 남북관할지역을 설정하는 문제를 정전협정에 기초하여 처리한다는 것이었다.[216]

남북군사실무회담은 2000년 11월부터 2003년 1월 말까지 총 16회 개최됐는데, 2002년 9월 17일 제7차 남북군사실무회담에서 "동해지구와 서해지구 남북관리구역 설정과 남과 북을 연결하는 철도, 도로 작업의 군사적 보장을 위한 합의서"를 채택했다. 또 2003년 1월 27일에는 "동·서해지구 남북관리구역 임시도로 통행의 군사적 보장을 위한 잠정합의서"를 서

213) 백학순, "김대중정부와 노무현정부의 대북정책 비교," 319.

214) 통일부, *국민의 정부 5년: 평화와 협력의 실천*, 56-59.

215) 위의 책, 18-20. 김대중정부 출범 이후 남북회담 개최 현황에 대해서는 위의 책, 20의 표를 볼 것.

216) 위의 책, 56-57.

명하고 발효시켰다.[217] 남북한은 비무장지대(DMZ)의 남북방한계선을 관통하여 일정 구간 내에서 철책과 지뢰를 제거하였고 경의선 공사에 따른 실무문제를 협의하기 위한 실무자간 직통전화를 개설했다.[218]

'헬싱키 프로세스'의 한반도 적용, '동북아 다자 평화·안보기구' 창설 희망

김대중정부는 햇볕정책을 통해 한반도 냉전구조 해체, 한반도 평화정착과 관련하여, 분단상태를 관리하고 정전체제를 유지하여 전쟁을 억제하고 평화를 지키는 '평화 유지'(peace keeping)와 함께, 햇볕정책을 통해 북한의 변화를 유도하고 정전체제를 평화체제로 전환함으로써 냉전구조를 해체하고 평화를 만들어 나가는 '평화 만들기' (peace making) 노력을 병행했다.[219]

이점과 관련하여 특기할 것은 햇볕정책은 1975년 헬싱키협약(Helsinki Accords)으로부터 시작된 '헬싱키 프로세스'를 한반도에 적용코자 했다는 점이다. 즉 유럽에서의 화해 과정을 한반도에서 실현하고, 유럽연합(EU)이 경제통합을 통해 정치통합의 기반을 마련해 나간 경험을 남북 간에 적용해 보려는 의도를 가진 정책이었다는 점이다.[220]

한편, 2005년 제2차 북핵위기를 해결하기 위해 남북한과 주변 4대국이 참여하는 6자회담이 출범하자, 김대중 대통령은 북핵문제 해결 이후에도 6자회담을 해체하지 말고 '동북아 평화·안보'를 위한 다자 공동협력체로 발전시켜 나가기를 희망했다. 김대통령은 주변 4강이 한

---

217) 위의 책, 58-59.

218) 동일부, "대북징책 추진 현황"(종합자료집), 2002년 12월, 69.

219) 임동원, *피스메이커: 남북관계와 북핵문제 20년,* 334-335.

220) 위의 책, 334-336.

반도의 전쟁과 평화에 미치는 힘을 중시하여 1970년대 초부터 '4대국 안전보장론'(4대국 평화보장론)을 주장했었다. 그리고 2005년 6자회담이 시작되기 10년 전인 1995년 5월에 미국 아시아 소사이어티(Asia Society)에서 한 연설을 통해 이미 남북한, 미국, 일본, 중국, 러시아가 참여하는 '다자안보기구' 창설을 주장했었다.[221] 그러한 김대중 대통령으로서는 6자회담의 틀을 '동북아 평화·안보기구'로 발전시켜서 한반도와 동북아의 평화를 보장하는 상설기구로 존속하는 것이 바람직하다고 생각했던 것이다.[222]

3) 햇볕정책 3: 경제정책

햇볕정책은 대북정책, 외교 및 군사·정책뿐만 아니라 '경제정책'이기도 했다. 경제정책으로서의 햇볕정책은 세 가지 목표를 갖고 있었다.

첫째, 남북 화해·협력을 통한 한반도 전쟁위협 감소와 군사적 긴장완화를 이뤄내 우리나라의 '국가 신인도'를 개선하여 더 많은 해외투자를 유치함으로써 외환위기를 극복하고 경제를 살린다. 둘째, 남북경협을 통해 '균형적인 민족경제 발전'을 이룩하여 민족경제공동체를 형성하는 데 공헌한다. 셋째, 북한을 넘어, 중국, 중앙아시아, 러시아를 거쳐 유럽까지 우리의 경제활동 영역을 확대하고, 한반도가 대륙 및 해양 세력 간의 교량 역할을 함으로써 우리 경제가 예전과 다른 차원에서 본격적인 발전과 번영을 추구한다는 것이었다.

여기에서는 구체적으로 '금모으기 운동', '외한위기 극복과 경제살리기 정상외교', '남북관계 안정 및 군사적 긴장완화의 영향을 통한 국

221) 김대중, "아시아태평양 시대의 한국."

222) 김대중, *김대중 자서전 2*, 532, 539-540, 550.

가 신인도 제고', '외국 투자 유치민족경제공동체 형성', '철의 실크로드', '대륙 및 해양 세력 간의 교량 역할'에 대해 살펴보기로 한다.

금모으기 운동

김대중 대통령은 대통령 취임하기 전부터 대통령 당선인으로서 외환위기를 극복하고 '경제살리기'에 혼신의 힘을 기울여야 했다. 주지하다시피, 1997년 하반기에 "6.25 이후 최대의 국난"인 외환위기가 닥쳤을 때[223] 우리나라의 외환보유고는 39억 달러뿐이었다.[224]

김대중 후보가 제15대 대통령에 당선된 가장 큰 이유는 국민들이 그를 '경제를 살릴 수 있는 지도자'로 생각했기 때문이었다.[225] 외환위기로 IMF 구제금융 상황에 빠진 상황에서 경제에 대한 평소의 지식과 '준비된 리더십'을 갖고 있는 김대중 후보에게 국민들이 경제살리기를 위임한 것이었다. 김대중 대통령은 대통령 당선인으로서 1998년 "새해 구상은 온통 경제회생 방안뿐"이었다.[226]

김대중 대통령은 당선인 시절에 나라를 살리기를 위한 '금모으기 운동'을 호소했고, 1998년 1월 5일부터는 'KBS 금모으기 캠페인'이 본격적으로 시작됐다. 3월 말까지 약 350만 명의 국민이 참여하여 226톤의 금을 모았고, 그것의 가치는 약 22억 달러였다. 1998년 2월에 수출이 21% 급증했는데, 그 중에서 금 수출액이 10.5억 달러였고, 무역 흑자가

---

223) "김대중 대통령 취임사," 1998년 2월 25일.

224) 참고로, 발등에 떨어진 외환위기에 대처하기 위해 김영삼정부는 12월 초에 IMF에 20억 달러 긴급 융자를 요청했다. 크리스마스 이브에 13개 선진국과 IMF로부터 100억 달러를 조기 지원하겠다는 통보를 받음으로써 눈앞의 부도 위기를 넘겼다. 1998년 2월 김대중 대통령이 제15대 대통령으로 취임했을 때, 당시 외한보유고는 120억 달러였고, 3월 말까지 갚아야 할 단기외채가 251억 달러였다.

225) 한국갤럽, "'새 대통령에게 바란다' 국민여론조사" *한국갤럽*, 1998년 2월 19일.

226) 김대중, *김대중 자서전 2*, 28.

32억 달러였다. 전 세계가 감동하여 우리나라의 대외 신인도에 큰 영향을 미쳤다.[227]

외한위기 극복과 경제살리기 정상외교

김대중 대통령은 대통령 취임하여 첫 2년 동안(1998~1999) 외환위기 극복과 경제살리기를 위한 정상외교에 총력을 기울였다. 주요 외국 정상을 만날 때마다 한국에 투자를 요청했다. 이에 대한 국제사회의 응답은 매우 특별한 것이었다. 특히, 클린턴 대통령은 미국의 재무부, 상무부는 말할 것도 없고, IMF, 세계은행(World Bank) 등 국제 금융투자 회사들을 동원하여 김대중 대통령을 도왔다.

대통령 취임 후 2개월 후인 1998년 4월 런던 ASEM에서 김대중 대통령은 주요 정상들과의 회담 마지막에는 꼭 "나를 믿고 돈을 꿔달라. 한국 국민을 믿고 투자를 해 달라"고 했다. 주룽지 중국 총리에게는 "어려울 때 도와야 진정한 친구"라며 도움을 요청했고, 토니 블레어 영국 총리에게는 "이럴 때 도와주지 않으면 아시아에서 'ASEM이 필요 없다'는 얘기가 나올 수 있다. 잘못하면 이번이 마지막 회의가 될 수도 있다"고 일종의 협박에 가깝게 표현했다. 결국 유럽이 '고위급 기업인 투자 촉진단'을 아시아에 파견하는 성과를 이뤄냈다.[228]

김대중 대통령은 외환위기를 극복하기 위해서 외국인 투자가들에게 "혼신의 힘을 다해 투자해 달라고 간청"했으며, 자신이 지닌 모든 것을 다 동원했다. 김대통령은 자신의 심정을 "그동안 벌어 놓은 국제적인 명성이 있다면 이를 팔아 모두 달러로 바꾸고 싶었다"고 표현했다.[229]

---

227) 위의 책, 21, 30, 32.

228) 위의 책, 44-45.

229) 위의 책, 28, 32.

참고로, 이러한 외국 투자와 적극적인 해외 수출에 힘입어 1999년 8월 15일 김대중 대통령은 대통령 후보로서 국민에게 한 약속대로 '취임 1년 반'만에 외환 위기를 조기 극복했고,[230] 2001년 8월 23일에는 IMF로부터 빌렸던 195억 달러 중 잔액 1억 4천만 달러를 3년 앞당겨서 전액 상환했다.[231]

이 모든 것의 배경에는 김대중 대통령이 국민의 자신의 고통으로 받아들이는 진정성과[232] 국내적으로 분열을 극복하고 통합을 보여준 리더십, 평생을 민주주의와 인권을 위해 싸워온 김대중 대통령에 대한 국제사회의 존경과 그로부터 생겨난 국제사회의 김대중 대통령의 외환위기 극복 돕기 등이 자리 잡고 있었다.

남북관계 안정 및 군사적 긴장완화의 영향: 국가 신인도 제고, 외국 투자 유치

외환위기를 극복하고 경제를 살리기 위해서는 수출을 늘리고 외국 투자를 유치해야 했는데, '국가 신인도'를 높이는 것이 최대의 문제였다. 당시 외국 투자가들이 당시 한국에 대해 갖고 있던 인식 중에서 중요한 것 하나는 북한의 핵문제를 둘러싼 남북한의 대치로 한국정세가 불안정하다는 것이었다.[233] 이를 위해서는 당장 국제사회에게 남북관계

230) 새정치국민회의 대통령 후보 김대중의 신문 선거광고는 "IMF의 치욕적 타결, 1년반 안에 극복하겠습니다!"였다. *한국일보*, 1997년 12월 4일, 1면.

231) "IMF빚 이달말 다 갚는다…44개월만에 관리체제 졸업" *동아일보*, 2001년 8월 9일.

232) 김대중 대통령은 대통령 취임사 중에 "올 한 해 동안 물가는 오르고, 실업자는 늘어날 것입니다. 소득은 떨어지고 기업도산은 속출할 것입니다. 우리 모두는 지금 땀과 눈물과 (10초간 침묵) 고통을 요구받고 있습니다"는 말을 하면서 중간에 목이 메여 말을 잇지 못하기도 했다. "김대중 대통령 취임사," 1998년 2월 25일, https://www.pa.go.kr/online_contents/inauguration/president15.jsp.

233) 김하중, 앞의 책, 634-635.

의 안정과 한반도에서의 군사적 긴장완화를 보여줘야 했다. 이것이 햇볕정책을 추진한 배경이기도 했다.[234] 김대중 대통령이 "남북화해 기류는 국가 신인도를 높여 경제위기를 극복하는 데 큰 도움을 줄 것"으로 생각한 것은 당연한 일이었다.[235]

특기할 것은 김대중 대통령은 취임하자마자 미국, 일본, 중국, 러시아, 유럽 국가들과 양자 정상회담. APEC 정상회의, ASEM 등 수많은 정상외교를 통해 쉬지 않고 햇볕정책을 주장했다는 점이다.[236] 즉 북한과 평화 공존함으로써 한반도 전쟁위협을 낮추고 북한을 국제사회로 이끌어 내도록 각국이 북한과 수교토록 요청했다. 이는 물론 우리나라의 국가 신인도 제고와도 직접 관련된 일이었다.

한편, 김대중 대통령은 한국 군부에 대해서도 외국투자 유치를 위해 안보태세를 확고히 함으로써 '남북 대치 상황에서도 한국의 안보에 걱정이 없다'는 것을 보여줄 것을 강조했다. 1998년 5월 6일, 국방장관을 비롯한 주요지휘관 40명과 오찬에서 우리가 경제위기를 극복하기 위해 중요한 것 중의 하나가 '외국투자 유치'라면서, '남북이 대치하고 있는 상황인데도 불구하고 한국의 안보에 걱정이 없다'는 것이 "외국인들이 한국에 투자할 생각을 갖는 가장 큰 이유"라고 했다. 김대통령은 만일 외국 투자가들이 "한국의 안보에 대해 어떠한 걱정이나 불안을 갖고 있다면 속된 말로 떡 쪄놓고 빌어도 오지 않을 것"이라고 했다. 결국 "물샐

234) 위의 책, 635.

235) 김대중, *김대중 자서전 2*, 137.

236) 위의 책, 83-85, 97; 김하중, 앞의 책, 150, 156-157, 164-165, 179, 220, 277-278.

틈 없이 유지해온 안보태세가 국제적인 신임을 받은 것"이라고 했다.[237] 따라서 우리가 IMF 구제금융 위기를 극복하는 데 있어서 무엇보다 중요한 것이 "안보태세를 확고히 해서 국민이 안심하고 생업에 종사할 수 있도록 하는 것"이고, 그것이 되지 않으면, 외국 투자도 들어오지 않는다고 강조했다.[238]

다른 한편, 남북관계 안정 및 군사적 긴장완화를 위해서는 북한의 협력이 필요했다. 김대중 대통령은 1998년 6월 16일 정주영 현대그룹 명예회장이 '소몰이 방북'을 하고 그가 북측과 논의할 금강산 관광과 자동차 공장 설립 문제를 '대북 정경분리 원칙의 첫 결과물'이며 북한이 남의 햇볕정책에 "처음으로 장갑 한 짝 정도를 벗은 것"으로 환영했다.[239]

그해 11월 18일, 금강산 관광선이 동해항에서 출항했을 때, 김대중 대통령은 '금강산 관광은 햇볕정책이 낳은 옥동자'였고, '한반도 긴장완화의 신호탄'이었다고 기뻐했다.[240] 북한이 자신의 최전방 지역과 군사 요충지 장전항을 개방했기 때문이었다. 김대통령은 금강산 관광을 "작은 통일"로 보았다.[241] 김대통령은 남북화해 기류는 국가 신인도를 높여 경제위기를 극복하는 데 큰 도움을 줄 것으로 기대했고, 그것을 "돈으로

---

237) 김대중, "외국인 투자 유치의 기초는 튼튼한 안보" (국방장관을 비롯한 주요지휘관 40명과 오찬에서 한 발언) (1998년 5월 6일), 연세대학교 김대중도서관 편, *김대중 전집 I, 제1권: 외환위기로부터 나라경제를 구하다 (1997년 12월~1998년 9월)* (서울: 연세대학교 대학출판문화원, 2015), 223. 또 김대중 대통령은 미국과 확고한 군사동맹을 유지한 것도 큰 도움이 되고 있다고 했다. 위의 글.

238) 김대중 대통령은 외국 투자가들이 투자를 위해 요구하는 세 가지를 밝혔는데, 그것은 국제경쟁력을 위한 기업 구조개혁, 노동자 해고 유연성, 한국의 정치안정이었다. 그런데 안보 상황이 문제가 없기 때문에 안보문제에 대해서는 묻거나 요구하고 있지 않다고 했다. 위의 글, 223-224.

239) 김대중, *김대중 자서전 2*, 94.

240) 위의 책, 137.

241) 위의 책, 95.

환산할 수 없는 엄청난 효과"로 평가했다.[242]

1999년 6월 연평해전이 발생했다. 그럼에도 불구하고 김대중 대통령은 남북관계를 파탄 내지 않고 북한에게 계속 일관된 메시지를 보냈다.[243] 햇볕정책은 북한에 대한 메시지기도 했지만, 또한 해외 투자가들에 대한 메시지였다. 한국정부는 북한과 긴장을 고조시키지 않고 전쟁 위협을 감소시키기 위해 어떻게든지 평화적으로 문제를 해결할 터이니 안심하고 한국에 투자하라는 것이었다. 이처럼 햇볕정책은 우리 경제살리기를 위한 경제정책이었다.[244]

2000년 4월 10일 남북정상회담 개최 합의가 발표되자, 전국경제인연합회 등 경제단체들은 남북정상회담으로 경협의 새로운 전기가 마련됐으며 외국인들의 국내 투자가 더욱 활성화할 것으로 기대했다. 또 주가도 크게 올랐다.[245]

참고로, 외환위기 당시 한국의 외환보유고는 39억 달러에 불과했지만, 1998년 말에 520억 달러, 2000년 말 962억 달러로서 세계 5위였고, 세계 제7위의 채권국이 됐다. 2001년 말에는 외환보유고가 1,000억 달러를 넘어 1,028억 달러가 됐고, 대통령 퇴임 시인 2002년 2월 말에는 1,214억 달러로 늘어나 세계 4대 외환보유국이 됐다. 대한민국 역사상 이승만정부부터 시작하여 김대중정부 출범 직전까지 50년 동안 한국에 대한 외국인 투자의 총계는 246억 달러였으나, 김대중정부 5년 동안 600억 달러가 넘는 외국 투자가 이뤄졌다.[246]

---

242) 위의 책, 137.

243) 김하중, 앞의 책, 277-278, 637.

244) 위의 책, 637; 백학순, "남북관계 '국익'에서 보자" (시론) *중앙일보,* 1999년 6월 30일.

245) 김대중, *김대중 자서전 2,* 248, 249.

246) 위의 책, 519; 김하중, 앞의 책, 638.

해외 투자가 그렇게 늘어난 이유는 외국 투자가들이 김대중정부를 믿었고, "한반도에서 전쟁이 없으리라고 확신했기 때문"이었다. 햇볕정책은 북한사회를 변화시켰고, 한반도 전쟁위협을 실질적으로 감소시켰던 것이다.[247]

역사적인 6.15남북공동선언 이후, 김대중 대통령은 군사적 신뢰구축조치와 군축의 실현, 관련국들의 협력 하에 한반도 정전체제를 '통일을 지향하는 평화체제'로 전환하고, 남북경제공동체를 형성하고 발전시키는 데 노력을 집중했다.[248] 이 모든 정책은 우리의 국가 신인도 상승, 해외 투자에서 코리아 디스카운트(Korea discount)의 감소 등으로 외환위기 극복과 경제살리기에 결정적인 도움을 주었음을 말할 것도 없다.

마지막으로, 한 가지 특기할 것은 김대중 대통령은 '긴장완화를 위해서는 무엇보다도 경제적 협력이 중요'한 이유를 설명했는데, 그것은 이산가족 상봉이나 문화 교류나 스포츠 교류는 쉽게 중단시킬 수 있지만, 철도를 건설하고, 공장을 만들고, 발전소를 짓는 등의 경제협력은 '함부로 그만둘 수 없기' 때문이라는 것이었다.[249]

민족경제공동체 형성, 철의 실크로드, 대륙 및 해양 세력 간의 교량 역할

경제정책으로서의 햇볕정책은 한반도에서 군사적 긴장완화와 한반도 안정을 확보하여 당장 국가 신인도를 높여 외환위기 극복과 경제살리기를 해내려는 것 외에, 보다 장기적인 비전과 목표로서 다음 세 가지

247) 김대중, *김대중 자서전 2*, 517-519.

248) 백학순의 임동원과의 제2차 인터뷰, "연세대학고 김대중도서관의 '김대중 대통령 구술사(oral history) 프로젝트: 외교, 안보, 통일 분야'," 2007년 8월 16일.

249) 김대중, "통한의 5월, 희망의 6월" (서울 전쟁기념관에서 열린 〈한국전쟁 제50주년 기념식〉에서 한 기념사) (2000년 6월 25일), *김대중 전집 I 제5권*, 38.

를 갖고 있었다.

첫째, 남북경협 강화를 통한 민족경제의 균형적인 발전(민족경제공동체 형성)을 해냄으로써 우리 경제를 한반도 전역을 아우르는 경제권으로 확대한다.

김대중 대통령은 남한이 북한 땅에 철도를 건설하고, 전력문제와 도로·항만·통신 등을 해결해 북한에 공단을 조성한다면, "대한민국의 경제는 남한 내부 경제에서 한반도 전체의 경제로 발전되어 나갈 것"이라고 했다. 그렇게 되면 "북도 남도 다 같이 큰 혜택을 보게 될 것"이라고 했다.[250)]

특기할 것은 김대중 대통령이 북한을 설득하는 방식은 '경제협력을 하면 남북 양측이 모두 이익이 된다'는 점을 강조하는 것이었다.[251)] 이는 북한이 약자의 입장에서 남한이 경제협력을 통해 놓을 수 있는 덫을 우려하고 남북경협의 손익을 계산하면서 주저할 수 있기 때문에 북한의 입장을 역지사지한 매우 실용적이고 효과적인 접근 방법이었다.

김대통령은 2000년 3월 9일 베를린 선언에서 "북한의 입장을 고려하면서 생각을 거듭"한 결과 이제까지는 '정경분리 원칙' 아래 민간 위주의 경협을 펼쳤다면, 앞으로는 정부가 나서서 '북한이 경제적 어려움을 극복할 수 있도록' 도와줄 준비가 되어 있다고 했다.[252)]

김대중 대통령은 2000년 3월 17일 상하이에서 2차 남북 특사접촉을 앞두고 박지원 특사에게 북측에 이야기할 때는 "손익 개념으로 명확하게" 이야기하라고 지시했다. 예컨대, 전쟁을 하면 북에 어떤 손해가

---

250) 위의 글, 31-32.

251) 위의 글, 38.

252) 김대중, *김대중 자서전 2*, 241-242.

오고, 전쟁을 안 하면 어떤 이익이 오는지 또 경제협력하면, 또 평화교류하면 어떤 이익이 오는지 '손에 딱 쥐어 주는 식'으로 설명하라고 했던 것이다.[253]

또 2000년 12월 21일, 클린턴 미 대통령이 자신이 북한을 방문하지 못하게 됐다면서 2001년 1월 중에 김정일을 워싱턴으로 초청할까 생각중인데 어떻게 생각하는지 물었을 때, 김대통령은 '북한에게 받을 것, 미국이 줄 것'을 '분명하고도 단순하게 제시'해야 하며, 그래서 김정일 위원장이 '안심하고 실패하지 않는다'는 생각으로 워싱턴을 방문하도록 해야 할 것이라고 조언했다. 김정일이 자신에게 이익이 된다는 판단을 하도록 설득하는 것이 중요하다는 조언이었다.[254]

한편, 남북 경제협력의 구체적인 성과를 살펴보자. 김대중정부는 경의선과 동해선 철도와 도로의 연결, 해운 협력, 임진강 수해방지 등 인프라 구축과 제도화를 추진했다. 또 남북경협의 법적·제도적 장치 마련을 위해 투자보장, 이중과세방지, 청산결제, 상사분쟁해결의 '4대 경협합의서'를 타결했다. 이 바탕 위에서 민간에 기반을 둔 경제 협력사업과 교역이 꾸준한 증가세를 보였다. 그리고 북한의 경제시찰단이 남한의 경제시설을 방문했다.[255] 남북교역도 1998년 2억 달러에서 2000년과 2001년에는 각각 4억 달러, 2002년에는 6억 4천만 달러로 증가했다.[256]

둘째, 북한을 넘어 중국, 중앙아시아, 러시아를 건너 유럽까지 우리 경제의 영역을 확대한다. 김대중 대통령의 이러한 비전과 목표는 '철의

---

253) 위의 책, 245-246.

254) 위의 책, 378-380.

255) 통일부, *국민의 정부 5년: 평화와 협력의 실천,* 21, 91-111; 통일부, "대북정책 추진 현황," 55-67.

256) 통일부, *국민의 정부 5년: 평화와 협력의 실천,* 22, 123-127; 통일부, "대북정책 추진 현황," 77.

실크로드'에 잘 나타나 있다.

김대중 대통령은 경의선·경원선이 끊어졌기 때문에 우리 기차가 런던과 파리에 가지 못하는데, "북한하고만 해결되면 우리는 유럽까지 뻗어나갈 수" 있으며, '철의 실크로드'가 생겨나서 남북 양측이 경제의 번영을 크게 누릴 수 있는 시대가 올 것이라고 했다.[257]

김대중 대통령은 북한 너머 중앙아시아, 시베리아 일대에서는 광물자원, 석유, 가스 등이 "노다지판"이 벌어지고 있다면서, 남북관계가 개선되어 '철의 실크로드'가 개통된다면 우리의 우수한 상품을 수출하고 대륙의 풍부한 자원을 들여오게 될 것이라고 했다. 마치 "흥부가 제비다리를 고쳐 주었더니 보물이 쏟아지는 박씨를 물어 왔듯이 작금의 '북한 돌보기'가 궁극에는 우리 민족에게 대운을 가져올 것"이기 때문에 햇볕정책은 "됫박으로 퍼 주고 말로 퍼 올 것이 분명"한 정책이라고 강조했다.[258]

셋째, 한반도가 대륙세력과 해양세력 간의 교량 역할을 함으로써 우리 경제가 양방향으로 뻗어나가 예전과 다른 차원에서 경제번영을 할 수 있게 한다는 것이었다.

김대중 대통령은 남북관계가 개선되고 한반도에서 냉전구조가 해체되면, 북한의 협력을 확보하게 되어 우리나라는 해상에서 대륙으로 진출하는 거점이 되고, 대륙에서 해양으로 나아가는 전진기지가 될 것임을 내다보았다. 그렇게 되면, 우리는 당당히 세계의 한 중심국가가 되

---

257) 김대중, "새로운 희망과 확신" (평양을 떠나 서울로 돌아온 후 발표한 대국민 보고 연설) (2000년 6월 15일), *김대중 전집 I 제5권*, 31-32.

258) 김대중, *김대중 자서전 2*, 561.

는 것이며, 바야흐로 "한반도 시대"가 열리는 것이라고 했다.[259] 김대중 대통령은 2000년 6월 평양에서 김정일 위원장에게 "이제 4대국이 우리를 지배하는 시대가 아니라 4대국을 우리 시장으로 이용할 수 있는 그런 시대"라고 말했다.[260] 김대통령 자신의 거대한 비전에 기반한 설득이었다.

4. 햇볕정책: 평가

위에서 살펴본 바와 같이, 햇볕정책은 대북정책을 넘어 외교정책, 군사·안보정책, 경제정책을 아우르는 나라와 민족의 생존과 발전을 위한 '대전략', 한반도 평화·통일·번영의 '대전략'이었다.

마지막으로, 햇볕정책을 평가하되, 첫째, 햇볕정책의 성과에 대해 정리하고, 둘째, 햇볕정책을 종합적으로 평가하며, 셋째, 햇볕정책이 김대중정부 이후의 특정 시기부터 '제도화'되지 못한 이유를 살펴보기로 한다.

1) 햇볕정책: 성과

우선, 햇볕정책의 성과들 나섯 가시로 정리해 보기로 한나. 첫째, 햇볕정책은 각종 남북 대화 및 협상과 합의, 또 양자 및 다자 정상회담 등 각종 외교적 노력을 통해 민족화해와 평화통일의 진전, 군사적 긴장완화와 전쟁 위협 감소, 냉전구조 해체와 평화체제 수립의 추진, 외환위기

---

259) 김대중, "평화와 도약의 한반도 시대를 엽시다" (제55주년 광복절 경축사) (2000년 8월 15일), *김대중 전집 I 제5권*, 102.

260) 김대중, "새로운 희망과 확신" (평양을 떠나 서울로 돌아온 후 발표한 대국민 보고 연설) (2000년 6월 15일), 위의 책, 29-30, 33.

극복과 경제살리기, 남북경제공동체 건설 추진, 남북 인적·물적 교류 증대, 이산가족문제 해결, 인도적 대북지원 실시, 북한이탈주민 정착 지원, 북한핵문제의 평화적 해결 노력 등 다양한 성과를 이뤘다.[261]

둘째, 김대중정부 들어 개최된 남북 대화와 협상, 그리고 합의는 이전의 남한정부들과 비교하여 볼 때 그 횟수와 질에서 획기적인 차이가 있었다. 그 때문에 남북관계는 6.15남북공동선언을 분수령으로 '6.15 이전'과 '6.15 이후'의 시대로 나뉘었고, 6.15남북공동선언 이후의 시기를 '6.15 시대'라고 부르게 된 것이다.

6.15남북공동선언 이후 김대중 대통령의 임기 말까지 각종 남북 대화와 협상이 총 60회 열렸다. 구체적으로 살펴보면, 남북장관급회담, 특사회담 등 정치분야 회담이 총 13회, 국방장관회담, 군사실무회담 등 군사분야 회담이 총 17회, 경제협력추진위원회, 실무협의회 등 경제분야 회담이 총 21회, 적십자회담, 아시아 경기대회 참가 등 사회분야 회담이 총 9회 개최됐다. 채택된 문건은 '공동보도문' 18건, '합의서' 22건이었다.[262] 구체적으로, '공동보도문'의 경우, 장관급회담 9건, 국방장관회담 1건, 경제분야 회담 4건, 적십자회담 2건, 특사방문 2건 등 모두 18건이었으며, '합의서'의 경우, 경제분야 15건, 군사분야 2건, 적십자 분야 4건, 체육분야 1건 등 모두 22건이었다.[263]

위의 대화와 협상, 합의의 범주를 살펴보면, 그것이 정치분야, 경제분야, 군사분야, 사회분야, 인도주의 분야 등으로 포괄적이었다. 이는 대북정책으로서의 햇볕정책이 정치분야뿐만 아니라 경제와 군사·안보분야, 사

261) 백학순, "김대중정부와 노무현정부의 대북정책 비교," 321-324.

262) 통일부, *국민의 정부 5년: 평화와 협력의 실천*, 36-89.

263) 위의 책, 18-20.

회, 인도주의 분야 등도 포괄적으로 관여한 정책이었음을 말해준다.

셋째, 김대중정부는 남북 간에 '보다 많은 접촉과 대화, 교류와 협력'을 적극적으로 추진했다. 금강산 관광객이 2002년 말 총 51만 명을 넘어섰고,[264] 기타 남북 왕래 인원이 이전보다 13배 증가했다. 문화, 예술, 학술, 체육, 종교, 방송 등 사회 전 분야에서 남북 간에 교류·협력이 증대됐다. 또 6.15남북공동선언 이후 남북한의 정부대표단과 민간단체 모두가 함께 참여하여 '민족통일대축전'을 열기도 했다.[265]

넷째, 김대중 대통령은 2000년 6월 남북정상회담을 위해 평양으로 떠날 때 이산가족 상봉만 합의해도 '큰 성공'으로 생각했다.[266] 5차례의 이산가족 상봉단 교환을 통해 5,400여 명의 이산가족들이 상봉하였고, 생사·주소확인 사업을 통해 총 12,000여 명이 생사 및 주소를 확인했다. 특히, 금강산에 이산가족면회소를 설치·운영키로 합의함으로써 이산가족문제가 제도적으로 해결될 수 있는 기반을 마련했다.[267] 남한은 또한 국군포로와 납북자에 있어서도 생사 및 주소 확인을 먼저하고 이들 중 일부를 이산가족 상봉 시 인도주의 차원에서 포함시켜 상봉시키는데 성공했다.[268]

한편, 김대중 대통령은 김정일 위원장과의 6.15남북공동선언 합의에 따라 2000년 9월 2일 '북으로 갈 것을 희망하는 비전향 장기수 전원' 63명을 북한으로 송환했다. 김대통령은 "오늘 이 한국이 참으로 인

264) 통일부 홈페이지(http://www.unikorea.go.kr)의 '정책과제' 항목 중에서 '금강산관광' 참조.

265) 통일부, *국민의 정부 5년: 평화와 협력의 실천,* 22, 123-127; 통일부, "대북정책 추진현황," 70-76, 86-87.

266) 임동원, *피스메이커: 남북관계와 북핵문제 20년,* 108, 360.

267) 통일부, *국민의 정부 5년: 평화와 협력의 실천,* 23, 128-133; 통일부, "대북정책 추진현황," 78-80.

268) 백학순의 임동원과의 제4차 인터뷰, "연세대학교 김대중도서관의 '김대중 대통령 구술사 (oral history) 프로젝트: 외교, 안보, 통일 분야'," 연세대학교 김대중도서관, 2007년 10월 8일.

권국가라는 것을 전 세계에 과시한 날"이라고 했다.[269]

다섯째, 김대중 대통령은 정치지도자로서 끊임없는 성찰과 연구를 통해 국제정세를 정확히 꿰뚫고 그것을 우리 나라와 민족이 처한 현실 문제를 해결하고 미래를 개척하는 데 적용하여 사용했던 정치지도자였다. 김대통령은 임기 5년 내내 4대국 정상회담, ASEM, APEC 정상회의, 유엔, 수십 개 국가들에 대한 방문 등을 통해 수많은 양자 및 다자 정상회담을 했다. 이러한 외교활동을 통해 외환위기 극복 및 경제살리기, 경제협력, 한반도 전쟁위협 감소 등을 위한 각종 협상과 합의를 이뤄냈다. 나아가 한반도 냉전구조 해제 및 평화체제 수립, 한반도 평화통일, 우리 경제권의 한반도 및 유라시아로 확대, 대륙권과 해양권의 교량 역할을 통한 경제 발전과 번영 등을 비전과 목표로 삼고 추진했다.

2) 햇볕정책: 평가

그렇다면, 햇볕정책의 성과를 어떻게 평가할 수 있을 것인가? 일반적으로, 어떤 정책의 성과를 평가하는 기준은 무엇보다도 정책이 처음에 천명한 목표를 달성했느냐는 것이다.[270]

위의 평가 기준을 적용하여 종합적으로 평가컨대, 햇볕정책은 북한과 국제사회를 대상으로 대북정책, 외교 및 군사·안보정책, 경제정책을 포괄한 '한반도 평화·통일·번영의 대전략', 우리 나라와 민족의 '생존과 발전을 위한 '대전략'으로서 추진됐고, 전반적으로 목표를 달성한 성공이었다. 구체적으로, 민족화해와 민족 자주성의 제고, 남북 평화공존, 한

269) "MBC 뉴스데스크: 김대중 대통령 '비전향 장기수 송환으로 인권국가 과시' [송기원]," 2000년 9월 2일, https://imnews.imbc.com/replay/2000/nwdesk/article/1867467_30735.html.

270) Charles O. Jones, *An Introduction to the Study of Public Policy*, Third Edition (Monterey, CA: Brooks/Cole Publishing Co., 1984), 198-201.

반도 군사적 긴장완화 및 전쟁위협 감소와 평화증진, 우리의 외환위기 극복과 경제살리기에 큰 성과를 낸 성공적인 '대전략'이었다.

그러나 각 분야를 구체적으로 들여다보면, 햇볕정책은 위에서 설명한 각종 정책목표를 달성한 정도가 해결해야 할 문제의 성격과 범주에 따라 차이가 있었다. 우선, 민족화해와 평화통일의 진전, 군사적 긴장완화와 전쟁 위협 감소, 외환위기 극복과 경제살리기, 남북 인적·물적 교류 증대, 이산가족문제 해결, 인도적 대북지원 실시, 북한이탈주민 정착지원 등에서는 대성공을 거두었다고 할 수 있을 것이다.

그러나 남북경제공동체 건설, 냉전구조 해체와 평화체제 수립, 북한 핵문제의 평화적 해결의 문제에서는 성과를 내는 데 일정한 한계를 보였다. 또 '철의 실크로드'를 통한 우리 경제권의 유라시아로 확대, 또 대륙권과 해양권의 교량 역할을 통한 한 차원 높은 경제 발전과 번영의 비전과 목표의 구현도 북한의 철도·도로를 이용할 수가 없어서 만족할만한 성과를 내지 못했다.

물론 김대중정부 5년 동안 햇볕정책이 현실적·실용주의적 방법론으로 적용했던 '우선 쉬운 것부터 먼저 하고 어려운 것은 나중에 한다'는 선이후난(先易後難)의 정신을 고려하면, 해결해야 할 문제들의 성격과 범주에 따라 성과가 다를 수밖에 없었던 것은 충분히 예상할 수 있는 결과였다고 할 것이다.

3) 김대중정부 이후의 '제도화' 문제

햇볕정책이 큰 성과를 낸 분야에서도 그 성과가 김대중정부 이후의 특정 시기부터 지속되지 못하고 또 '제도화'에 성공하지 못한 점이 있었다. '제도화' 실패는 물론 햇볕정책 자체의 문제와 잘못은 아니다. 김대중정부는 햇볕정책의 성과를 제도화를 위해 최선을 다해 지속적으로 노력했고 또 임기 동안에는 제도화 방향으로 큰 성과를 냈기 때문이다.

그렇다면, 햇볕정책의 성과들이 왜 제도화되지 못했는가? 거기에는 무엇보다도 우리가 통제할 수 없는 여러 국내외 다양한 변수들이 작용했기 때문이었다.

첫째, 우리나라와 미국 등 민주주의 국가에서 선거를 통한 지도자와 정부의 변경, 그에 따른 정책의 변화였다. 선거를 통해 집권한 다른 성향의 지도자와 정부는 전임자와 전임정부의 정책을 '뒤집기' 일쑤였다. 그리고 이 뒤집기는 햇볕정책의 지속과 제도화에 결정적인 방해가 됐다.

예컨대, 한국의 경우, 이명박정부가 김대중정부의 햇볕정책을 이어받은 노무현정부의 평화번영정책을 뒤집었고, 또 윤석열정부가 문재인정부의 대북 화해·평화정책을 뒤집었다. 미국의 경우에도 조지 W. 부시정부가 빌 클린턴정부의 대북 포용정책을 뒤집었다. 일본의 경우에도 아베 신조 1기 내각이 고이즈미 준이치로 내각의 '평양선언' 등 대북 포용정책을 뒤집었다. 이 모든 것은 햇볕정책의 제도화에 결정적으로 부정적인 영향을 미쳤다.

둘째, 햇볕정책이 제도화되지 못한 데는 한미양국에 대해 일관된 정책을 보이지 않은 북한의 '비협조'가 또한 문제였다. 북한은 실질적으로 선거를 통해 지도자와 정부가 교체되는 체제가 아님에도 불구하고, 대남정책과 대미정책에서 일관성을 담보하지 못한 데는 다음 두 가지 이유가 있었다.

우선, 북한의 대남·대미정책은 한미양국의 대북정책의 변화에 대응하는 식으로 추진되는 경우가 허다했다. 북한은 소련 멸망 이후, 미국을 끌어들여 중국에 대한 대항력으로 사용함으로써 국제사회에서 자신의 독립성('주체')과 자율성을 확보하려는 자신의 '21세기 생존과 발전의 전략'은 결코 변하지 않은 것으로 보인다. 그러나 한미양국에서 선거를 통해 지도자와 정부가 교체되어 대북정책이 변하는 경우, 북한은 거의 예외 없이 그것에 대응하는 방식으로 대남·대미정책에서 변화를 보였다. 소위 '강대강', '선대선' 대응이었다.[271]

다른 한편, 북한이 그동안 '전쟁과 평화' 문제를 해결하고 미국과 평화공존하면서 관계정상화, 경제협력 등을 이뤄내기 위해 대미 직접협상('워싱턴 바로가기': 통미봉남)과 남북관계 개선을 통한 대미접근('서울을 거쳐서 워싱턴 가기': 통남통미)을 필요시 번갈아 가며 혹은 동시에 사용하였는데, 이것이 대남·대미정책에서 일관성의 부재를 초래했다. 이는 물론 햇볕정책의 제도화에 악영향을 끼쳤다.

결론적으로, 햇볕정책이 김대중정부 이후의 시기에 바로 위에서 살펴본 바와 같은 '우리의 통제를 벗어난 변수들'로 말미암아 제도화에 성공하지 못한 것은 사실이다. 그러나 햇볕정책은 결코 생명이 다한 정책이 아니고 현재와 미래를 위해 살아있는 정책이다. 남북한이 분단이 지속되고 또 한반도에서 전쟁위협, 그것도 현재처럼 핵전쟁위협이 고조되면 고조될수록, 평화·통일·번영을 위한 대전략으로서의 햇볕정책의 필요성은 그만큼 커질 수밖에 없기 때문이다.

한반도에서 전쟁위협이 고조되면 고조될수록 전쟁위협을 낮추기 위해 그만큼 더, 아니 몇 배로 더 적극적으로 대화와 협상을 하는 것이 필요하다. 지금과 같이 전쟁위협이 고조된 상황에서는 '대화와 협상이

271) "우리 식 사회주의건설을 새 승리에로 인도하는 위대한 투쟁강령: 조선로동당 제8차대회에서 하신 경애하는 김정은 동지의 보고에 대하여"(김정은, "조선노동당 중앙위원회 제7기 사업총화 보고" (2021.1.5.~7)) *로동신문*, 2021년 1월 9일.

현실적으로 가능한지의 여부'가 우리의 행동의 기준이 되어서는 안 된다. 한반도에서 전쟁위협, 특히 핵전쟁위협을 감소시키는 것이 절대적으로 필요하기 때문에 우리는 북한과 대화와 협상의 '가능성' 차원이 아니라 '필요성' 차원에서 반드시 대화와 협상을 해야 하는 것이다.[272] 이것이 햇볕정책의 정신이요 교훈이다.

마지막으로, 햇볕정책의 정신과 생명력을 살려내기 위해서는 햇볕정책의 미래 비전과 이익, 목표를 현재에 가져와 '현재를 재구성'함으로써 현재를 '단순한 현재'가 아니라 '미래의 희망을 품은 현재'로 재구조화할 필요가 있다. 현재를 민족화해, 6.25전쟁의 종전, 냉전구조 해체와 평화체제 수립, 한반도(북한) 비핵화, 평화통일과 번영의 비전과 목표가 살아 움직이는 역동적인 현재로 만들고, 그러한 미래 비전과 이익, 목표를 달성해 낼 수 있다는 신념을 갖고 노력하는 것이 중요하다. 우리는 역사를 장기적인 관점에서 보면서, 현재를 '미래지향적'으로 끊임없이 재구성하면서 그 방향으로 실천해 나가야 할 것이다.[273]

---

272) 이재호, "김대중 외교와 윤석열 외교, 비핵화 포기했나" ([인터뷰] 김대중학술원 초대 원장, 백학순 전 세종연구소장) *프레시안*, 2022년 9월 30일, https://www.pressian.com/pages/articles/2022092720054193350?utm_source=naver&utm_medium=search.

273) 백학순, "10대 핵심쟁점," 백학순 외, *한반도 평화대전략*, 398-399.

참고문헌

경향신문. 1971년 4월 15일.

김대중. *김대중 자서전 1.* 서울: 삼인, 2010.

_____. *김대중 자서전 2.* 서울: 삼인, 2010.

_____. *나의 길 나의 사상: 세계사의 대전환과 민족통일의 방략.* 서울: 한길사, 1994.

_____. "베를린선언."2000년 3월 9일. 베를린자유대학.

"김대중 대통령 취임사." 1998년 2월 25일.

김병관(동아일보 발행인). "시국제언" *동아일보.* 1998년 7월 14일.

김정은. "조선노동당 중앙위원회 제7기 사업총화 보고"(2021년 1월 5~7일). "우리 식 사회주의건설을 새 승리에로 인도하는 위대한 투쟁강령: 조선로동당 제8차대회에서 하신 경애하는 김정은 동지의 보고에 대하여"에 포함. *로동신문.* 2021년 1월 9일.

김하중. *증언: 외교를 통해 본 김대중 대통령.* 서울: 비전과 리더십, 2015.

김학노. *남과 북의 서로주체적 통합*. 서울: 사회평론아카데미, 2018.

김학노. *정치, 아我와 비아非我의 헤게모니 투쟁.* 서울: 박영사, 2023.

김학재. "김대중의 통일·평화사상." *통일과 평화* 9집 2호 (2017).

"남북공동선언." 2000년 6월 15일. 평양.

"남북공동성명." 1972년 7월 4일. 서울·평양.

박선원. "한반도 위기상황 때 햇볕정책 지지율 오히려 높아져" (연세대 박선원 교수, 지난 5년간 여론조사 결과 분석) *프레시안.* 2002년 12월 14일.

박철언. *바른 역사를 위한 증언: 5공, 6공, 3김시대의 정치비사, 2.* 서울: 랜덤하우스중앙, 2005.

백학순. "김대중정부와 노무현정부의 대북정책 비교." *세종정책연구.* 제5권 제1호

(2009): 277-354.

_____. "남북관계 '국익'에서 보자" (시론) *중앙일보*. 1999년 6월 30일.

_____. *노태우정부와 김영삼정부의 대북정책 비교*. 성남: 세종연구소, 2012.

_____. *박정희정부와 전두환정부의 통일 · 대북정책 비교*. 성남: 세종연구소, 2014.

_____. *북한권력의 역사: 사상, 정체성, 구조*. 서울: 한울아카데미, 2010.

_____. "북한정권의 생존전략과 전망." 박기덕·이종석 편. *남북한 체제비교와 통합모델의 모색*. 성남: 세종연구소, 1995: 17-113.

_____. 임동원과의 제1차 인터뷰. "연세대학교 김대중도서관의 '김대중 대통령 구술사(oral history) 프로젝트: 외교, 안보, 통일 분야'." 2007년 8월 3일.

_____. 임동원과의 제2차 인터뷰. "연세대학교 김대중도서관의 '김대중 대통령 구술사(oral history) 프로젝트: 외교, 안보, 통일 분야'." 2007년 8월 16일.

_____. 임동원과의 제3차 인터뷰. "연세대학교 김대중도서관의 '김대중 대통령 구술사(oral history) 프로젝트: 외교, 안보, 통일 분야'." 2007년 8월 29일.

_____. 임동원과의 제4차 인터뷰. "연세대학교 김대중도서관의 '김대중 대통령 구술사(oral history) 프로젝트: 외교, 안보, 통일 분야'." 2007년 10월 8일.

_____ 외. *한반도 평화대전략*. 성남: 세종연구소, 2022.

심지연, *남북한 통일방안의 전개와 수렴, 1948-2001: 자주화·국제화의 관점에서 본 통일방안 연구와 자료*. 서울: 돌베개, 2001.

아태평화재단. *김대중의 3단계 통일론—남북연합을 중심으로*. 서울: 한울, 1995.

연세대학교 김대중도서관 편. *김대중 전집 I 제1권: 외환위기로부터 나라경제를 구하다* (1997년 12월~1998년 9월). 서울: 연세대학교 대학출판문화원, 2015.

_____. *김대중 전집 I 제5권: 남북화해와 협력의 새로운 장을 열다 (2000년 6월 ~2000년 12월)*. 서울: 연세대학교 대학출판문화원, 2015.

_____. *김대중 전집 I 제6권: 한반도 평화를 위한 실용주의 외교를 펼치다 (2001년 1월~2001년 7월)*. 서울: 연세대학교 대학출판문화원, 2015.

_____. *김대중 전집 II 제6권: 제7대 대통령 선거에서 정책대결의 장을 열다 (1969년 ~1972년 9월)*. 서울: 연세대학교 대학출판문화원, 2019.

_____. *김대중 전집 II 제7권: 납치와 연금 속에서 민주화운동의 상징으로 떠오르다 (1972년 10월~1973년)*. 서울: 연세대학교 대학출판문화원, 2019.

_____. *김대중 전집 II 제11권: 목숨을 건 귀국으로 민주화운동의 열기를 더하다 (1984년 2월~1985년 2월).* 서울: 연세대학교 대학출판문화원, 2019).

_____. *김대중 전집 II 제12권: 1987년 한국 민주화 이행의 중심축이 되다 (1985년 3월~1987년).* 서울: 연세대학교 대학출판문화원, 2019.

_____. *김대중 전집 II 제14권: 지방자치제 전면 실시와 의회민주주의 발전에 힘쓰다 (1989년 6월~1991년 8월).* 서울: 연세대학교 대학출판문화원, 2019.

_____. *김대중 전집 II 제18권: 정계복귀로 다시 승부수를 던지다 (1995년~1996년 6월).* 서울: 연세대학교 대학출판문화원, 2019.

이재호. "김대중 외교와 윤석열 외교, 비핵화 포기했나" ([인터뷰] 김대중학술원 초대 원장, 백학순 전 세종연구소장) *프레시안.* 2022년 9월 30일. https://www.pressian.com/pages/articles/2022092720054193350?utm_source=naver&utm_medium=search.

임동원. *다시, 평화: 임동원 자서전.* 서울: 폴리티쿠스, 2022.

_____. *피스메이커: 남북관계와 북핵문제 20년* (임동원회고록). 서울: 중앙북스, 2008.

장신기. *성공한 대통령: 김대중과 현대사.* 서울: 시대의창, 2021.

조선일보. 1971년 4월 22일.

통일부. *국민의 정부 5년: 평화와 협력의 실천.* 2003년 2월.

_____. "대북정책 추진 현황"(종합자료집). 2002년 12월.

_____. 홈페이지의 '정책과제' 항목 중에서 '금강산관광' http://www.unikorea.go.kr.

한국갤럽. "'새 대통령에게 바란다' 국민여론조사." *한국갤럽.* 1998년 2월 19일.

황준호. "차라리 내가 김일성 참배하고 구속되겠다" *프레시안.* 2008년 6월 11일.

"IMF빚 이달말 다 갚는다…44개월만에 관리체제 졸업" *동아일보.* 2001년 8월 9일.

"IMF의 치욕적 타결, 1년반 안에 극복하겠습니다!"(김대중 대통령 후부의 광고) *한국일보.* 1997년 12월 4일, 1면.

Albright, Madeline. *Madam Secretary: A Memoir.* New York, NY: Miramax Books, 2003.

_____. U.S. Secretary of State. Press Briefing On Plane En Route Washington, D.C. from Seoul, Republic of Korea. October 26, 2000.

Brockett, Charles D. "The Structure of Political Opportunities and Peasant Mobilization in Central America." *Comparative Politics.* 23, no. 3 (1991).

Bunce, Valerie. *Do New Leaders Make a Difference?* Princeton: Princeton University Press, 1981.

Cohen, Yousseff. "The Heresthetics of Coup Making." *Comparative Political Studies.* 24, no. 3 (1991).

Collier, David and Deborah L. Norden. "Strategic Choice Model of Political Change in Latin America" (Review Article). *Comparative Politics.* 24, no. 2 (1992).

DeNardo, James. *Power in Numbers: The Political Strategy of Protest and Rebellion.* Princeton: Princeton University Press, 1985.

Di Palma, Guiseppe. *To Craft Democracies: An Essay on Democratic Transitions.* Berkeley: University of California Press, 1990.

Dr. Perry, William J. Special Advisor to the President and the Secretary of State. "Review of United States Policy Toward North Korea: Findings and Recommendations." October 12, 1999.

Grindle, Merilee S. and John W. Thomas. *Public Choices and Policy Change: The Political Economy of Reform in Developing Countries.* Baltimore: The Johns Hopkins University Press, 1991.

Jones, Charles O. *An Introduction to the Study of Public Policy.* Third Edition. Monterey, CA: Brooks/Cole Publishing Co., 1984.

Keeler, John T. S. "Opening the Window for Reform." *Comparative Political Studies* 25, no. 4 (1993).

Kennedy, Paul. "Grand Strategy in War and Peace: Toward a Broader Definition." In _Paul Kennedy, ed. *Grand Strategy in War and Peace.* New Haven and London: Yale University Press, 1991.

Kingdon, John W. *Agendas, Alternatives, and Public Policies.* Boston: Little, Brown and Company, 1984.

Linz, Juan J. *The Breakdown of Democratic Regimes: Crisis, Breakdown, & Reequilibration.* Baltimore and London: The Johns Hopkins University Press, 1978.

Munck, Gerardo L. "Between Theory and History and Beyond Traditional Area

Studies: A New Comparative Perspectives on Latin America" (Review Article). *Comparative Politics.* 25, no. 4 (1993).

Oberdorfer, Don. *The Two Koreas: A Contemporary History.* Revised and Updated. New York, NY: Basic Books, 2001.

O'Donnell, Guillermo and Philippe C. Schmitter, *Transition from Authoritarian Rule.* Baltimore: The Johns Hopkins University Press, 1986.

Paik, Haksoon. "Changes and Continuities in Inter-Korean Relations." In Kyung-Ae Park and Scott Snyder, eds. *North Korea in Transition.* Lanham, MD: Rowman and Littlefield Publishers, Inc., 2013.

_____. "North Korean State Formation, 1945-1950." Doctorate, University of Pennsylvania, 1993.

_____. "North Korea's Choices for Survival and Prosperity since 1990s: Interplay between Politics and Economics." *Sejong Policy Studies.* 3, no. 2 (2007).

Riker, W. H. "Political Theory and the Art of Heresthetics." In A.W. Finifter, ed. *Political Science: The State of the Discipline.* Washington, D.C.: American Political Science Association, 1983.

Rokkan, Stein. *Citizens, Elections, and Parties.* New York: David McKay, 1970.

Ruth Berlins Collier and David Collier. *Shaping the Political Arena: Critical Junctures, The Labor Movement, And Regime Dynamics in Latin America.* Princeton: Princeton University Press, 1991.

Shin, Doh Chull. "On the Third Wave of Democratization: A Synthesis and Evaluation of Recent Theory of Research" (Review Article). *World Politics* 47 (October 1994).

"The Nobel Peace Prize for 2000." October 13, 2000, Oslo, Norway. https://www.nobelprize.org/prizes/peace/2000/summary/.

Tilly, Charlies. *From Mobilization to Revolution.* New York: Random House, 1978.

Wendt, Alexander. "Anarchy is what states make of it: the social construction of power politics." *International Organization.* 46, no. 2 (1992).

Young, Christopher. "The Strategy of Political Liberalization: A Comparative View of Gorbachev's Reforms." *World Politics.* 45, no. 1 (1992)

2장

김대중과 한반도 평화

임 혁 백
고려대 정치외교학과 명예교수

1. 머리말

김대중은 한국역사상 노벨평화상을 수상한 유일한 정치지도자이다. 2000년 노벨상위원회는 탈 냉전기에 한반도 평화구축에 기여했다는 공적을 인정하여 김대중에게 노벨평화상을 수여하였다. 김대중의 노벨평화상 수상으로 냉전의 마지막 섬으로 남아있던 한반도에도 냉전 해체의 바람이 불기 시작했고, 남북 간에 화해와 협력의 시대가 열리게 되었다. 김대중은 한반도 평화의 초석을 쌓은 '한반도 평화의 아버지'(founding father of inter-Korean peace)로 기록되고 기억될 것이다.

김대중의 한반도 평화에 대한 관심은 냉전시대의 엄혹한 박정희 권위주의정권 하에서부터 시작되었다. 김대중은 1964년 11월 『세대』지에 통일에 대한 국민적 논의를 활성화해야한다는 글을 기고하여 박정희 군사정권 하에서 금기시되었던 평화통일 논의를 다시 제기하였다.[1] 1966년 국회의원 김대중은 서독에서 동독의 주권을 부정하고 외교적으로 고립시키는 '할슈타인 원칙'을 포기하고 있는데 한국도 국가의 실리에 맞지 않고 국제적 조류에 어긋나는 한국형 할슈타인 원칙을 포기하고 공산국가와의 교류를 시작하자는 제안을 하였다.[2] 김대중이 한반도 평화론을 본격적으로 제기한 전환기적 시점은 1971년 대통령 선거이다. 김대중은 1971년 대통령선거유세에서 4대강국(미, 일, 중, 소)에 의한 한반도 평화보장론을 이야기하였고, 대통령 선거 후 김대중은 '4대국 보장론'을 바탕으로 남북간 평화공존, 평화교류, 평화통일의 3단계 평화통일론을 주장하였다.

김대중은 남북이 치열하게 대립하고 있던 냉전기에 남북한 유엔동시가입을 이야기 하였고, 언젠가 냉전이 해체되면 남북한이 유엔에 동시가입해서 상대방을 인정하는데서 나아가 같은 민족의 일원이라는 인식을 공유하면서 공존을 도모해야한다는 그 당시로서는 코페르니쿠스적인 발상의 전환을 통해 한반도 평화를 모색하였다.[3]

2000년에 김대중이 노벨평화상을 수상한 것은 그가 한반도 평화를 꾸준히 준비해왔기 때문이다. 김대중은 1997년 대통령선거에서 4수 끝에 당선된 이후 자신이 오랫동안 준비해왔던 교류, 협력을 통한 한반도 평화를 북한의 김정일과의 정상회담을 통해 실현함으로써 노벨평화상을 수상하게 된 것이다.

김대중은 막스 베버(Max Weber)가 이야기한 한 소명의식(Leiden

1) 김학재, "김대중의 통일.평화사상," *통일과 평화* 9, no. 2 (2017): 72.

2) 김대중, *후광 김대중 대전집 3* (서울: 중심서원, 1993), 30-31.

3) 이러한 김대중의 남북한 유엔동시가입론은 탈냉전 민주화 이후 보수정권인 노태우정부에 의해서 성사되었다.

schaft)과 책임감(Verantwortungsgefuhl) 그리고 소명의식과 책임감 사이에서 균형적 판단(AugenmaB)을 할 줄 아는 리더십을 갖고 있었다.[4] 김대중은 '선 민주, 후 통일론'을 이야기하면서 남한 뿐 아니라 북한도 민주화 되어야 한반도에 평화가 오고, 이를 바탕으로 통일을 준비할 수 있다는 민주평화론을 이야기하면서도, '북괴'라는 북한의 악마와도 대화하고 거래할 수 있어야 한반도 평화가 가능하다는 지극히 현실주의적인 한반도 평화 방법론을 이야기했다. 그러면서도 김대중은 한미동맹의 현실적 가치를 인정하는 바탕 위에서 한반도 평화를 추구하는 균형감각을 갖추는 것을 잊지 않았다. 김대중은 독일 통일과정에서 브란트(Willy Brandt)와 에곤 바르(Egon Bahr)가 이야기한 "불가능한 것을 가능하게 하기 위해서는...생각할 수 없는 것을 생각하라" (think unthinkable...to make the impossible possible)라는 '가능성주의' (possibilism)가 브란트와 바르가 독일통일의 기초를 쌓을 수 있었다

---

4) 막스 베버 (최장집 역), *소명으로서의 정치* (서울: 후마니타스, 2011). 베버는 열정과 소명을 자기 자신을 희생함으로써 예수의 수난과 고통(passion)을 자신의 고통으로 내면화하려는 강렬한 신념과 믿음 그리고 감정의 치열함이다. 베버는 정치를 내면적 신념의 추구로만 본다면 정치학은 윤리학으로 환원되고 정치의 자율적 영역이 사라진다고 했다. 따라서 열정만으로 정치가가 되기에 충분치 않으며 정치가는 열정과 더불어 강한 책임감을 갖추어야한다고 주장했다. 그러기 위해서 정치가는 악마와도 거래할 수 있어야한다고 주장했다. 그리고 베버는 정치가가 열정(Leidenschaft)과 책임감(Verantwortungsgefuhl) 사이에서 균형적 판단(AugenmaB)을 할 수 있어야한다고 주장했다. 임혁백, *대선 2012 어떤 리더십이 선택될 것인가?* (서울: 인텔리겐치아, 2012), 53-57. 정치가는 사람과 사물을 거리를 두고 객관적으로 볼 수 있는 능력이 있어야한다는 것이다. 김대중은 열정과 책임감 그리고 둘 사이에서 균형적 판단을 할 수 있는 능력을 갖고 있는 한국 정치가였다. 김대중의 균형감각은 "서생적 문제의식과 상인적 현실감각의 균형적 추구"라는 그의 정치적 좌우명에서 잘 드러난다. 김대중은 이상주의자이면서 현실주의자였고, 망원경처럼 넓고 멀리보고 현미경처럼 좁고 깊게 보는 정치가였다. 김대중, 박명림, "민주적 시장경제와 평화공존에의 여정," *역사비평,* 17 (2008): 32-34.

는 인식을 하고 있었다.[5]

김대중은 냉전기 군부독재정권 하에서는 한반도 평화가 불가능하다는 숙명주의 (fatalism)에 빠지는 것을 거부하고, 불가능한 것처럼 보이는 한반도 평화를 가능하게 할 수 있는 가능성주의(possibilism)를 상상하고, 생각하고, 이를 위한 현실적인 실현방안을 끊임없이 추구하였다. 김대중은 열정과 소명의식을 가지고 한반도 평화를 향한 긴 여정을 걸어갔다. 한반도 평화를 향한 김대중의 열정은 수난과 자기희생을 치룰 수밖에 없었다. 예수님이 수난을 통해서 인류를 구원한 것과 같이 김대중은 군부독재정권으로부터 수난을 치르면서도 한반도 평화에 대한 열정을 가지고 불가능한 것처럼 보이는 평화를 가능하게 할 수 있는 방법을 모색하였다.[6]

1987년의 국내적 민주화와 1997년의 국제적 냉전해체는 한반도 평화를 불가능한 것에서 가능한 것으로 바꾸어 놓았다. 노태우 정부가 북방정책을 통해 1991년 남북기본합의서를 만들어 내었고, 김영삼 정부는 1994년 제네바 기본협약 (Agreed Framework)을 만들어 내는데 일조를 했다. 김대중은 한반도 연방제 통일안을 제시했고, 1997년 대통령에 당선된 후 '햇볕정책'이라는 김대중표 한반도 평화정책을 만들고, 2000년 3월 베를린 선언을 통해 교류.협력을 통한 한반도 평화를 구축하자고 북한에 제의하였다. 북한의 김정일이 김대중의 베를린 선언에 화답하여 2000년 6월 10일 분단이후 최초의 남북정상회담이 열렸고, 6.15

---

5) 브란트는 '가능성주의' (possibilism)를 독일의 대정치가인 비스마르크 (Bismark)가 이야기했던 "정치란 불가능한 것처럼 보이는 것을 만들어 낼 수 있는 예술이다"에서 영감을 얻었다. Hyug Baeg Im, *The Possibility of Peace in the Korean Peninsula* (Seoul: SNU Press, 2017), 309-310.

6) 예수의 열정(passion)은 예수님의 수난을 통해 나타난다. 기독교에서 열정을 수난으로 표기한다. 바하의 마태수난곡은 Mathaus-Passion으로 표기하며, 영화 Passion of Christ는 예수의 수난에 관한 이야기이다. 임혁백, *대선 2012 어떤 리더십이 선택될 것인가?* (서울: 인텔리겐치아, 2012), 332.

남북합의서라는 한반도 평화에 관한 기념비적 문서를 만들어 내었다.

본 장에서는 먼저 김대중의 평화 사상을 살펴볼 것이다. 첫째. 한반도 평화가 이루어지기 전에 민주주의가 구축되어야하며, 평화는 민주적으로 이루어져야 한다는 '민주적 평화사상'을 이야기할 것이다. 둘째, "가장 불리한 평화도 가장 정의로운 전쟁보다 낫다" (The most disadvantageous peace is better than the most just war, Erasmus, *Adagia*) 왜냐하면, 평화로 얻는 이득이 전쟁으로 치러야하는 비용보다 훨씬 크기 때문"이라는 에라스무스(Erasmus)의 '경제평화론'을 김대중이 어떻게 수용했는가를 살펴볼 것이다.

다음으로, 김대중의 평화이론 또는 평화구축방법론을 이야기할 것이다. 첫째, 김대중은 한반도라는 평화의 불모지에서 실현가능한 평화를 구축할 수 있는 이론은 상호 적대적인 요소들을 최적으로 결합하는 '분석적 절충주의'(analytical eclecticism)에 근거하여 김대중은 신기능주의, 현실주의, 국제주의와 구성주의를 절충하여 한반도 평화구축이론을 확립하였다. 둘째, 김대중은 평화의 불모지에서 평화를 구축하기 위해서는 확률이론, 전제조건이론, 구조결정론, 숙명론, 불가능주의 (impossibilism)를 버리고 일반성보다 독특성을 강조하고 예측가능성보다 예측불가능성에 주목하고 확률(probability)보다 가능성(possibility)에서 해답을 찾으려하는 가능성주의(possibilism)에 기초해서 한반도 평화를 추구하였다. 말하자면 가능한 평화를 찾기 위해서는 가능한 모든 것들을 불러와야 된다는 것이었다.[7]

7) Albert O. Hirschman, "Political Economics and Possibilism," *A Bias for Hope* (New Haven: Yale University Press, 1971); 임혁백, "한반도와 동아시아 평화 구축 방법론: 기능주의와 분석적 절충주의," *한반도와 동아시아의 안보와 평화* (서울: 한울, 2014).

마지막으로 한반도 냉전기부터 탈 냉전기에 이르기까지 김대중이 제시한 한반도 평화구축정책을 살펴보고 난 뒤, 한반도 평화의 아버지인 김대중이 남긴 유산을 평가할 것이다.

2. 김대중의 평화사상

1) 민주평화사상

평화주의자인 김대중의 평화사상은 민주적 평화주의였다. 김대중은 독재자는 전쟁과 폭력을 통해 강요된 평화를 구축하려하기 때문에 독재자에의 의한 평화는 가능하지 않을 뿐 아니라 지속가능하지 않다고 주장했다. 따라서 김대중은 한반도 평화를 이루기 전에 민주주의가 구축되어야 하며, 한반도 평화는 폭력과 억압이 아니라 민주적으로 이루어져야한다고 주장했다.

김대중은 평화정착과 분단극복을 이룰 수 있는 가장 유효한 방법은 민주주의의 확대와 심화라고 보았다[8] 민주주의는 공동체 구성원들이 상호소통을 통해 끊임없이 새롭게 공동체의 정체성과 이해관계를 구성해가는 장이고, 평화는 이러한 소통과 상호구성을 위한 장의 전제조건이다. 김대중은 민주주의를 통해 평화와 인권을 위한 정체성을 끊임없이 새롭게 구성해 나가고자 하였고 모든 가능한 현실적 방법으로 평화제제를 구축하고자 하였다

8) 노명환, "분단국의 민주주의와 통일정책의 상호관계: 구성주의 이론과 하버마스의 공론장 개념을 적용한 빌리 브란트와 김대중의 민주주의 이념과 정책, 분단극복 방안에 대한 비교를 중심으로," *역사학연구*, 49 (2013): 196.

김대중은 민주주의와 양립할 수 있는 평화만이 진정한 평화라는 것을 리콴유 싱가포르 수상과의 논쟁에서 분명히 하였다. 김대중은 "Is Culture Destiny?" (*Foreign Affairs*, 1994)에서 서구와 아시아의 문화의 차이로 아시아에서는 민주주의와 인권의 개념이 발달하지 않았기 때문에 서구의 민주주의와 인권의 기준을 아시아에 적용할 수 없다는 리콴유의 주장에 대해, 아시아의 문화적 전통에는 민주주의와 인권과 부합되는 요소가 강하게 존재하여 왔다고 반박하였다. 김대중은 리콴유의 주장은 아시아는 문화적 전통으로 인해서 민주주의를 발전시킬 수 없다는 숙명론(fatalism)으로 흐를 수 있다는 것을 경계해야하며, 아시아에서도 민주주의를 발전시키지 않고서는 평화와 인권을 확보할 수 없다고 주장하였다.

> 김대중은 나의 길 나의 사상 (1994)에서 아시아에서도 민주주의와 인권의 전통이 있으며, 민주주의를 수호하기 위해 독재자를 방벌(放伐)하는 전통이 동양에서도 있었다고 주장한다.

"일부 서구사람들이나 혹은 아시아 지도자들 중에는 아시아에서 민주주의는 그 철학과 전통의 기반이 없으므로 성공할 수 없다고 하기도 합니다. 그러나 이것은 사실이 아닙니다. 아시아에서는 훌륭한 민주주의 사상이나 이념, 이와 상통하는 정신과 전통들이 있었습니다. 다만 이것을 제도화하지 못했고 그 제도를 서구에서 도입한 것뿐입니다.

아시아에서 민주주의와 상통하는 기본이념이 제기된 예를 우리는 여기저기서 찾아볼 수 있습니다. 2300년 전에 유교에서 공자 다음가는 대 사상가였던 맹자는 임금은 하늘의 아들인 천자이다. 하늘은 그의 아들을 내린 것이다. 그런데 천자가 백성의 행복을 위한 통치를 하지 않고 나쁜 정치를 한다면 백성들은 일어서서 그를 쫓아낼 권리가 있다. 이렇게 방벌론(放伐論)과 역성혁명론(易姓革命論)을 주장했습니다.

이러한 주장은 18세기 영국의 존 로크의 사회계약론의 기본사상과 일치한 것입니다. 사회계약론은 근대민주주주의의 기준이 되는 경전인 것입니다. 그리고 중국유교의 교리는 왕보다도 백성위주의 민본주의(民本主義)를 그 기본으로 하고 있습니다. 민심은 즉 천심이다(民心卽天心), 하늘의 뜻에 순종하는 자는 흥하고 이를 거역한자는 망한다(順天子興 逆天子亡)라고 한 것도 유교의 교리입니다.

불교에도 뚜렷한 민주주의적인 정신이 있습니다. 부처님은 이 세상에 태어나서 제일성을 천상천하 유아독존(天上天下 唯我獨尊)이라고 했습니다. 이 세상에는 나 이상 더 존귀한 것은 없다. 이 말은 참으로 놀라운 인권선언이며 민주주의 정신을 높이 선양한 것입니다. 인류역사상 이 이상 더 장대한 인권선언은 없습니다. 불교에서의 자비.보시 등이 유교의 민본사상과 상통합니다. 불교의 가르침인 모든 만물이 불성을 가지고 있다(萬有佛性)는 것도 민주주의의 보편적인 국민주권론과 맥을 같이 한다고 볼 수 있습니다.

우리 한국에서도 민족종교인 동학에서 그 창시자는 사람이 곧 하늘이다(人乃天), 사람 섬기기를 하늘 섬기듯 해야 한다(事人如天)고 주장하고 있습니다. 인간을 절대적인 존재로서 그 가치를 인정한 사상이 우리 아시아에도 분명히 있습니다. 그리고 통치자는 백성을 위해서 좋은 정치를 해야 하며 그렇게 할 때만 그의 집권은 정당화된다는 사상은 아시아에서도 서구와 같이 보편적인 것입니다."[9]

9) 김대중, *나의 길 나의 사상: 세계사의 대전환과 민족통일의 방략* (서울: 한길사, 1994), 511-512.

김대중은 평화는 민주적으로 이루어져야 한다고 주장한다. 김대중은 독재자에 대해서 폭력적으로 대항하기보다는 평화적이고 민주적인 투쟁으로 민주화를 이루어 내어야한다는 비폭력 저항과 비폭력 평화운동을 이야기하였다. 김대중은 평화를 달성하기 위해서 함무라비 법전이나 구약의 응보적 정의 (retributive justice)가 아닌, 평화의 관점에서 피해회복을 목표로 두는 신약의 회복적 정의 (restorative justice)가 실현되어야한다고 했다.[10] 구약성경은 '눈에는 눈으로' (an eye for an eye)라는 동해복수법(同害復讐法, lex talionis)을 처벌과 보상의 기준으로 삼았다. 구약성경의 언약서인 출애굽기, 신명기, 레위기에는 처벌과 보상은 상호 대등하게 이루어져야한다는 호혜주의적 상호대등성이 논쟁을 해결하고 공정한 정의 (公義)를 시행하는 원리가 되어야한다고 기록하고 있다. 반면에 신약성경 마태복음에서 예수는 "오른편 뺨을 치거든 왼편도 돌려대라"라고 하면서 "네 원수를 사랑하며 너희를 핍박하는 자를 위하여 기도하라"고 하였다. 예수님은 당한 만큼만 돌려주라는 동해복수는 언뜻 보면 공정한 것처럼 보이고 당장 더 큰 복수를 막을 수 있지만, 사람을 화해시킬 수 없고, 복수의 악순환을 불러와 사회적 평화가 깨지고 공의가 실현되지 못한다고 설교했다. 예수님은 미워하고, 증오하고, 핍박하는 '원수'를 복수로 대응하기 보다는 사랑하고 용서함으로써 복수의 악순환을 멈추어야한다고 했다. 원수까지 사랑함으로써 복수의 악순환이 멈추는 지점에서 하나님이 원하는 공정과 정의가 실현되

10) 박명림. 2019. "정의의 회복과 과거 극복의 완전성의 문제: 거창사건을 중심으로," *일감법학*. 42 (2019); 김귀옥. "김대중의 평화사상의 형성과 정치적 실천," *통일과 평화* (2020): 12.

고 지상의 평화가 이루어진다는 것이다.[11]

김대중은 태어나면서부터 평화주의자는 아니었다.[12] 김대중은 옥중서신에서 아들 김홍걸에게 보낸 편지를 통해 자신이 어떻게 신약에서 나오는 회복적인 정의를 통해 평화주의자가 되었는가를 알려주고 있다. 김대중은 독재정권의 박해를 받아 감옥에 갇혀 있을 때, 예수님이 자신에게 십자가의 고난을 주고 박해를 한 자들에게 화해와 용서를 통해 평화와 화해의 길을 열어간 데에 깊은 깨달음을 얻고 평화주의가가 되었다는 것을 고백하고 있다[13] 김대중은 링컨이 남부사람들을 용서하지 않고 보복을 단행했다면 남부와 북부는 영원히 분열되었을 것이라고 하면서 용서와 화해의 교훈을 링컨에서 배웠다고 고백했다.[14]

민주화운동과 관련해서 김대중은 간디와 마틴 루터 킹목사의 비폭력저항운동을 한국 민주화 운동의 전략으로 채택했다. 폭력투쟁으로서는 독재를 뿌리뽑지 못하고 오히려 독재자가 이를 악용하여 민주화 운동을 폭력적으로 억압할 수 있는 구실을 주기 때문에 비폭력으로 집요

11) 예수님은 이스라엘인들에게 박해하는 로마병사에게 분노에 찬 복수로 대응하지 말고, 왼쪽 뺨도 내어 주는 자기희생을 통해서 이스라엘인들을 그들과 동등하게 취급하라고 떳떳하고 공개적으로 로마병사에게 요구하는 것이 공정한 대응이라고 설교하였다. 로마병사의 박해와 핍박에 왼쪽 뺨도 내어주는 대응은 약자의 미조히즘적이고 순종적인 대응이 아니라 로마의 박해자로 하여금 이스라엘인들을 하대하고 있다고 생각하게 함으로써 이스라엘인들에게 공정한 대우를 하게하는 압력으로 작용할 것이라는 적극적인 공정성의 인식 위에 서 있다. 바울은 로마서에서 "네 원수가 주리거든 먹이고 목마르거든 마시우라. 그리함으로 네가 숯불 (깡통)을 그 머리에 쌓아 놓으리라"고 설교했다. 이와 같이 신약성경은 원수에 악으로 갚지 말고 선을 행함으로써 원수 (박해자)가 스스로 숯불 깡통을 머리에 쓰고 회개하게 함으로써 피해자와 공정한 관계가 확립되고 하나님의 평화가 지상에 구현된다고 가르쳤다. 민주화 이후 대통령으로 당선된 김대중이 자신을 박해해온 전두환과 노태우 전 군부출신 대통령을 사면한 것은 김대중이 '회복적 정의'를 통해 가해자를 용서했다는 것을 보여준다.

12) 김귀옥, 앞의 글: 12.

13) 김대중, *옥중서신 1* (서울: 시대의 창): 1980년 12월 7일자.

14) 김대중, *후광 김대중 대전집 2* (서울: 중심서원, 1993), 319-320; 노명환, "김대중 화해사상의 특수성과 보편성," *통일과 평화*, 12 (2020): 67.

하게 투쟁해야 승리할 수 있다고 믿었다.[15]

한반도 평화와 관련해서 김대중은 요한 갈퉁(Johan Galtung)의 평화주의에 많은 영향을 받았다. 갈퉁은 전쟁이 부재하다는 의미의 소극적 평화와 모든 폭력이 부재하는 적극적 평화로 나누었다. 김대중은 전쟁의 부재라는 소극적 평화개념으로 한반도 평화를 달성하려 하였다.

그런데 전쟁을 방지하고 평화를 구축하기 위해서는 민주주의가 필요하다는 것이 김대중의 "선 민주 후 통일"이라는 민주평화론이다. 김대중은 독재정권 하에서 통일논의는 금기시되었고 정략적으로 민주화운동을 탄압하는데 이용되어 왔다고 믿었다. 박정희정권이 통일논의를 빌미로 민주화운동을 짓밟고 통일세력을 용공분자로 몰았기 때문에 박정희 정권을 교체하는 민주화가 없이 통일논의도 통일도 이룰 수 없다는 "선 민주 후 통일 원칙"을 수립하였다.[16]

김대중의 민주평화사상은 '선 민주주의, 후 평화'로 요약된다. 한반도 평화는 민주적으로 확립되어야하며, 절대로 폭력과 억압으로 이루어져서는 안 된다는 것이다. 평화는 민주주의의 확장과 심화를 통해서만 이루어질 수 있다는 것이다.

냉전이 해체되고 남한에서 민주화가 일어난 이후 "선 민주, 후 통일론"은 "선 민주평화 후 통일"로 발전하게 된다. 김대중은 탈냉전 이후 북한의 생존이 위협받게 된 상황 하에서 남한이 단일 한민족국가로의 통일을 공개적으로 주장하면 할수록 북한으로 하여금 강제 흡수통합 될지 모른다는 두려움을 갖게 하고, 주변 국가들 (중국, 일본, 러시아)의 통일한국에 대한 의구심을 증폭시켜 그들의 한반도 통일에 대한 지지를

15) 김귀옥, 앞의 글: 17.

16) 김학재, 앞의 글: 67.

감소시키게 될 것이라고 생각했다. 그래서 탈 냉전기에는 통일담론을 버리고 민주적 평화담론으로 전환하는 것이 통일과 평화의 균형을 잡는 실사구시적이고 실용주의적인 통일방안이라고 생각했다. 한국이 북한과 진정으로 통일을 원한다면 독일처럼 통일을 이야기하지 말고 북한과 평화공존을 이야기해야하고, 독일이 동독을 국가로 승인하였듯이 북한을 주권국가로 대접하면서 정상적인 대화상대자(interlocutor)로 인정하면서 대화를 통한 평화를 유지해야한다고 주장했다. 그래야만 한반도 평화가 유지되는 가운데 통일의 기회가 주어졌을 때 우리는 재빨리 그 기회를 포착하여 한반도 통일을 이룩할 수 있다고 김대중은 생각하였다.[17] 김대중은 통일논의에 들어가기 전에 민주주의를 실천해야 민주적으로 한반도 평화를 구축할 수 있다고 주장했다. 먼저 남한이 민주화되어야 북한과의 평화를 염원하는 다수의 국민이 평화세력이 될 수 있다는 것이었다.

2) 경제평화론

김대중은 막스 베버가 이야기한 신념윤리에 집착하는 근본주의적인 정치인이 아니었다. 김대중은 항상 愛民 ("존경하고 사랑하는 국민 여러분")하고 국민의 슬픔에 애통해 하는 마음을 가진 애민(哀民)의 지도자였지만, 흑묘백묘론(黑猫白猫論)을 이야기한 등소평의 실용주의 리

17) 소설가 김훈은 [남한산성] 첫머리에서 "서울로 돌아가기 위해서는 서울을 버려야한다는 말이 그럴듯하게 들렸다"로 시작하고 있다. 인조가 남한산성에서 혹한의 겨울 한복판에서 청태송 (홍타이치)의 대군에 포위되어 있을 때, 스스로 삼전도로 내려가 존명적이고 반청적인 재조지은(再造之恩)하고 있는 '서울'을 버리고 청태종에 대항한 죄에 대해 3배구고두(三拜九叩頭)를 하면서 용서를 빌어야 다시 서울로 환궁할 수 있다는 주화파 최명길의 말을 들음으로써 서울로 환궁할 수 있었다. 김대중은 통일이라는 명분론을 버리고 한반도 평화를 통해 남북한이 평화이익을 나누는 현실주의적이고 실용주의적인 평화를 통해 북한과의 접촉, 거래, 협력을 통한 '사실상의 평화통일'을 이룩할 수 있다고 믿었다.

더십을 갖고 있었다. 김대중은 위기 극복을 위해 신자유주의를 받아들이면서도 신자유주의로 인한 양극화, 대량실업의 고통에 애통해 하면서 '생산적 복지'라는 한국 역사상 최초의 본격적인 복지국가를 건설하려 하였다.

그의 애통해하는 마음은 북한동포로까지 확대되어 대북 햇볕정책을 추진하게 하였다. 그의 대북 평화정책은 철저히 에라스무스의 '경제평화론'에 기초하고 있었고 민생주의를 지향하였다. 유럽최고의 인문주의자인 에라스무스 (Erasmus, 1466-1536)는 프로테스탄트와 가톨릭 간의 종교전쟁의 핵심 전장이었던 네덜란드 출신의 가톨릭 신부였다. 카톨릭 신부였음에도 불구하고 그는 가톨릭 편을 들지 않고 "가장 불리한 평화가 가장 정의로운 전쟁보다 더 낫다"라고 하면서 유럽국가 간의 종교전쟁을 반대하였다. 그가 전쟁을 반대한 것은 이데올로기적인 이유에서가 아니라 전쟁과 평화의 이득과 비용에 관한 공리주의적 계산에서 나왔다. 전쟁의 비용과 전쟁으로 인한 파괴는 평화유지비의 10배가 넘는다는 것이었다. 그래서 에라스무스는 전쟁론자들에게 "필요하면 평화를 사라"(If necessary, buy peace), 왜냐하면 우리가 참혹한 전쟁을 피할 수 있다면 평화를 사는 것은 겁쟁이가 아니라 오히려 용기있는 행동이기 때문이라고 이야기해주었다. 또한 김대중 대통령의 대북정책은 프랑스의 세종대왕인 앙리 4세와 같이 국민의 이익(民益)을 이데올로기의 상위에 두는 실용주의였다. 앙리4세는 오랜 종교전쟁에 시달리고 있는 국민들을 위로하면서 "하느님께서 허락하신다면, 나는 일요일이면 내 왕국의 모든 서민들의 냄비 속에 닭 한 마리를 넣어놓겠다 (chicken in the pot)"는 지극히 비이데올로기적이고, 비종교적이나 국민들에게 실질적 이익이 돌아가는 민생우선정책을 통해 종교 간의 화해를 모색했듯이, 김대중 대통령도 김정일의 독재에 시달리는 북한 주민들의 아픔에 애통해하면서 '퍼주기하듯이' 북한 주민을 경제적으로 도와주는 민생중심의 햇볕정책을 추진하여 반세기 이상 지속된 남북대결을 남북화해로, 남북대결체제를 한반도 평화체제로 전환하려하였다.[18]

3. 김대중의 평화구축 방법론: 실사구시적 절충주의

김대중의 평화구축 방법론은 실사구시적 절충주의(eclecticism)이다.[19]

> "나는 우리나라의 통일 문제라든가, 노동문제, 경제문제 등을 볼 때 항상 '서생적 문제의식과 상인적 현실감각의 균형을 지녀야한다'고 생각했습니다. 순수한 원리원칙에 입각해서 문제를 한번 보고, 그것이 현실에 어떻게 적용될 수 있는지, 현실에 맞는지 다시 생각합니다. 비슷한 얘기로 늘 내가 강조했던 것이 '망원경처럼 넓고 멀리 보고, 현미경처럼 좁고 깊게 봐야한다'는 것이었습니다. 대개 학자들은 서생적 문제의식으로 망원경같이 멀리 보지요. 정치인들은 상인정신을 생각하고요. 그 둘이 병행되어야지, 한쪽으로 기울면 실패해요."[20]

서생적 문제의식과 상인적 현실감각을 동시에 갖추어야한다는 균형감각은 김대중으로 하여금 절충주의적 방법론을 통해 실사구시적 평화구축방법론을 모색하게 하였다. 김대중은 미국과의 동맹을 강화해서

---

18) 임혁백, *대선 2012, 어떤 리더십이 선택될 것인가?*, 141-143.

19) 실사구시적 절충주의 (eclecticism)에 관해서는 Hyug Baeg Im, *The Possibility of Peace in the Korean Peninsula* (Seoul: SNU Press, 2017), 14-21.

20) 김대중, 박명림, 앞의 글: 33.

외적 균형(external balancing)을 만들어 낼 수 있을 때 대북 평화협상에서 유리한 위치에 설 수 있다는 현실주의적인 대외정책을 채택하였고, 북한과의 접촉, 거래, 교환, 소통의 증대가 넘쳐흘러 (spill-over) 남북한 간의 정치적 평화가 확산될 것이라는 자유주의적인 기능주의(functionalism)의 틀로 햇볕정책을 실시하였다. 전후 독일이 민족주의를 버리고 유럽의 일원으로서 독일로의 탈 민족주의화를 통해 독일통일을 달성한 브란트와 겐셔의 국제주의적 독일통일론에서 김대중은 탈 민족주의, 국제주의와 탈 통일지상주의를 통해 한민족의 재통합과 재통일의 기반을 쌓으려 했다. 김대중은 70년간의 분단으로 이질적인 정체성을 갖게 된 남북한의 주민들이 통합된 한반도적 정체성을 구성해야한다는 구성주의 (constructivism)가 남북평화를 정착시키고 지속가능하게 하는데 긴요하다는 인식을 하고 있었다.[21]

1) 현실주의(realism)

김대중은 한반도 평화문제에 접근하는데 있어서 항상 '서생적 문제의식과 상인적 현실감각'을 중시했다. 또한 김대중은 한반도 평화통일이야 말로 그에게 맡겨진 시대적 소명이라는 인식을 갖고 있었다.

그런데 김대중이 정치를 시작한 1960년대는 국내적으로는 박정희의 반공군사정권이 지배하고 있었고, 국제적으로는 국제적 냉전체제가 강고히 뿌리내리고 있었다. 이러한 국내적, 국제적 조건 하에서 평화통일이라는 것은 생각조차 할 수 없는 것이었다. 4.19혁명 이후 대학생들이 평화통일이라는 담론을 꺼낸 것이 박정희가 이끄는 군부세력에게 쿠데타를 시도하게 한 명분을 주었다는 사실을 김대중은 생생하게 기억하

21) Hyug Baeg Im, *The Possibility of Peace in the Korean Peninsula*, 25-39.

고 있었다.

김대중은 '한반도 평화'라는 서생적 문제의식을 실현하기 위해 엄혹한 냉전구조를 인정하는 상인적 현실감각을 갖고 있었다. 그는 대한민국이 안고 있는 안보딜레마를 이해했고, 한반도 평화는 한미동맹의 틀 내에서만 가능하다는 현실주의라는 상인적 현실감각을 갖고 있었다. 한국은 국내적 권력 자원에 의지하는 내적 균형(internal balancing) 만으로 북한, 중국, 일본과 균형을 이뤄낼 수 없다. 경제적으로나, 군사적으로나 한국이 가진 국력은 중국과 일본에 비해 크게 뒤떨어진다. 따라서 한국은 군사 동맹, 전략적 협력, 다른 국가와의 합작투자를 통해 외적 균형(external balancing)을 이루는 것이 중요하다. 내적 균형이 '재무장 또는 궁극적인 재무장을 지원하기 위한 경제성장의 촉진'을 통해 만들어진다면, 외적 균형은 군사적 동맹형성을 통해 만들어진다.[22] 내적 균형은 국가의 상대적 힘에 의존한다. 내적 균형의 경우, 영토국가는 내부적 권력 자원을 키워 경쟁국과 균형을 이뤄내려고 한다. 반대로, 외적 균형의 경우 원거리의 우호 국가와의 동맹 형성을 통해 외부적 권력 자원을 동원하여 균형을 이룸으로써 경쟁국의 위협에 대응한다.[23]

한국의 경우, 한미동맹의 강화가 한국과 북한, 한국과 중국과의 외적 균형을 형성하여 안보 딜레마를 해결하고, 동북아의 안정을 유지할 수 있다.

1971년 대통령선거에서 김대중은 처음으로 '4대국 안전보장론'을 제시했는데, 김대중은 4대국 안전보장은 미, 중, 소, 일 4대국이 균등하게 한반도의 안전을 보장한다는 의미가 아니고, 미국과 군사동맹을 통해 기본

22) Robert A. Pape, "Soft Balancing against the United States," *International Security*, 30 (2005): 15.

23) 전통적인 현실주의는 내적 균형을 강조한 반면, 신현실주의는 외적 균형의 핵심적 역할을 강조한다. Tanisha M. Fazal, "State Death in International System," *International Organization*, 58, no. 2 (2004): 315-316.

적으로 한국의 안전을 도모하고 안보딜레마를 해소하며, 나머지 3개국과는 우호관계를 유지하는 '1동맹-3우호체제'였다고 소회하였다.[24]

> "그런데 역사적으로 볼 때, 제일 중요한 게 미국입니다. 미국은 우리와 거리가 머니까 직접적 이해관계가 좀 약하고, 그래서 우리에 대한 영토적인 야심은 과거는 물론이고 지금도 없어요."[25]

김대중은 외적 균형을 달성해줄 동맹 파트너는 미국이어야 한다는 현실주의적 인색을 하고 있었다. 왜냐하면 미국 (American imperium)은 19세기의 유럽 제국주의 국가와 비교할 때 비-영토적 제국이라는 특징이 있다. 미 제국은 "제국의 근거지"로 전 세계적으로 700~1000개의 군사적 근거지가 있지만, 이는 해외 영토에 대한 지배를 위해 건설된 것이 아니다. 군사기지들은 미국의 안보 이익, 군사적 협력, 미국의 안보 동맹을 보호하고 안전하게하기 위한 군사적 네트워크의 일부이다. 따라서 미 제국은 "네트워크 제국"이라고도 불린다.[26]

김대중은 미국과의 동맹을 통해 한반도 평화와 경제발전이라는 국익을 극대화해야한다는 현실주의적인 인식하에 4대국 안전보장론을 제기하였고, 그러한 실용주의적이고 현실주의적인 문제의식은 김대중이 1997년 대통령이 당선된 뒤 햇볕정책을 추진할 때에도 계속되었다. 김대중은 햇볕정책을 통해 한반도 평화를 추구할 때에도 먼저 미국 클린턴 대통령의 양해를 구했고, 2000년 남북정상회담 전후에 김대중이 가

---

24) 김대중, 박명림, 앞의 글: 41.

25) 위의 글: 43.

26) 임혁백, "신중세적 국제사회로의 전환," *메가트렌드 코리아* (서울: 한길사, 2006).

장 먼저 취한 조치가 클린턴 대통령의 지지를 얻는 것이었고, 김대중의 햇볕정책에 관한 한미 간의 공조는 올브라이트 미국 국무장관의 평양방문과 북한의 조명록의 워싱턴 방문으로 이어지는 성과를 거두었다.

2) 기능주의 (functionalism)

기능주의 이론은 정치가 경제와 사회를 압도하고, 국제정치가 국내정치를 압도하고, 권력중심의 '높은 정치' (high politics)가 평화, 경제, 환경과 같은 '낮은 정치'를 압도하는 냉전기에 한반도 평화구축을 위해 경제를 정치와 분리시키고(탈정치화), 경제협력이라는 부분체제(partial regime)에서 교류와 협력을 증대시켜 정치공동체간의 평화로의 파급효과 (spill-over)를 노려야한다고 주장한다. 기능주의의 핵심은 비정치적 분야의 교류와 거래의 확대는 정치적 분야의 통합으로 파급될 것이라는 낙관적 가정에 기초하고 있다.

기능주의 이론은'반복되는 죄수의 딜레마' (Reiterated Prisoner's Dilemma) 게임에 기초하고 있다.[27] 죄수의 딜레마 게임에서 행위자들은 국가 통일을 위한 각각의 최선책으로 국가 분단을 선택한다. 그러나 반복되는 게임은 평화와 통일이 모든 사람들의 이익, 즉 공동선(public good)이라는 것을 모든 행위자들에게 알려준다. 계속되는 거래, 교류, 소통은 모든 사람들에게 평화가 가져다 주는 이익을 가르치고, 국가 분단은 장기적으로 엄청난 비용을 지불하게 한다는 것을 가르쳐 준다. 분단의 지속이 초래하고 있는 현 상황에 대해 우려하는 행위자들이 자발적으로 평화를 선택하게 하는 게임은 반복적인 죄수의 딜레마 게임과

27) Michael Taylor, *The Possibility of Cooperation* (Cambridge: Cambridge University Press, 1987); Robert Axelrod, *The Evolution of Cooperation* (New York: Basic Books, 1984).

매우 유사하다. 상호적 교류와 소통의 증가는 행위자들로 하여금 상호 의존과 협력으로 인한 이익을 인식하게 한다. 그리고 한 영역에서의 통합은 전체 사회로 확산된다. 즉, 한 영역의 부분적 통합이 다른 영역으로 확산됨으로써 최종적으로는 전체 사회의 정치적 통합과 평화가 이루어진다는 것이다.

기능주의의 주요 문제점은 교류와 소통의 증가가 반드시 상호 의존과 협력에 따른 이익을 제공하지는 않으며, 협력으로부터 얻을 수 있는 이익의 공정한 분배 역시 보장해주지 않는다.[28] 또한 교류의 증가는 상대방의 세력에 대한 멸시와 질투를 증폭시켜 새로운 긴장을 만들어낼 수 있기 때문에 통합이 공동선이 아닌 '공공의 악(public bad)'으로 간주될 수 있다. 만약 행위자들이 통합을 공공의 악으로 인식한다면 그들은 이전에 그들이 협력하기로 한 평화와 통합의 약속을 철회하기 쉽다.

그림 2-1 **대안적 통합전략**

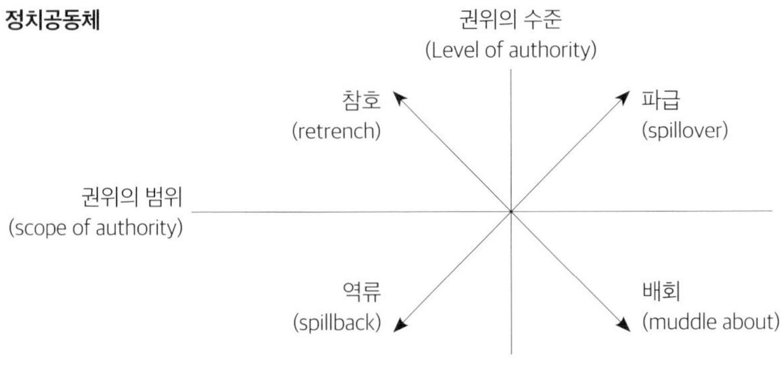

자료: Philippe C. Schmitter, 1970: 845.

김대중 대통령은 2000년 남북정상회담에서 남측의 연합제안과 북

28) Philippe C. Schmitter, "A Revised Theory of International Integration," *International Organization*, 24, no. 4 (1970): 836-868.

한의 낮은 단계의 연방제 안에 원칙적으로 합의한 뒤, 한반도 평화를 추진하는 구체적인 방안은 기능주의적으로 추진하였다. 남북정상회담 이후 남한과 북한 사이에는 다양한 수준에서 비정치적인 대화와 협력이 이루어졌다. 이산가족상봉, 경제협력, 도로와 철도가 연결되기 시작했고, 대규모의 한국 관광객들이 금강산을 관광하고, 한국기업들이 개성공단에 투자하여 상품을 생산하기 시작하였다. 이러한 교류와 협력을 보장하기 위해 남북한은 제도와 법적인 협정에 서명하였으며 상호경제협력에 대한 원칙들을 정비하고 공동통치조직(condominium)을 설치했다. 이로써 경제적 협력이 정치적 남북통합으로 파급, 확산될 수 있다는 신기능주의 (neo-functionalism)적인 낙관주의가 김대중 정부 하에서 형성되었다.

3) 탈민족주의와 국제주의

김대중은 한반도평화를 모색하는 방법으로 민족주의가 아닌 국제주의를 선택하였다. 김대중의 국제주의는 독일통일의 기초를 쌓은 브란트의 동방정책에서 배운 바가 크다. 브란트는 독일통일에 대한 이웃나라들의 공포와 두려움을 해소하기 위해서는 독일이 스스로 게르만 민족주의를 포기하고 유럽의 일원으로서 독일로의 정체성을 재확립하고 초국가적인 유럽연합의 일원으로서의 독일로 거듭나야한다는 것을 알았다. 브란트는 폴란드를 방문하여 전쟁범죄에 대해 무릎 꿇고 사죄하였고, 할슈타인 원칙을 폐기하였고, 동구 국가들과 불가침협정을 체결하였고, 동독정권의 주권을 인정하고 흡수통일을 포기하였고, 독일-미국 동맹을 강화함과 동시에 유럽공동체 국가와의 유대를 강화함으로써 독일이 민족주의 방식으로 유럽을 재패하려는 패권국가가 아니라 유럽공동체의 일원으로

써 유럽평화를 추구하는 평화국가라는 것을 보여주었다.[29]

김대중 대통령은 전임 노태우 대통령의 국제주의를 계승하였다. 노태우 대통령은 1988년 서울올림픽을 계기로 냉전의 종식이 가져다 준 기회를 포착하기 위해 '북방정책'을 추진하였다. 노태우 대통령의 북방정책은 한반도의 냉전이 국제적 요인에 의해 결정된 측면이 강하다는 가정 하에 먼저, 주변국과의 관계를 정상화하고 미국과의 동맹을 확고히 한 후에 남북한 간에 민족 내부의 문제를 해결함으로써 한반도 평화를 달성하려했다는 점에서 브란트의 동방정책과 유사성이 있었다. 노태우 대통령은 1991년 4월 한소 수교를 바탕으로 1991년 9월 27일 남북한 유엔동시가입을 성사시켰다. 남북한 유엔동시가입으로 남한과 북한은 이제 국제사회를 대표하는 유엔으로부터 독자적인 주권국가로 인정받게 되었고, 현실주의적인 입장에서 북한을 사실상의 주권을 가진 영토국가로 인정하면서 실효적인 대화와 협상을 할 수 있게 되었다. 노태우 대통령은 한반도의 지정학적 문제를 국제주의적으로 풀어나갔다. 과거 적성국가인 소련과 중공과 수교와 관계정상화를 통해서 남과 북의 두 개의 실효적인 영토국가를 국제적으로 승인받은 후, 노태우 대통령은 북한의 김일성과 두 개의 대등한 주권국가로서 남북기본합의서, 남북불가침협정이라는 한반도 탈냉전의 기념비적인 문서를 만들어 내었다.

김대중 대통령은 브란트와 노태우대통령의 국제주의를 계승하였다. 김대중은 한반도평화에 대한 외적 제약요인을 제거하고 난 뒤 북한 정권과 대화와 협상에 들어갔다. 김대중 대통령의 국제주의는 2000년 3월 베를린 자유대학 연설에서 시작되었다. 소위 '베를린 선언'으로 불

29) 임혁백, "한반도는 또 다른 통일독일이 될 수 있을까?," 임혁백, 이은정 편, *한반도는 통일독일이 될 수 있을까?* (서울: 송정, 2010), 14-31.

리는 이 연설에서 김대중은 북한에 화해와 협력을 제안하고 우리는 흡수통일을 하려하지 않는다고 단언하였다. 그리고 남북 간의 화해와 협력을 가능한 분야부터 적극적으로 추진할 것이라는 원칙을 천명했다.

김대중 대통령은 북한의 김정일과 정상회담에 들어가기 전에 회담의 외적 제약요인을 제거하였다. 김대중 대통령은 1998년 6월 10일 미의회 상하양원 합동회의 연설에서 "우리는 북한의 무력도발을 용납해서는 안 됩니다. '힘에 의한 평화'를 확고히 지켜나가야 합니다. 우리의 목적은 전쟁이 아닙니다. 북한과의 평화적 교류.협력을 추구할 뿐입니다."[30] 상하원 합동연설에서 김대중 대통령은 북한과의 대화가 한미동맹을 약화시키지 않을까하는 미국의 우려를 해소하기 위해 노력하였던 것이다. 2000년 3월 베를린 대학 연설에서 김대중은 브란트가 동독과 유럽국가 들에 한 것과 같이 '접촉을 통한 변화'와 일관된 교류와 협력을 강조하였다. 북한의 안전을 보장하고, 북한의 경제회복을 돕고, 북한의 국제적 진출에 협력하겠다고 약속하였다. 김대중의 햇볕정책은 북한의 변화를 유도하기 위해 화해와 협력을 통해 남북관계를 개선하고 북한의 개방과 시장경제로의 개혁을 유도하고, 평화공존을 통해 남과 북이 '사실상의 통일' 상황 즉 한반도 평화체제를 구축한다는 것이었다.

김대중 대통령은 역사적인 6.15정상회담이 성공리에 이루어진 후에 가장 먼저 미국에 파견한 뒤 중국, 소련, 일본에 특사를 파견하여 6.15정상회담에서 이루어진 남북합의를 승인받아 내었다. 김대중 대통령의 국세주의가 빛나는 순긴이있다. 김대중 대통령은 4대국이 각지 이혜가 다르지만 한반도에서 평화가 깨지는 것을 바라지 않을 테니까 우리를 지

30) 전재성, "김대중 정부의 대북 햇볕정책과 외교전략,"박명림 편, 1987년 *민주헌정체제의 등장과 운영Ⅱ: 김대중* (서울: 카오스북 2017), 179-180.

지해달라고 요청하고, 우리는 당신네들 나라에 불리한 짓을 하지 않을 테니까 우리를 믿고 신뢰해달라고 설득하고, 이를 바탕으로 북한과의 신뢰를 구축하였다.[31]

김대중의 국제주의적 접근에서 미국 그리고 한미동맹은 한반도 평화의 린치핀이다. 그러나 김대중은 미국이 제일 중요하다는 것, 한미동맹이 중요하다는 인식을 하고 있다는 것이 김대중이 반중국, 반러시아, 반일본 정책을 취하고 있다는 것을 의미하지 않는다. 김대중은 역사적으로나 현실적으로나 미국이 제일 중요한 것은 사실이나, 러시아, 중국, 일본도 우리에게 모두 중요하다는 인식을 하고 있었고, 미국과의 동맹관계가 주변국들의 이해와 상충되지 않는다고 생각하고 있었다.[32]

4) 구성주의 (constructivism)

김대중은 구성주의 시각에 의거하여 민족의 개념을 재구성하여 한반도 평화를 달성하려하였다. 구성주의는 정체성이 주어진 것이라는 본질주의 (essentialism) 또는 시원주의 (primodialism) 시각에 따라 정체성을 정의하지 않고, 정체성은 시간과 맥락에 따라 변화하는 사회관계로 보면서, 정체성은 불변이 아니라 끊임없이 새롭게 구성된다고 본다. 구성주의자들은 "사람들은 정체성을 가지고 태어나는 것이 아니라 정체성을 생산하고 또 재생산 한다"고 이야기한다.[33]

베네딕트 앤더슨 (Benedict Anderson)은 민족(nation)을 '상상

31) 김대중, 박명림, 앞의 글: 52.

32) 위의 글: 53.

33) 노명환, "분단국의 민주주의와 통일정책의 상호관계: 구성주의 이론과 하버마스의 공론장 개념을 적용한 빌리 브란트와 김대중의 민주주의 이념과 정책, 분단극복 방안에 대한 비교를 중심으로,": 198.

된 공동체'(imagined community)로 보았다.[34] 에릭 홉스봄 (Eric Hobsbawm)은 이를 역사적 사례에 적용하여 '민족주의가 민족에 선행하며 민족주의가 민족을 만든다'고 이야기하였다.[35] 말하자면 어떤 민족주의를 집단적으로 상상했는가에 따라 '민족'의 성격이 결정되고 만들어진다는 구성주의적 민족개념을 발전시켰다.

빌리 브란트와 김대중의 분단극복과 평화통일 만들기는 구성주의적으로 이루어졌다. 브란트는 독일 민족주의를 파시즘적, 종족적, 혈통주의적 문화 민족주의 (Kulturnationalismus)에서 민주주의적, 국제주의적, 속지주의적 시민 민족주의(civil nationalism)으로 변화시킴으로써 독일민족이 유럽시민이 될 수 있었고, 같은 유럽시민으로서 이웃나라의 시민들과 평화롭게 공존, 공영할 수 있었고, 독일 국민들이 유럽시민의 일원임이 국제적으로 인정받음으로써 독일국민들은 전쟁을 일으킨 범죄자로서의 속죄를 이웃 나라로부터 받을 수 있었고, 통일의 기회가 왔을 때 주변국들이 독일국민들이 재통일하는 것을 허용해주었다. 말하자면, 브란트는 탈냉전, 탈근대적인 민족주의를 가지고 유럽적인 정체성과 세계 공동체의 초국가주의 정체성을 가진 독일민족을 새롭게 구성해 냄으로써 독일민족이 유럽통합의 주역이 되게 하였고, 궁극적으로는 유럽의 일원으로서의 통일독일을 달성할 수 있었다.[36]

김대중도 화해와 협력, 햇볕정책을 통해 지배 담론을 냉전, 반공담론에 기초한 '선 건설, 후 통일' 정책에서 '선 민주화, 후 통일'을 지배적인 담

34) Benedict Anderson, *Imagined Communities: Reflections on the Origins and Spread of Nationalism* (New York: Verso, 1991).

35) Eric J. Hobsbawm, *Nations and Nationalism since 1780* (Cambridge: Cambridge University Press, 1992).

36) 노명환, "초국가주의 민주주의 평화사상과 지역공동체의 추구 및 분단극복 정책: 빌리 브란트의 동방정책과 김대중의 햇볕정책의 비교사적 연구," *EU연구*, 30 (2012).

론으로 재구성할 수 있었다. 김대중은 한반도 평화가 담론에서 정책으로 전환되기 위해서는 민주화를 통해서 민주주의가 한국 국민의 지배적인 담론으로 자리잡아야한다는 '선 민주 후 통일' 담론을 제시하였다.

구성주의 입장에서 김대중은 남한에서 민주주의와 시장경제가 지배적인 민족적 담론으로 정착하고 민주주의와 시장경제가 깊이 뿌리내렸을 때 북한과 경제교류, 협력 및 화해 과정을 통해 북한에 시장경제와 민주주의를 자연스럽게 진입시키고, 정권차원의 접촉에서 시작하여 민간차원의 접촉으로 발전할 수 있다는 것이다.[37] 구성주의 시각은 민주화, 시장화를 통해서 지배담론이 변화하고 남한의 민족주의가 냉전, 반공 민족주의에서 시민, 민주 민족주의로 새롭게 구성될 때 남북 간의 교류와 협력을 통한 평화의 기초를 쌓을 수 있다고 본다.

4. 김대중의 한반도 평화 정책: 4대국 안전보장론에서 햇볕정책까지

1) 4대국 안전보장론

냉전기에 김대중은 한반도의 지정학적 특성을 파악하고 있었고, 지정학적 제약조건(constraining conditions)을 지정학적 가능조건(enabling conditions)으로 바꾸어놓아야 남북 간에 한반도 평화가 구축될 수 있다고 믿었다.

한반도는 동아시아의 십자로이다. 한반도는 대륙세력이 해양으로

37) 위의 글: 224.

진출하는 관문이었고 해양세력이 대륙으로 진출하기 위한 다리의 역할을 하였다. 원제국은 합포 (마산)에 해군기지를 건설하고 고려와 함께 일본을 침략했으나 가미카제 (神風)라는 태풍을 만나 실패하였다. 일본의 도요토미 히데요시는 임진년 1592년 "중국 명나라를 정복하기 위한 길을 내어 달라고"(征明假道) 요구하면서 조선을 침략하였다.

대륙세력과 해양세력의 교차점에 위치한 한반도의 지정학적 가치는 대륙세력과 해양세력 모두에게 한반도를 자신을 지켜주는 입술이라는 인식을 하게 하였다. 중국 당제국은 신라라는 입술이 없으면 발해와 일본의 공격으로 중국의 이가 시리다는 순망치한(脣亡齒寒)의 외교 원리로 신라와의 동맹을 굳건히 하였고, 남송의 사신은 고려 사신에게 고려가 금으로부터 남송을 지켜주는 입술 같은 존재라고 고려의 지정학적 가치를 높게 평가하였다. 인천상륙작전으로 궁지에 몰린 김일성이 마오쩌뚱에게 파병요청을 했을 때, 마오쩌뚱의 부하 장군들은 1949년에 간신히 중국 대륙을 통일하고 아직 국내에 불안요소를 제거해야할 일이 많다면서 파병을 반대하였으나, 마오쩌뚱은 북한은 중국을 지켜주는 입술이라는 순망치한의 논리로 부하들에게 조선파병을 설득했다.[38)]

메이지 유신 지도자 야마가타 아리토모 (山縣有朋)는 조선은 일본의 심장을 겨누는 비수라고 하면서 그 비수가 중국의 손에 들어가기 전에 조선을 정벌해야한다는 정한론 (征韓論)을 주장했다. 중국의 명나라는 국력쇠퇴기에도 불구하고 도요토미의 조선출병을 저지하기 위해 조선을 지원하는 대규모 구원병을 보내있다.

냉전기에 남한과 북한은 각각 해양세력인 미국과 일본, 대륙세력인 중국과 러시아의 입술의 역할을 하였다. 양대 진영의 입술국가인

38) 임혁백, *한반도와 동아시아의 안보와 평화* (서울: 한울출판, 2014), 374.

남한과 북한은 지정학적 가치를 인정받아 미국과 중국으로부터 경제적 원조를 받았으나, 미국과 중국이 대치하는 냉전적 안보지형은 한국과 북한이 자율적으로 평화를 모색할 수 있는 길을 차단하였다. 동아시아에서 국제 사회주의를 수호하는 전위국가인 북한과 동아시아의 공산화를 저지하는 전초국가 (outpost state)인 남한이 지정학적 경계(geopolitical boundary)를 벗어나서 자율적으로 상호 대치상태를 해소하고 한반도의 평화를 구축한다는 것은 난망한 일이었다.

김대중은 1971년 박정희와 맞붙었던 대선에서 '3단계 통일론'과 '4대국 안전보장론'을 제시했다. 엄혹한 국제적 냉전과 국내적 반공독재 상황에서 이러한 담대한 한반도 평화론을 제시했다는 것은 김대중이 비전과 함께 불굴의 용기를 지닌 지도자라는 것을 보여준다.

김대중의 4대국 안전보장론은 미국, 소련, 중국, 일본이 대한민국과 조선민주주의 인민공화국으로 분단된 두 개의 정권을 모두 독립된 국가로 인정하고, 4대국이 한반도에서 발생하는 침략전쟁을 견제하고 억제하도록 보장하자는 내용이었다.

> "...우리는 어떠한 나라라도 우리나라의 전쟁을 구걸하지 말고 도발하지 말고 침략시키지 말고 국제적으로 이용당하지 않고 이래 가지고 우리 운명은 우리 민족이 결정한다는 것을 손대지 말라..."[39]

4대국 안전보장론에서 김대중은 한반도를 둘러싼 4대국의 대칭적 세력균형을 상정하고 있지 않았다. 박명림 교수와의 2008년 『역사비평』 대담에서 김대중은 4대국과 한국과의 관계를 '1동맹-3우호체제'라

39) 대한민국 통일부, "김대중 대통령의 육성파일 공개: '3단계 통일론'이란 무엇일까?"(2020. 6. 30).

는 비대칭적 균형과 견제를 상정하고 있었다고 고백하였다.[40] 세계최강의 미국과의 군사동맹의 뒷받침 하에 중국, 러시아, 일본과 우호체제를 구축해야한다고 주장하였다. 4대국과 좋은 관계를 맺으면서 이들 4대국이 상호견제를 하게하여 한국과 북한이 자율적으로 평화를 구축할 수 있는 공간을 만들어야한다는 것이었다.

4대국 안전보장론에서 김대중은 '동맹을 통한 평화'라는 현실주의적인 평화론을 제기하였다. 미국과의 동맹은 4대국의 한반도 안전보장을 저해하는 장애요인이 아니라 촉진요인이라는 것이다. 그리고 4대국 중 가장 원거리에 있고, 영토적인 야심이 없는 미국과 원교근공(遠交近攻)의 원리에 따라 동맹을 유지하면 한국은 주변 4대국에 대해 더욱 자주적이 될 수 있고, 북한과도 민족적 차원에서 평화를 논의할 수 있다는 것이다. 그리고 4대국이 이이제이(以夷制夷)의 원리에 따라 한반도를 둘러싸고 상호 견제와 균형을 추구하게 하면, 4대국은 경쟁적으로 한반도의 안전을 보장하려 할 것이고, 남북한의 평화구축 노력에 대한 외적 제약이 상당부분 제거될 것이라는 주장이었다.

> "이 4대국가가 공동책임을 지고 한국에서 전쟁을 억제하고, 공동책임을 지고 한국의 통일방안에 협조하도록 서로 이해를 대립시켜 가지고 한국의 통일에 협조하도록 서로 이해를 대립시켜가지고 한국에 손을 못대게 하는 그런 슬기로운, 이 '체크 앤드 밸런스'라는 이러한 정책을 추진해 나가야할 것이다."[41]

40) 김대중, 박명림, 앞의 글: 42-43.

41) 김대중, "3단계 통일방안, 1972. 6. 6,"

2) 3단계 통일방안

1972년 미국 대통령 닉슨이 중공과 소련을 방문하여 냉전 속에서도 평화공존을 모색하는 데탕트 시대가 열리면서 김대중이 1971년 대통령 선거 유세에서 제기한 4대국 안전보장론을 실현할 수 있는 국제적 환경이 조성되었다. 이점에서 김대중의 4대국 안전보장론은 시대를 앞서가는 혜안이 아닐 수 없다.

데탕트 시대에 4대국 보장이 실현가능한 대안으로 떠오르자 남과 북의 지도자들도 대화를 통해 자주적, 자율적으로 한반도 평화를 위한 대화를 시도하였다. 1971년 최두선 대한적십자사 총재가 제의한 이산가족을 찾기 위한 남북적십자사 회담에 북한이 호응함으로써 20차례에 걸친 예비회담을 거쳐 1972년 8월 29일에 분단 이후 최초의 남북회담이 열리게 되었다. 김대중이 1971년 선거 때 4대국 보장론과 함께 제의했던 남북 간의 인도적 교류, 문화적 교류가 김대중을 반대했던 냉전세력에 의해 실현된 것이다. 남북한도 독일과 같이 '접촉을 통한 평화'의 첫걸음을 띤 것이다. 이러한 남북적십자회담이 진전되면서 1972년 7월 4일 냉전이후 처음으로 남북은 '7.4 남북공동성명'을 통해 한반도 긴장완화와 평화구축에 합의하였다. "7.4 남북공동성명"이 서울과 평양에서 동시에 발표되면서 한반도도 대화국면에 들어섰다.

김대중은 이러한 국제적 데탕트와 국내적 대화국면의 전개에 맞추어 평화적 공존, 평화적 교류의 확대, 평화적 통일의 3단계 통일방안을 제시하였다.[42]

첫째, 평화적 공존은 국내적 공존과 국제적 공존으로 나누어 설명하

42) 김대중, "1972년 2월 24일 동경 외신가자클럽 회견문," 김대중, *나의 길 나의 사상: 세계사의 대전환과 민족통일의 방략*, 303; 김대중, "3단계 통일방안," *후광 김대중 대전집 3*, 92-145.

겠습니다. 국내적 공존을 위해서는 무엇보다도 전쟁억제와 긴장완화에 대한 확고하고 효과적인 조치를 취해야 할 것입니다. 여기에는 남북 간의 부전선언, 평화 협정, 감시기구의 확대개편 등이 고려될 수 있을 것입니다. 한반도에서 진정한 평화를 위해서는 과거 70년 동안 이 땅에서의 실제 전쟁에 참가했으며, 지금도 남북 어느 쪽과 군사협정을 맺거나 이에 준하는 관계에 있는 미국·소련·중국·일본의 국교가 정상화되고 아시아에 있어서의 4대국에 의한 불가침조약 기운이 성숙할 때 하나의 명백한 현실로 등장할 수 있을 것입니다...

둘째, 평화적 교류의 확대는 무엇보다도 남북 간의 증오와 불신, 그리고 정치. 경제, 사회 모든 부문의 격차를 완화시키고 통일의 기본조건이 되는 동질성 회복을 위해 절대로 필요한 것입니다. 그러한 의미에서 현재 추진 중인 적십자회담의 의의는 큰 것이며, 앞으로 기자 교류, 문화.예술.학문의 교환, 체육교류, 방송의 상호청취, 그리고 경제적 교류를 하나하나 착실히 진행시켜 나가야할 것입니다. 남북통일의 성패는 실로 이러한 교류를 얼마만큼 성공적으로 추진시켜서 동포애와 국민적 동질성을 회복실 수 있느냐에 달려있다고 믿는 것입니다...

셋째, 마지막으로 우리가 열망하는 평화적 통일을 현실적으로 이룩하는 시기가 과연 어느 때쯤 될 것인지는 지금으로서는 전혀 예견할 수가 없습니다. 이는 우리가 먼저 평화적 공존과 평화적 교류 확대에 성공해서 남북 양쪽 모두 통일이 되더라도 두려움 없이 살 수 있다는 확신이 성립되는 동시에 국세정세가 한반도의 통일을 긍정적으로 받아들이고 협력할 만큼 완화되는 국내·국제적 여건이 성숙되었을 때 비로소 가능하다고 믿는 것입니다.[43]

43) 김대중, "7.4 남북공동성명을 어떻게 볼 것인가," 1972년 7월 13일 외신기자클럽회견문.

냉전기에 김대중의 한반도 평화정책이 축약되어 있는 '3단계 통일안'은 기본적으로 평화적 공존과 평화적 교류협력에 초점이 맞추어져 있었다. 마지막 단계인 평화적 통일은 장기적으로 우리 한민족이 지향해야할 소망스런 목표로 설정되어 있지 단기간에 실현가능한 정책목표로 설정되어 있지 않았다. 김대중은 박정희 정권이 추진하였던 남북적십자회담과 7.4 공동성명을 적극적으로 환영하였고, 자신이 1971년 대통령 선거에서 밝힌 4대국 보장론이 1972년 국제적 데탕트로 실현됨으로써 가능하게 되었다는 자부심을 표현하였다.

그러나 7.4 공동성명의 잉크가 마르기 전에 유신체제가 수립된 이후 남북대화가 단절되고 남북이 다시 대화에서 대결상태로 복귀하는 것을 보면서 김대중은 독재자의 정치적 목적에 따라 평화체제가 이용되는 것을 막을 수 있는 민주주의가 평화체제 구축에 필수적이라는 '민주적 평화론'을 확신하게 되었다.[44] 민주주의 하에서만 주권자인 국민이 지도자가 평화체제를 대결체제로 회귀시키려는 시도를 감시하고 견제할 수 있기 때문이다. 이러한 논리로 김대중은 민주정부 만이 평화를 만들고 유지하고 관리할 수 있다는 '선 민주, 후 통일'을 주장하였다.

민주정부만이 전국민의 자발적인 지지를 얻을 수 있고 국토방위에 헌신하도록 만들 수 있다. 이것은 남한 정부가 자유와 정의와 인간의 존엄성을 보장해야만 비로소 북한과의 평화적인 대화가 가능하다는 것을 의미한다... 또한 4대 강국과 세계여론도 남북대화를 지지해줄 것이다...평화적인 해결은 민주정부의 자주적인 노력과 국내의 협력이 교묘하게 결합되었을 때 비로소 가능해진다...요컨대 동아시아의 평화는 한반도의 긴장완화를 필요로 하며, 이것은 다시 평화공존과 대화를 위한

44) 김용철, "현대 평화이론의 관점에서 본 김대중의 평화관," *현대정치연구*, 14 (2021): 16.

성실한 태도를 필요로 한다. 그러나 남한에 민주주의가 회복되어 국민의 전폭적인 지지를 받지 않으면 대화는 불가능하다. 국민의 지지를 받는 정부만이 북한을 의미있는 대화에 참여시킬 수 있다.[45]

김대중이 '선 민주 후 통일'론에서 예견한 바와 같이 한반도평화를 위한 진정한 남북 간의 대화는 국제적 냉전의 종식과 한국의 민주화가 이루어진 이후에야 이루어질 수 있었다.

3) 공화국 연합제 통일방안

1987년 민주화 이후 노태우대통령이 선출되었고, 노태우 대통령은 1988년 7.7선언을 통해 남북교류와 관계개선에 관한 방안을 발표하였다. 그런데 북한은 남북 간의 평화체제 수립에 관한 언급이 없다는 이유로 들어 7.7선언을 거부하였다. 이에 김대중은 남북한 평화체제에 관한 자신의 방안인 '공화국 연방제 통일방안'을 발표하였다. 먼저, 김대중은 1971년에 제시했던 3단계 통일방안을 제도적으로 정교화했다.[46]

첫째, 평화적 공존 단계에서 휴전이후 계속되고 있는 전쟁상태를 종식시키는 평화협정을 체결해야하며 평화협정 체결에는 전쟁에 참가했던 남북한 양 당국과 중국, 유엔군을 대표한 미국이 참가해야한다. 남한이 휴전협정에 서명하지 않았으니까 평화협정 당사자가 될 수 없다는 북한의 주장은 한국전쟁의 역사적 사실, 현실적 군사대치 상황, 군사협정의 효력에서 볼 때 설득력이 없다. 평화협정의 체결과 함께 남북한 상호 불가침 조약이 체결되어야한다. 평화협정과 불가침조약의 철저한 준수를 위한 감시 장치도 확립되어야한다. 미군철수와 군비축소 문제는

---

45) 김대중, "버클리대 연설, 1983년 5월 13일," *후광 김대중 대전집 3*, 159-160.

46) 김대중, "공화국 연방제 통일의 길," *후광 김대중 대전집 3*, 165-168.

남북쌍방과 군사동맹 그에 준하는 관계에 있는 미·일·중·소의 4대국이 적극적인 지지와 보장을 하고 유엔이 이를 지지하는 결의를 하는 등 다단계 보장장치가 만들어진 연후에 이루어지는 것이 바람직하다.

둘째, 평화적 공존체제가 이루어진 이후에 정치·경제·사회·문화·체육·언론·학생 등 모든 분야에서 적극적인 평화적 교류가 확대되어야 한다. 김대중은 이러한 평화적 교류의 확대의 진정한 목적은 민족의 화해와 동질성을 회복시켜 평화적인 한반도 정체성을 구성하는 것이라고 하였다. 그리고 기능주의적으로 남북 간의 경제교류를 활성화하고 무역을 증대하여 경제적 상호의존을 심화시켜 남북이 평화이익 (peace intersts)를 공유할 수 있어야한다고 주장했다.

셋째, 김대중은 공화국 연방제안에서 통일을 단기적 목표로 설정하지 않았다.

> 통일은 민족의 지상과제임은 사실이다. 그러나 이것은 가장 어려운 지상과업인 것도 틀림없다. 따라서 통일에는 불같은 정열과 얼음같은 이성이 필요하다...지금 당장에 완전한 통일은 불가능하다는 점도 안타까운 일이지만 사실로서 직시하지 않을 수 없다.[47]

> 김대중은 통일에의 열망과 확신을 간직하면서 미래에 축복처럼 돌발적으로 오게 될 통일에 대비하여 착실하게 통일방안을 개발하고 준비해야한다는 입장을 밝히면서 그가 생각하고 있는 1민족 2체제의 원칙에 의한 공화국 연방제 (또는 연합제) 통일방안을 제시하였다.[48]

---

47) 위의 글, 168.

48) 위의 글, 168-170.

1995년 8월에 완성된 "김대중의 3단계 통일론"은 통일의 3대 원칙을 자주, 평화, 민주로 설정한 뒤, 통일을 3단계로 나누어 1단계 남북연합, 2단계 남과 북의 지역자치정부로 구성된 연방제, 3단계로 중앙집권화된 미국, 독일식 연방제로 완전 통일되는 것을 지향했다.[49]

남북은 각기 통일정부로서 현재대로 기능하면서 중앙에는 초기에는 약간은 상징적인 통일기구를 수립하여 통일에의 제1보를 내딛는다...남북 양측정부는 독립정부로서의 완전한 자격을 갖는다. 다만 양 정부는... 파견한 동수의 공동대표에 의해서 통일기구, 즉 연방을 설립한다. 이 통일기구에는 통일의회와 통일행정기구를 두어서 양측 독립정부가 합의하여 그 권한을 논의하고 집행한다....제1단계에서 남북간의 믿음과 협력이 늘어남에 따라 양측 정부는 자기들이 합의한 만큼의 권한을 점차적으로 중앙의 통일기구에 이양할 수 있다. 그리고 마침내는 완전한 단일정부를 형성할 수 있는 것이다. 무엇보다도 이 공화국 연방은 7천만 한민족을 대표하여 단일 회원국으로 유엔에 가입한다.... 이러한 통일체제를 나는 북한의 연방공화국과는 다른 '공화국 연방'이라는 이름으로 명명한바가 있다...나의 제안은 북한의 안과는 달리 가장 현실적이며 가장 안전한 통일[50]의 출발점이 된다. 물론 이 안의 제1단계의 평화적 공존, 제2단계의 평화적 교류가 실현되면서 이루어진다. 내가 이안을 표했을 때 하바드대학의 라이샤워교수, 프린스턴대학의 리차드 펄크교수 등 많은 전문가들이...가장 합리적이고 현실적인 안이라고 적극 지지한 바 있다. 그리고 이제는 정부의 통일담당 각료조차 이를 지지하고 있

---

49) 아태평화재단, *김대중의 3단계 통일론: 남북연합을 중심으로* (서울: 한울, 1995).

50) 김대중, "공화국 연방제 통일의 길," *후광 김대중 대전집 3*, 169-170.

다... 우리는 통일을 원하면 원할수록 대한민국에서 확고한 민주체제 수립에 최우선적인 노력을 기울여야한다...민주주의는 통일에의 유일한 지름길이요 튼튼한 보장이다.

김대중의 공화국 연방은 사실상 국가연합에 더 가깝다. 북한이 주장했던 고려연방제는 사실상의 단일 통일국가인데 반해 김대중의 공화국 연방은 남북한 정부가 기본적인 주권을 유지한 채, 주권을 부분적으로 위임해서 구성한 통일의회와 통일정부를 가진 1국가, 1체제, 2지역자치정부를 가진 통일국가연합인 것이다.[51]

김대중은 대통령에 선출된 뒤에도 "3단계 통일론"과 "공화국 연방제안"이라는 자신의 통일론이 있었음에도 불구하고 통일을 전면에 내세우지 않고 '평화'를 이야기하고 화해, 협력에 관해서만 이야기하였다. 이는 김대중이 아직 통일의 비전을 이야기할 만큼 남북관계가 성숙하지 못했다고 판단했기 때문일 것이다.

4) 햇볕정책 1: 6.15 공동선언

1997년 12월 김대중은 4수 끝에 대한민국의 대통령으로 선출되었다. 김대중 대통령은 이제 한반도 평화를 달성해야할 책임을 지는 권력의 자리에 올라 선 것이다. 김대중은 대통령으로 선출되기 전 노태우 대통령의 북방정책을 지지했다. 7.7선언, 교류협력법, 한민족공동체선언, 남북기본합의서 등을 여소야대 정국을 이끄는 제1야당 총재로서 적극적으로 지지, 지원하였다.

대통령으로 선출된 후 김대중은 바람이 아닌 햇볕이 지나가는 행인

---

51) 김대중은 그 후 제도적 통일방안을 보다 구체화시켜 1연합 2독립정부 (공화국 연방제안)-> 1연방 2지역자치정부-> 1국가 1정부의 3단계로 구체화한 통일방안을 제시한다. 김용철, 앞의 글: 117.

의 옷을 벗겼다는 이솝우화에서 보는 바와 같이 대북압박보다는 교류와 협력이 북한사회를 변화시킬 것이라는 햇볕정책을 김대중 표 대북정책을 수립하였다. 김대중의 햇볕정책의 목표는 북한을 일방적으로 흡수통합하자는 것이 아니라 남북한 모두에게 고르게 햇볕을 비추게 하자는 것이라고 설명하였다.[52]

대북 화해와 협력을 근간으로 한반도 평화를 구축하려는 김대중의 햇볕정책은 2000년 3월 독일 베를린 자유대학에서의 연설에서 시작되었다. 소위 '베를린 선언'에서 김대중은 북한에 화해와 협력을 제안하고 한국은 흡수통일을 하지 않을 뿐 아니라 그럴 능력도 없다고 천명하였다. 베를린선언을 통한 대북 화해협력 제안에 북한의 김정일이 호응을 하여 역사적인 남북정상회담이 2000년 6월 평양에서 개최되었고, '6.15 공동선언'이라는 남북화해와 협력에 관한 역사적 문서를 탄생시켰다.

2000년 6월, 남북정상회담에서 평화와 통일문제와 관련해 남과 북이 접점을 찾았다. 이는 남북 통일논의에 있어 중대한 전환이 일어났다는 것을 의미한다. 남북의 정상은 이제까지의 비현실적인 통일을 위한 수사학적인 통일담론 경쟁에서 벗어나 체제우위를 확보하기 위한 통일담론보다는 현실적으로 실현가능한 남북 간 그리고 한반도의 평화체제 구축에 힘쓰겠다는 합의를 했다는 것이다. 다시 말해, 남북정상은 평화체제가 구축된 후에 통일을 논할 수 있다는 현실인식에 동의하고, 한반도 평화정착을 위해 남북이 공동으로 실천할 수 있는 방법과 내용을 모색하자는데 합의를 하였다.[53]

6.15공동선언은 첫째, 선언에 명시된 바와 같이 남한의 연합제와 북

52) 노명환, 앞의 글: 162-163.

53) 임혁백, *한반도와 동아시아의 안보와 평화*, 211-215.

한의 낮은 단계의 연방제 간에 공통점이 있다는 것을 남북이 공동으로 인식했다는 것에 합의했다. 한국의 연합제, 즉 남북연합은 사실상 국가연합(confederation)을 의미한다. '민족공동체 통일방안'에서 남북연합을 'Korean Commonwealth'로 표기하지만 그 내용을 들여다보면, 국가연합을 의미한다.[54] 통일원의 기본 해설 자료는 남북연합이 국제법이나 국제정치학상의 통합유형론에 나오는 국가연합이나 연방국가(federation) 성격을 갖지 않고 민족 내부의 특수관계라는 것을 강조하고 있으나 대부분의 논자는 국가연합과 비슷하다고 지적하고 있다.[55] 공영방(commonwealth)이나 체제연합도 국가연합(연합제)의 범주 속에 든다고 볼 수 있으며, 남북연합은 미국의 연합규약에 있는 국가연합(1781.3-1789.4) 형태를 기준으로 하면, '낮은 단계의 국가연합' 성격을 갖는다고 볼 수 있다[56].

북한도 연방제를 주장하지만 '고려연방공화국'이나 '고려민주연방공화국'의 영문자를 국가연합을 의미하는 'Confederation'으로 표기함으로써 통일국가의 형태가 연방국가가 아닌 국가연합이라는 것을 암시하고 있다. 더욱이 '낮은 단계의 연방제' 내용으로 남북 각 지역에 지역자치정부를 두고 이 자치정부가 각각 독자적인 군사권, 외교권, 내정권을 갖는다고 설명함으로써 사실상 국가연합이라는 것을 분명히 하고 있다.

북한의 낮은 단계의 연방제안은 민족공동체 통일방안의 중간단계인 남북연합안과 다음과 같은 유사성을 갖고 있다. 첫째, 두 안 모두 평화적 합의통일을 강조하고 있다. 둘째, 두 안은 통일의 완성상태가 아니

54) 장명봉, "남북통일방안의 접합점 확대를 위한 새로운 남북통일방안 모색," 한국통일포럼주최, *남북통일방안의 모색* (2000년 7월).

55) 김병기, "연방국가, 국가연합, 체제연합 비교연구,"민병천 편, *전환기의 통일문제* (서울: 대왕사, 1990).

56) 남궁영, "민주공동체 통일방안: 평가 및 시사점,"한국통일포럼주최, *남북통일방안의 모색* (2000년 7월).

며 최종 통일을 향한 과도기적 단계를 설정하고 있다. 셋째, 두 안은 모두 남북 지역정부에 외교권과 국방권까지 부여하는 사실상의 국가연합이라는 유사성을 갖고 있다. 넷째, 두 안은 모두 남북 지역정부가 동등한 자격으로 남북연합 또는 고려민주연방공화국에 참가하는 것으로 되어 있다. 마지막으로 남한의 남북연합안은 남북정상회의, 남북각료회의, 남북평의회의 구성을, 북한의 연방제안은 최고연방회의, 연방상설위원회 구성을 제시하고 있다는 점에서도 유사성을 찾을 수 있다.

6.15공동선언에서 두 정상은 한반도 평화체제 구축이 한반도 통일에 우선한다는 것에 인식을 같이 했다는 것은 한반도 평화구축에 큰 의미를 지닌다. 6.15공동선언의 제2항은 사실상 남북이 당분간 경성국가적 통일을 지양하고 연성적 통일, 즉 남북평화체제 구축에 전념하기로 합의한 결정이다. 이는 김대중 대통령이 "긴장완화와 신뢰구축, 평화체제구축, 군비통제와 같은 과정을 거치지 않고 군사권과 외교권이 중앙정부에 독점되어 있는 연방제로 갈 수 있느냐"고 김정일 국방위원장을 집요하게 설득한 결과로 나온 것이다. 지금 우리에게 필요한 것은 평화이지 통일이 아니라는 것이다. 따라서 서로 충돌할 수밖에 없는 통일국가의 미래상에 대해 합의를 시도하기보다는 남북이 설정하고 있는 과도기적 통일단계에서 접점을 찾았으며, 그 접점이 바로 평화체제구축이라는 것이다.

두 정상은 우리 한민족이 할 수 있는 실현 가능한 통일은 한반도의 냉전체제 해소를 통한 남북평화체제의 정착이라는데 사실상 합의했다. 평화체제 정착은 사실상 통일의 시작이다. 그런데 '단일 민족국가 신화'에 집착하는 사람들은 남북평화체제의 정착을 분단의 고착으로 이해한다. 그러나 '단일 영토국가(unitary territorial state)'의 재수립이라는 경성국가적인 통일한국을 복원해내려는 방식은 실현가능하지도 않을 뿐만 아니라 바람직하지도 않다. 왜냐하면 북한은 남한이 흡수통일을 시도한다는 의구심을 가질 것이고, 이웃 주변국들은 7,000만이 넘는 위협적인 경쟁국가가 등장하는 것으로 받아들여 통일을 경계할 것이기 때문이다. 단일 영토국가의 추구는 오히려 분단을 지속·고착화시키는 결과를 가져올 수 있다.

6.15공동선언은 김대중 대통령이 재야시절에 주장했던 '3단계 통일론'을 노태우와 김영삼 대통령의 '민족공동체 통일방안'에 수렴시켰다는 함의를 갖고 있다. 김대중 대통령은 재야시절 3단계 통일론을 제시하면서 1단계로 평화공존, 평화교류, 평화통일의 기능을 하는 남북연합단계를, 2단계로 외교, 군사의 권한을 지닌 연방과 내정의 자율권을 갖는 지역자치정부로 구성되는 연방단계를, 3단계로 자유민주주의 시장경제를 지향하는 일민족 일국가로 구성되는 완전한 통일국가단계를 제시했다. 그러나 대통령 취임 이후 현재와 같은 적대관계 하에서는 남북연합 성립이 불가능하다고 판단하고, 한반도 냉전종식을 기치로 내걸고 화해·협력을 통한 평화정착을 당면목표로 하는 대북포용정책을 추진했다. 김대중 대통령은 통일과정에 들어가기 전에 한반도 냉전구조 해체와 평화체제 정착이 급선무라는 사고의 수정을 한 것이다. 지금 필요한 것은 통일과정의 전 단계인 '화해·협력단계'에 진입하는 것이라는 것을 밝힌 것이다. 따라서 제2항은 일부 논자들이 비판하고 있는 것처럼 김대중 대통령이 야당 총재 시절에 만든 자신의 3단계 통일론을 국민의 동의 없이 관철시킨 것이 아니라, 오히려 자신의 3단계 통일론을 수정하여 통일단계에 들어가기 이전에 신뢰구축을 위한 '화해·협력단계'를 설정한 노태우 정부와 김영삼 정부의 통일방안인 '(한)민족공동체 통일방안'에 수렴시킨 것이라고 볼 수 있다. 그러므로 김대중 대통령이 6.15

남북정상회담에서 제시한 남북연합은 김 대통령의 개인적 통일방안이 아니라 1989년 '한민족 공동체 통일방안' 이래 한국 정부가 공식적으로 견지해 온 남북연합이라고 볼 수 있다.

넷째, 6.15공동선언에서 남북이 낮은 수준의 연방제와 연합제의 공통점을 찾는다고 합의한 것은 현실적으로 두 개의 국가 실체를 상호 인정한다는 의미를 지니고 있다(서동만, 2000). 분단현실을 개선하고 통일이라는 현상변경적 목표를 달성하기 위해 가장 필요한 것은 오히려 분단현실을 인정하고 양 체제의 공존을 공식화하는 작업이다. 이는 통일 이전에 양측의 제도와 이념 차이를 실질적으로 인정해야 한다는 것을 의미한다.[57] 공동선언 이전까지 북한은 당국, 정당, 사회단체가 망라된 민족통일 정치협상회의 소집을 요구해왔다. 그런데 6.15 공동선언에서 북한은 통일논의 주체로서 남한정부를 상대자로 받아들임으로써 변화된 입장을 보여주었다. 따라서 제2항은 북한이 남한정부와 평화공존을 바탕으로 공동으로 상호 합의할 수 있는 통일방안을 마련하자는 데 합의한 것이라 할 수 있다.

다섯째, 6.15공동선언의 제2항은 남과 북이 통일방안에 합의한 것으로 과도하게 해석해서는 안 된다. 국가연합 창설은 오랜 시일이 걸리는 과제이기 때문에 통일국가의 미래상에 관한 논의가 활성화되는 것은 바람직하지 않다. 지금 필요한 것은 상대방의 인정과 평화공존을 제도화하는 일이다. 지금 당장 통일국가의 체제나 이념을 논하는 것은 우리 사회에 불필요한 이념적 내립만 낳을 뿐이다. 제3항에서 남과 북이 합의한 것은 통일방안이 아니라 통일에 접근하는 방식이다. 남북은 급격한 국가적 통합을 지향하는 것이 아니라, 상호체제의 인정과 공존·공영의

57) 아태평화재단, *남북정상회담: 이해와 길잡이* (서울: 아태평화재단, 2000), 39.

단계를 거쳐 점진적으로 통일에 접근하자는 것에 합의한 것이다. 말하자면, 통일은 뒤로 미루고 상호 체제인정과 평화공존, 화해와 협력을 통해 분단의 피해와 고통을 경감시켜 '사실상의 통일상태'에 들어가자는 데 합의했음을 의미하는 것이다.[58]

6.15 공동선언 이외에도 김대중의 햇볕정책은 많은 것을 해내었다. 이산가족이 50년 만에 처음으로 상봉하고 군사회담이 열리는 가하면, 금강산관광이 열리고 개성에 대단위 남한의 자본과 북한의 노동력을 결합하는 공단이 조성되어 상품이 만들어지고 있다. 독일의 동방정책과 비교해볼 때, 통일을 이야기하기 전에 평화를 이야기한 김대중 대통령의 햇볕정책은 시의 적절하다 하겠다. 브란트가 동방정책을 추진할 때 내건 명분은 통일정책을 추진할 때 통일을 위한 국제적, 주변적 환경을 악화시킬 것이기 때문에 통일을 위하여 동방정책을 추진하는 것이 아니라 유럽의 긴장완화와 안전보장에 기여할 것이라는 이유로 동방정책을 추진한다고 주변 4대 강국을 설득하고 주변 강대국의 신뢰를 얻고 유럽의 심장부에 새로운 강자의 탄생을 의미하는 독일의 통일에 대한 저항감을 약화시키려 했다.[59] 한국도 마찬가지 이다. 탈냉전이후 한국이 통일을 이야기하면 이는 동북아의 세력균형을 깨는 중요한 사건이 된다. 기본적으로 현상유지를 외교의 대원칙으로 삼고 있는 중국으로부터 견제가 날아올 것이고, 일본은 일본과 경쟁할 수 있는 7700만 한반도 경제권의 등장을 결코 바라지 않을 것이다. 러시아와 미국도 한반도통일에 소극적이긴 마찬가지이다. 탈냉전이후 동북아의 지역안보질서와 구조가 변화의 와중에 있는 가운데 한국이 우세한 국력을 바탕으로 적극적으로 통일에 나선다면 국제사회,

---

58) 위의 책, 37-39.

59) 정용길, "정치적 측면," 연합통신 편, *독일통일에서 무엇을 배울 것인가* (서울: 연합통신, 1990), 26.

주변 4강국으로부터 견제, 질시, 저항을 면하기 어려울 것이다. 따라서 김대중 정부가 통일을 이야기하기 보다는 평화를 이야기하고, 흡수통일을 이야기하기 보다는 화해협력을 통한 기능주의적 통합을 이야기한 것은 바람직하다는 평가를 할 수 있다.

5) 햇볕정책 2: (신)기능주의

2000년 6·15 남북공동선언 5개항 중 "남과 북은 나라의 통일을 위한 남측의 연합 제안과 북측의 낮은 단계의 연방제 안이 서로 공통성이 있다고 인정하고, 앞으로 이 방향에서 통일을 지향시켜 나가기로 한다"는 한반도 통일방안에 관한 내용을 담고 있는 제2항을 제외하고 나머지 조항들은 이산가족 상봉, 경제협력과 같은 다양한 기능주의 요소들을 포함하고 있다. 6.15 정상회담 이후 남한과 북한은 다양한 수준에서 활발한 대화를 추진했다. 남북은 한국전쟁으로 절단된 도로와 철로의 연결과 이산가족 상봉에 대해 합의했다. 또한 국경의 긴장 완화를 위한 최고위층 군 관계자들의 만남이 이루어졌으며, 남한 사업가들의 대북 투자에 대한 안전과 이중과세 방지를 보장하는데 합의하였다. 그리고 남한 기업들은 서울에서 60km 떨어져 있고 비무장 지대에서는 불과 7km 떨어진 개성공업단지에서 상품을 생산하게 되었다.[60]

6.15 남북정상회담에서 합의한 주 내용은 기능주의적 교류와 협력의 확산이었다. 김대중 대통령은 지속적인 교류와 상호간의 신뢰 구축이 한반도의 평화구축으로 확산될 것이라고 믿었다. 남북정상회담 이후 양측은 제도적 협정에 서명 하였고, 대화를 시작하였으며, 상호 경제협

60) Hyug Baeg Im,"The US Role in Korean Democracy and Security since Cold War Era," *International Relations of the Asia-Pacific,* 6, no. 3 (2006): 175.

력에 대한 원칙들을 정비하고 공동 조직을 설치하였다. 이로써 경제적 협력이 남북 통합을 이끌어 낼 수 있는 정치적 협력으로 발전할 수 있다고 가정하는 신기능주의가 시작되었다.

김대중은 폐쇄되어 있는 북한 사회 내부의 정치적 변화를 유도하기 위해 무조건적인 경제적 협력을 추진했다.[61] 그리고 그는 정상회담 이후 미국, 일본을 비롯하여 한반도와 인접해 있는 중국, 러시아 등 이웃 국가들의 협력을 이끌어내기 위해 노력했다. 후원 국가들로부터의 협력, 지지, 동의는 김대중의 햇볕정책의 중요한 열쇠였기 때문이다. 또한 미국의 클린턴 정부가 '페리 프로세스' (Perry Process)를 통해 햇볕정책과 유사한 소프트 랜딩 정책을 추진함으로써 김대중 대통령의 햇볕정책을 지원하였다. 클린턴 정부는 만약 북한이 군사적 도발과 핵 개발을 중단하고 경제개혁을 추진할 경우 미국은 북한에게 식량, 연료뿐만 아니라 체제 붕괴를 막을 수 있는 여러 가지 이익을 제공할 것이라고 약속했다.

6) 국내적 화해와 화합을 통한 남남갈등 극복

김대중대통령이 햇볕정책을 추진하면서 부딪친 문제는 대북문제를 둘러싼 남남갈등의 해소없이 남북대화가 성공할 수 없다는 것이고, 따라서 북한에 '햇볕'을 쬐어주기 이전에 보수야당에 햇볕을 쬐어 주어야 한다는 것이었다.

첫째, 김대중 대통령은 먼저, 남북 간 냉전을 해체하기 이전에 남한 내부의 냉전을 해체하려는 노력을 기울였다. 김대중 대통령은 햇볕정책을 추진하는 주체를 군부독재하에서 북한 문제를 담당했던 강경보수인

---

61) Miles Kahler, Miles and Scott I. Kastner, "Strategic Use of Economic Interdependence: Engagement Policies on the Korean Peninsula and across Taiwan Strait," *Journal of Peace Research*, 43, no. 5 (2006): 528.

사들에게 맡겼다. 과거 박정희의 중앙정보부 내에서 북한문제를 담당했던 강인덕을 통일부 장관에 임명하였고, 김대중정부의 안전기획부 (국가정보원으로 개칭) 부장으로 전두환의 민정당출신의 이종찬을 임명하였다. 김대중은 이념과 관계없이 보수인사들에게 남북문제를 담당하게 함으로써 '용공분자'로 의심받아왔던 김대중이 북한에 나라를 넘길(selling-out) 것이라는 냉전보수세력의 의구심을 덜려하였다. 김대중 대통령은 대북포용정책의 성과를 독식하려 하지 않았고 대북정책에 비판적인 정치인을 반(反)통일세력으로 몰아붙이지 않았으며, 대화와 설득으로 포용하려하였다.

둘째, 김대중 대통령은 남북문제는 당파적 이익이 걸린 문제가 아니라, 민족문제이기 때문에 남북문제를 당파적 이해가 걸린 일반정치로부터 따로 떼어내어 초당적 협의와 결정이 이뤄지는 영역으로 만들려고 하였다.[62] 남북문제에 관한 한 정부와 여당이 정책결정을 독점하는 것이 아니라 여당과 야당이 공동으로 결정하는 '공동지배영역(condominio)'을 만드는 정책아이디어가 김대중 정부 하에서 논의되었다. 가칭 '북방정책에 관한 여야 공동협의회' 같은 남북문제에 관한 정책공조기구를 만들어 대북정책을 포함한 한반도 냉전체제 해체와 남북평화체제 구축을 위한 정책을 협의하고 기본적인 가이드라인을 만들어내는 것과 같은 초보적인 '북방정책 콘도미니오'가 논의되었다.[63]

셋째, 그러나 햇볕정책으로 남북화해와 협력이 본격화되면서 국제적 냉전체제의 해체 이후, 수면 아래로 잠수했던 진보와 보수 간 이데올로기적 갈등이 김대중정부 하에서 더 심해졌다. 남북 간 화해와 협력으로 기득권 상실을 우려하는 보수세력들은 정부의 대북정책을 비난하는

62) 임혁백, *한반도와 동아시아의 안보와 평화*, 226-233.

수준에서 더 나아가 화해와 협력시대를 반목과 대결의 시대로 되돌려 놓으려 하였다. 냉전보수세력에 의해 제기되고 있는 이데올로기적 공세는 극우 반공주의에 기초하고 있으며, 따라서 남북대화 자체를 거부하는 극단적 양상으로 나아가고 있다. 남한에서 극우 반공주의가 맹위를 떨치면 이는 북한의 극좌 공산주의자들에게 힘을 실어주는 결과를 빚게 된다. 극우 반공주의와 극좌 공산주의는 적대적 상호의존관계에 있기 때문이다. 또한 이러한 극단적 이데올로기가 발흥하면서 남북 내 대화세력 또는 '남북협상파'의 입지가 약화되었다. 김대중정부는 기왕에 설치된 민족화해범국민협의회(민화협)를 활용하였다. 민화협은 민간차원에서 민족의 화해·협력과 평화통일을 위한 제반 사업을 수행하는 정당·

63) 한반도에서도 콘도미니엄 실험이 있었다. 하나는 KEDO (Korean peninsula Energy Development Organization, 한반도에너지 개발기구)이고 다른 하나는 개성공단이다. KEDO는 북미 간 제네바 기본합의 (Agreed Framework)를 실행하기 위해 1995년 3월 9일, 대한민국-미국-일본-EURATOM(유럽원자력에너지 공동체)-호주가 주축이 되고 다른 18개국이 지원하는 다국적 에너지 콘도미니엄을 조직하여 북한의 핵개발연구의 봉인에 대한 대가로 그에 대한 보상으로 경수로 2기를 건설하기 위해 설립되었다. 미국, 한국, 일본, EU, 그리고 호주가 북한의 비핵화를 위한 경수로 2기 건설에 관한 부분적 주권을 KEDO라는 콘도미니엄에 이양하였고, 비국가적이고 비민족적인 KEDO 콘도미니엄이 컨소시엄 방식에 의해 경수로 건설을 담당함으로써 경수로건설을 비정치화시킬 수 있었고, 비핵화를 둘러싼 미국과 북한간의 갈등이 경수로 건설에 미칠 영향을 최소화할 수 있었다. 그런데 KEDO의 정책결정은 한국 외무부 차관보, 미국 국무부 차관보, 일본 외무성 아시아 총책임자라는 국가대표들에 의해 이루어졌기 때문에 국내 정치의 영향으로부터 자유로울 수 없었고, 비국가,비민족적인 콘도미니엄의 장점을 살릴 수 없었다. 실제로 2003년 미국 부시정부에 의해 제네바 협정이 파기되면서 KEDO는 대부분의 기능을 잃고 사실상 중단되었다. 개성공업지구(開城工業地區, KIR: Kaesong Industrial Region, KIR 또는 KIZ: Kaesong Industrial Zone, 개성공단)는 대한민국과 조선민주주의인민공화국이 합작으로 설립한 조선민주주의인민공화국의 경제특구이다. 개성공단을 관리하는 '개성공업지구 관리위원회'는 2004년에 남북합작으로 만들어진 공업지구 콘도미니엄으로서 남과 북의 국가관리와 민간 기업 (현대아산 개성사업단과 한국토지주택공사 남북협력사업처)이 공동으로 참여하였다. 대한민국과 북한은 개성공업지구 관리위원회에 공단의 건설과 운영이라는 부분체제에 대한 주권을 부분적으로 이양하여 개성공단 내의 기업 운영과 생산 활동을 지원하였다. 개성공단 관리위원회는 1부 2팀 1사무소(기획법제부, 예산회계팀, 출입지원팀, 도라산사무소)로 구성되어 있다. 개성공단은 비 국가적 (non-state) 콘도미니엄이지만, 개성에 총영사관이 설치되어 있지 않은 관계로 개성공단 관리위원회가 한국의 영사관 역할을 하였다.

사회단체의 상설협의체로서 여야를 포함하여 시민·종교·여성단체 등을 포함하는 210여 개의 단체가 가입해 있다(이장희, 2001). 민화협은 남남대화를 활성화하고 우리 내부의 화해와 협력을 추진하고 남북 정부 간에 꼬인 문제를 푸는 중재자의 역할을 할 필요가 있다.[64]

넷째, 김대중정부는 대북포용정책에 대한 가장 극단적인 반대세력인 이북5도민, 이산가족상이군경회, 전몰자미망인회, 재향군인회 등과 같은 분단과 전쟁의 희생자 집단의 아픔을 치유하고 화해와 포용을 이끌어내려 하였다. 이들은 대대로 살아왔던 고향을 분단과 전쟁으로 인해 등져야 했고 부모·형제·자식을 잃거나 이들과 생이별을 해야 했다. 이들이 갖고 있는 북한에 대한 분노와 분단으로 인한 상처를 치유해주지 않고서는 이들을 남북화해와 협력의 물결에 동참하도록 하기는 어렵다.

김대중정부는 남북화해와 협력의 시대를 열기 위해서는 이러한 분단 희생자 집단의 상처를 치유하는 것을 우선적으로 고려하는 평화통일정책을 수립하려하였다. 이들에게 남북화해와 협력만이 자신들의 상처를 치유할 수 있는 유일한 정책이라는 것에 동의할 수 있도록 하기 위해서 분단 희생자 집단이 대북포용정책의 가장 큰 수혜자 집단이 되는 정책을 개발하였다. 2000년의 남북정상회담으로 남북 이산가족의 아픔을 치유해주는 역사적 사건이야말로 분단희생자 집단을 햇볕정책 지지자 집단으로 변모시키는 계기를 마련했다. 정상회담 개최 전에는 1985년에 단 한 차례 이산가족 방문단 교환이 있었으나 정상회담 이후에는 2000년 8월 15일 600명의 이산가족이 서울과 평양을 방문한 것을 시작으로 2004년까지 9차례의 상봉행사가 이뤄졌고 9,020명이 상봉을

64) 중국의 海協會와 대만의 海基會는 정부 간 정치·군사적 긴장이 있는 경우, 정부 간 문제를 푸는 반관반민의 중재자 역할을 수행하고 있다.

했다. 또한 2차례의 주소확인 작업을 통해 21,414명(생존: 13,451명/사망: 7,963)의 생사를 확인했다. 이산가족 상봉은 분단에서 평화와 통일로의 전환을 상징적으로 보여주는 사건이다. 그것은 나누어지고 끊어지고 흩어졌던 민족이 다시 결합하고 이어지고 모이는 재통일의 과정을 보여주는 예고편이다.

이산가족에 대한 배려 못지않게 중요한 것은 상이군경회, 전몰미망인회, 재향군인회 등으로 대표되는 전쟁 희생자 집단들에 대한 배려이다. 김대중정부는 남북화해 및 협력의 진전과 더불어 이들에 대한 지원과 보호를 더 한층 강화함으로써 이들을 대북포용정책의 수혜자 집단으로 전환을 꾀하고 있다.

7) 국제주의적 평화의 비전과 리더십

김대중은 한반도 차원에서 민주주의에 기반한 정치적 통합을 넘어서 동아시아 지역차원에서 민주주의와 지역통합을 이루어내어야 한반도 평화가 굳건히 자리 잡을 수 있다는 신념을 갖고 있었다.

유럽의 경우 유럽통합과 초국가적 지역연합인 EU는 장 모네(Jean Monet)와 로베르트 슈망의 비전과 리더십이 없었다면 불가능하였을 것이다. 기능주의적 지역통합에 대한 모네의 아이디어와 비전은 유럽석탄철강공동체(European Steel and Coal Community, ECSC)를 만들었고, 이는 유럽통합 발전의 초석이 되었다. 유럽철석탄 공동체는 유럽공동시장, 유럽경제공동체, 유럽공동체 (EC)로 확대 발전하여 마침내 초국가적 연합인 EU가 탄생하였다. 프랑스와 독일은 지역적 이익을 국가이익 위에 올려놓음으로서 EU를 만드는데 함께 리더십을 발휘했다. 특히 독일은 유럽의 회원국으로 복귀하고 그들의 오래된 독일 민족주의를 포기함으로써 EU의 성공에 기여했다.

그러나 동아시아에는 장 모네와 같이 동아시아 지역통합을 위한 비전과 전략, 실천계획을 제시한 리더십이 존재하지 않았다. 말레이시아의 마하티르와 싱가포르의 리콴유는 ASEAN이라는 동남아시아 지역기구들을 수립하는데 있어서 핵심적 역할을 수행했다. 그러나 마하티르는 동아시아 지역주의에 대한 단기적이고 좁은 시각만을 가지고 있었다. 그는 동아시아는 지리적으로 규정되어야 하고 따라서 동아시아의 헤게모니 국가인 미국은 배제되어야 하며 동아시아 지역주의는 아세안의 방식으로 운영되야 한다는, 매우 최소주의적이고 배타적이고 지리적인 관점을 계속해서 견지해왔다.

아시아에서는 한국의 김대중 대통령이 유일하게 민주적인 지역통합의 비전을 제시한 리더로 부상하였다. 김대중 대통령은 1998년 11월 베트남에서 열린 APT 회의에서 한국의 김대중 대통령은 동아시아 비전그룹(East Asia Vision Group, EAVG)의 설립을 제안했고, 1999년 10월 서울에서 발족되어 동아시아 공동체를 추구하고 있다. 2000년 11월에 싱가포르에서 열린 제 4차 APT (ASEAN plus Three) 정상회담에서 김대중 대통령은 ASEAN과 중국, 일본, 한국 간에 이미 존재하는 협력을 더욱 강화하고 확대하기 위한 현실적인 방식과 수단을 탐색하고 다양한 영역에서의 긴밀한 협력을 위한 실행계획을 준비하기 위해 동아시아연구그룹(East Asia Study Group: ESAG)의 설립을 제안했다. EASG는 초기적 형태의 동아시아 공동체로서 미국, 중국, 호주, 뉴질랜드, 인도 국가들로 구성되고 경제, 금융, 정치, 안보, 환경, 에너지, 사회, 문화, 교육, 제도 등과 같은 다양한 아젠다를 다루는 포괄적인 지역대화 기구이다. 김대중 대통령은 ESAG를 발전시켜 동아시아 정상회의 (East

Asian Summit, EAS)의 상설기구화를 제의하였고, 동아시아자유무역지대 (East Asian FTA, EAFTA)의 설립을 제안하였다. 그리고 APEC과 아시아 유럽정상회의 (ASEM)의 활성화를 강조하였다.

김대중 대통령은 2001년 브루나이에서 개최된 APT 회의에서 동아시아 공동체는 민족주의를 극복하고 민주주의와 초국가주의를 지향해야한다는 비전을 제시하였다.

> 산업혁명 이후에 민족주의가 세계를 지배했으며 민족주의가 열병처럼 번져서 식민주의가 생겨났습니다. 식민지배의 대한 독립운동 과정에서 민주주의가 발전하였습니다...우리 동아시아에는 아직도 민족주의적 요소가 남아 있으며 상호간의 감정과 국가이익에 대한 고려가 많아 남아 있습니다. 전 세계가 하나의 시장이 되면서 경쟁과 협력의 관계로 나아가고 있습니다. 동아시아 지역은 이러한 문제에 대한 대응이 절실합니다...[65]

김대중 대통령은 햇볕정책으로 남북평화를 추구하면서 초국가주의에 기반한 동아시아의 지역공동체를 조직하여 한반도 평화를 지원하고 한반도 평화 환경을 조성하려하였다. 김대중 대통령은 브란트의 동방정책의 성공은 전후 서독이 이룩한 민주주의, 시장경제, 그리고 우수한 사회보장제도가 동독사람들로 하여금 서독과의 통일에 기울게 한데 기인했음을 강조하였다.[66]

김대중의 한반도 평화론이 4대국 안전보장이라는 원초적 형태의 다자간 집단안보체제 제안으로부터 시작되었다는 것은 김대중이 국제주

---

65) 김대중, *김대중 자서전 2* (서울: 삼인, 2010), 154.

66) 노명환, "초국가주의 민주주의 평화사상과 지역공동체의 추구 및 분단극복 정책: 빌리 브란트의 동방정책과 김대중의 햇볕정책의 비교사적 연구," 143-144.

의적 비전을 갖고 있는 지도자라는 것을 보여준다. 김대중은 3단계 통일론에서 동북아의 다자간 안보협력체제를 구상하였다. 김대중이 마련한 햇볕정책이 미국의 부시정권에 의해 장애에 부딪치자 6자회담이라는 다자안보대화기구였다. 2003년 출범한 '6자회담' (Six Party Talks)에서 김대중의 4대국 한반도 평화보장론이 다시 부활하였다.

> "제가 71년 대통령 선거 때부터 일관되게 주장해온 것이 '4대국 한반도 평화보장'입니다.4대국에 남북을 합친 것이 지금의 6자회담입니다. 주변국과의 관계를 잘 풀어가는 것은 한반도 평화를 위해 매우 중요합니다...무엇보다 중요한 것은 6자회담을 통해 북핵문제가 해결되면서 남북관계가 발전하고, 이것이 동북아 안보체제로 발전해 나가야한다는 것입니다. 이를 통해 남북을 잇는 철도가 북한을 거쳐, 중국, 시베리아, 중앙아시아, 유럽까지 들어가야 합니다."[67]

김대중은 브란트가 서베를린을 위한 4대국 협정과 이를 기반으로 유럽의 집단안보체제를 구축하려한 것처럼 4대국 안전보장론의 21세기 버전인 6자회담이라는 다자안보대화기구를 통해 북핵문제를 풀고 남북관계를 발전시키고 더 나아가서는 철의 실크로드를 연결하여 유라시아 공동체를 추진하려한 국제주의적 비진을 가진 지도자였다.

5. 맺는말: 김대중의 평화유산

김대중의 한반도 평화론을 대표하는 상표인 햇볕정책은 흡수통일에 의한 한반도 평화달성이라는 냉전시대의 한반도 평화론에 대한 대안

67) 김대중평화센터, "김대중 전대통령 연설.회견자료집, 2008," 김대중평화센터 자료 no. 012 (2008): 152.

을 제기했고, 탈 냉전기에도 유일하게 냉전의 섬으로 남아 있던 한반도에 평화공존의 가능성을 보여주었다. 북한과의 화해와 협력, 북한체제의 포용을 강조하는 햇볕정책은 지배이념으로서의 반공주의를 약화시키고 한반도 평화를 논의할 수 있는 이념적 지평을 확장하였다.[68]

김대중은 '선 민주, 후 평화'라는 확고한 평화사상에 기초해서 한국전쟁 이후 최초로 본격적인 평화, 화해, 포용정책을 기획하고 수립하고 실천에 옮겼다. 김대중은 냉전 시대에 열강의 패권경쟁의 한복판에 있던 한반도의 지정학적 위치로 탈냉전이후에도 냉전의 유일한 섬으로 남아 있던 한반도에 '햇볕정책'이라는 화해와 교류의 따뜻한 온기를 불어넣었다. 김대중이 평화구축이 '불가능'할 것 같은 한반도에 햇볕정책이라는 평화의 온기를 불어넣을 수 있었던 것은 불확실성 속에서 가능성(possibility)을 추구하였다. 김대중은 어느 특정 평화이론에 특권적 지위를 부여하지 않고 상이한 연구전통 속에서 사용하고 있는 자료 , 해석, 인과적 논리를 선택적으로 차용해서 상이한 문제해결을 종합적으로 설명하려는 하이브리드형 분석 틀인 '분석적 절충주의' (analytical eclecticism)로 불가능한 환경 속에서 한반도의 평화의 가능성을 모색하였고, 4대국 안전보장론, 3단계 통일론, 햇볕정책, 한반도 평화에 대한 다자주의적이고 공동체주의적인 지역안전보장론과 같은 다양한 평화와 화해이론을 발전시켰다.[69]

김대중은 햇볕정책의 범위를 확장하여 한반도 평화를 국제적으로 보장할 수 있는 다양한 동아시아 다자안보협력체제를 구상하였고, 이를 기반으로 햇볕정책이 동아시아와 유라시아로 확장되기를 원했던 국제

---

68) 김용철, 앞의 글: 130.

69) 임혁백, *한반도와 동아시아의 안보와 평화*, 50-53.

평화주의자였다. 독일의 브란트와 마찬가지로 김대중은 한반도 평화에 관해 "생각할 수 없는 것을 생각한" (Think unthinkable) 최초의 한국 지도자였다. 김대중이 당시 생각할 수 없었던 4대국 보장론 (1971)은 35년 후 2003년 다자주의적 집단안보대화기구인 '6자회담' (Six Party Talks)으로 부활했다. 1998년 김대중이 제안한 햇볕정책은 개혁개방을 이루어내는 원동력은 '전쟁의 바람'이 아니라 '따뜻한 햇볕'이고, 이데올로기적 압박이 아니라 탈 이데올로기적인 물질적 혜택이라는 이솝우화의 지혜를 담은 혁신적인 평화정책이었다. 김대중의 평화노력에 대해 국제사회는 노벨평화상을 수여함으로써 찬사를 보냈다.

김대중은 동아시아비전그룹(EAVG), EAS(East Asian Summit)를 제안하고 부산에서 파리까지 이어지는 '철의 실크로드' 구상을 밝힌 범아시아 안보, 경제 비전과 전략을 제시한 유일한 동아시아 지역주의 지도자였다.

김대중은 대통령이 되기 위해서 끊임없이 준비한 것과 같은 정도로 한반도와 동아시아에 평화를 이루어내기 위해 부단히 노력한 지도자였다. 김대중이 세상을 떠난 뒤 다음 해에 발간된 자서전 서문의 마지막 문장은 "백성들이 주인인 세상에서 모두 평화롭기를 빈다"였다.[70] 김대중은 백성들이 주인인 민주주의를 만들어 주었다. 김대중은 지하에서 그가 만들어 놓은 민주주의 하에서 한국 백성들이 평화롭게 자유를 향유하고, 아직도 공산 치하에 있는 북한 주민과도 화해와 협력을 통해 공존, 공생, 공영하기를 소망하고 있을 것이다.

70) 김대중, *김대중 자서전 1* (서울: 삼인, 2010), 23.

참고문헌

Anderson, Benedict. *Imagined Communities: Reflections on the Origin and Spread of Nationalism.* New York: Verso, 1991.

Axelrod, Robert. *The Evolution of Cooperation.* New York: Basi Books, 1984.

Erasmus. *Adagia* (1508).

Fazal, Tanisha, M. 2004. "State Death in the International System," *International Organization.* 58, no. 2 (2004).

Haas, Ernst. *Beyond the Nation State* (Stanford: Stanford University Press, 1964).

Hirschman, Albert O. "Political Economics and Possibilism," *A Bias for Hope.* New Haven: Yale University Press, 1971.

Hobsbawm, Eric J. *Nations and Nationalism since 1780.* Cambridge: Cambridge University Press, 1992.

Im, Hyug Baeg. *The Possibility of Peace in the Korean Peninsula.* Seoul: SNU Press, 2017.

Im, Hyug Baeg. "The US Role in Korean Democracy and Security since Cold War Era," *International Relations of the Asia-Pacific.* 6, no. 3 (2006).

Im, Hyug Baeg and Jae Ku. *Mongering North Korean Democracy for Inter-Korean Peace.* Seoul: Korea Univ. Press. 2015.

Kahler, Miles and Scott I. Kastner. "Strategic Use of Economic Interdependence: Engagement Policies on the Korean Peninsula and across Taiwan Strait," *Journal of Peace Research.* 43, no. 5 (2006).

Kim Dae Jung. "Is Culture Destiny?; the Myth of Asia's Anti-Democratic Values," *Foreign Affairs* (March/April, 1994).

Mitrany, David. *A Working Peace System* (Chicago: Quardrangle Books, 1996).

Pape, Robert A. 2005. "Soft Balancing against the United States," *International*

Security 30, no. 1 (2005).

Schmitter, Philippe C. "A Revised Theory of International Integration," *International Organization* 24, no. 4 (1970).

Taylor, Michael. *The Possibility of Cooperation* (Cambridge: Cambridge University Press, 1987).

김귀옥. "김대중의 평화사상의 형성과 정치적 실천," *통일과 평화*, 12, no. 2 (2020).

김대중. *나의 길 나의 사상: 세계사의 대전환과 민족통일의 방략.* 서울: 한길사, 1994.

김대중. *후광 김대중 대전집 2.* 서울: 중심서원, 1993.

김대중. *후광 김대중 대전집 3.* 서울: 중심서원, 1993.

김대중. *김대중 자서전 1.* 서울: 삼인, 2010.

김대중. *김대중 자서전 2.* 서울: 삼인, 2010.

김대중. *옥중서신 1.* 서울: 시대의 창, 2009.

김대중, 박명림. "민주적 시장경제와 평화공존에의 여정." *역사비평.* 17 (2008).

김대중평화센터. "김대중 전대통령 연설.회견자료집, 2008", 김대중평화센터 자료 No. 012 (2008).

김병기. "연방국가, 국가연합, 체제연합 비교연구." 민병천 편. *전환기의 통일문제.* 서울: 대왕사, 1990.

김용철. "현대평화이론의 관점에서 본 김대중의 평화관." *현대정치연구.* 14, no. 2 (2021).

김학재. "김대중의 통일.평화사상."*통일과 평화.* 9, no. 2 (2017).

김훈. *남한산성.* 서울: 학고재, 2017.

남궁영. "민족공동체 통일방안: 평가 및 시사점." 한국통일포럼주최, *남북통일방안의 모색.* 2000년 7월 23일.

노명환. "김대중 화해사상의 특수성과 보편성," *통일과 평화*, 12, no. 2 (2020).

노명환. "초국가주의 민주주의 평화사상과 지역공동체의 추구 및 분단극복 정책: 빌리 브란트의 동방정책과 김대중의 햇볕정책의 비교사적 연구."*EU연구.* 30 (2012).

노명환. "분단국의 민주주의와 통일정책의 상호관계: 구성주의 이론과 하버마스의 공론장 개념을 적용한 빌리 브란트와 김대중의 민주주의 이념과 정책, 분단극복 방안에 대한 비교를 중심으로." *역사학연구.* 49 (2013).

대한민국 통일부. "김대중 대통령의 육성파일 공개: '3단계 통일론'이란 무엇일까?" 대한민국 통일부 (2020. 6. 30).

박명림. "정의의 회복과 과거 극복의 완전성의 문제: 거창사건을 중심으로." *일감법학.* 42 (2019).

베버, 막스 (최장집 역). *소명으로서의 정치.* 서울: 후마니타스, 2011.

아태평화재단. *남북정상회담: 이해의 길잡이.* 서울: 아태평화재단, 2000.

아태평화재단. *김대중의 3단계 통일론: 남북연합을 중심으로.* 서울: 한울, 1995.

임혁백. *대선 2012, 어떤 리더십이 선택될 것인가?.* 서울: 인텔리겐치아, 2012.

임혁백. *한반도와 동아시아의 안보와 평화.* 서울: 한울출판, 2014.

임혁백. "한반도는 또 다른 통일독일이 될 수 있을까?" 임혁백, 이은정 편. *한반도는 통일 독일이 될 수 있을까?.* 서울: 송정, 2010.

임혁백. "신중세적 국제사회로의 전환." *메가트렌드 코리아.* 서울: 한길사, 2006.

장명봉. "남북통일방안의 접합점 확대를 위한 새로운 남북통일방안 모색." 한국통일포럼 주최. *남북통일방안의 모색.* 2007년 7월 25일.

전재성. "김대중 정부의 대북 햇볕정책과 외교전략." 박명림 편. *1987년 민주헌정체제의 등장과 운영 II : 김대중.* 서울: 카오스북, 2017.

정용길. "정치적 측면." 연합통신 편. *독일통일에서 무엇을 배울 것인가.* 서울: 연합통신, 1980.

3장

김대중과 국제주의

최 영 태
전남대 명예교수

1. 머리말

김대중 전 대통령(이하 김대중)의 삶은 크게 두 단계로 나누어 살필 수 있다. 첫 번째 단계는 민주화운동, 그 과정에서 겪었던 많은 고난, 그리고 그것을 이겨낸 용기와 지혜의 삶이다. 두 번째 단계는 대통령이 되어 국가를 경영하는 과정에서 보여 준 경륜과 유능함이다. 그런데 이 두 단계의 삶에 일관되게 흐르는 것이 있다. 그의 모든 삶이 인류가 추구한 보편적 가치 즉 민주·인권·평화·복지의 향상에 바쳐졌다는 점이다.

먼저 김대중은 한국의 민주주의와 인권 신장을 위해 평생을 바쳤다. 그는 또한 아시아에도 민주주의가 가능하다고 확신했다. 김대중이 1980년 전두환과 신군부에 의해 사형선고를 받았을 때 미국, 일본, 유럽 등 많은 국가의 지도자와 인권운동가들이 그의 구명운동에 나섰다. 이것은 다름 아니라 김대중이 인류가 추구한 보편적 가치를 위해 헌신한

데 대한 세계인들의 연대감 표시였다. 2000년 노벨평화상 수상도 김대중의 그런 사상과 삶에 대한 세계인들의 또 다른 응답이었다. 그런 의미에서 김대중은 인류가 추구한 보편적 가치를 통해 전 세계인들과 연대했다. 김대중의 삶 자체가 국제주의의 기본 토대인 셈이다.

김대중은 한반도가 남북으로 갈라진 것은 미국과 소련 등 외세의 잘못에 의한 것이며 남북은 반드시 다시 하나로 통일되어야 한다고 생각했다. 그러나 그의 통일관은 무력에 의한 것도 아니었고, 어느 한쪽의 일방적 흡수에 의한 것도 아니었다. 오로지 평화적 방식에 의한 것이었다. 이런 점에서 그의 통일 방식은 베트남 방식도 아니고 독일 방식도 아니다.

유럽 국가들은 한반도 문제에 대한 직접적 관련 국가는 아니다. 그런데도 김대중의 삶과 정치 활동에서 유럽 정치는 매우 중요한 비중을 차지하고 있다. 그는 국회의원 시절인 1960년대 말부터 서독 총리 빌리 브란트(Willy Brandt)의 동방정책에 주목했다. 그는 독일의 통일은 유럽의 평화 속에서만 가능하며 또 통일된 독일은 유럽의 평화에 이바지할 때만 의미가 있다는 브란트의 주장에 공감했다. 그는 브란트의 동서독 화해와 협력정책을 우리나라 정치에 적용해보고 싶었다. 브란트의 동방정책은 자연스럽게 김대중의 햇볕정책의 롤 모델(role model)이 되었다. 김대중이 1971년 대통령 선거 때 내건 '4대국 안전보장론'이나 대통령에 취임한 후 추진한 동북아 평화체제 구축론, 그리고 동아시아 공동체론은 브란트의 동방정책 및 유럽공동체론으로부터 많은 영향을 받았다.[1]

김대중은 한반도 문제를 민족주의적 관점에서 접근하면서도 배타적

---

1) 최영태, *빌리 브란트와 김대중* (서울: 성균관대학교 출판문화원, 2020), 461-474 참조.

민족주의자가 아니라 개방적 민족주의자의 모습을 견지했다. 그의 개방적 민족주의는 국제주의와 전혀 충돌하지 않았다. 그는 남북문제를 항상 동북아의 평화라는 관점에서 접근했다. 그는 한반도와 주변 국가들인 남한·북한·미국·중국·일본·러시아 등 동북아 6개 국가가 협력하여 한반도는 물론이요 동북아의 평화와 안보체제, 번영을 모색해야 한다고 주장했다. 동북아 국가들의 국제적 연대론이고 자주적 집단안보론이었다.

그는 대통령에 취임한 후 남북 화해와 공존 정책인 햇볕정책을 펼쳤다. 그는 남북 간 화해 공존 정책이 성공하려면 미국·중국·일본·러시아 등 한반도 주변 4대 강국의 지지와 동북아 평화체제 구축이 필수적이라고 생각했다. 그는 대통령 재임 5년 동안 이들 4대 강국의 지지와 협력, 동북아 평화체제 구축을 위해 4강 외교에 심혈을 기울였다. 결과는 대성공이었다. 김대중은 대통령 재임 중 미국으로부터 햇볕정책에 대한 적극적 지지를 얻어냈다. 일본과는 '김대중-오부치 선언'을 통해 한일관계의 새로운 이정표를 구축했다. 우리나라 최대 교역국인 중국과도 정치, 경제, 남북관계에서 긴밀한 협력 관계를 구축했다. 러시아와도 돈독한 관계를 구축했다.

김대중의 국제주의는 동북아 국가들과의 협력에 머물지 않았다. 그는 동북아 평화를 토대로 동아시아의 협력 관계를 증진하는 일에 적극적으로 나섰다. 그는 대통령에 당선되기 3년 전인 1994년 1월 27일 이미 '아시아·태평양 평화재단(아태평화재단)'을 설립했다. 그는 아태평화재단을 통해 한반도의 평화와 민족 공영의 길을 모색하고, 아시아의 민주 발전과 나아가 세계 평화에 이바지하고자 했다. 그는 대통령에 취임한 후 동아시아 공동체 구축을 위한 구체적 프로그램을 제안했고 또 일부를 현실화했다.

김대중의 국제주의는 경제와 문화 분야에서도 잘 드러난다. 그는 IMF 위기의 교훈을 새기며 어떠한 나라의 경제도 홀로 발전할 수는 없다고 생각했다. 그는 오늘날의 세계 경제는 한편으로는 경쟁하고 한편으로는 협력하지 않을 수 없게 되었다고 주장했다. 그는 또 세계가 문화의 다양성을 인정하고 교류 협력해야 한다고 주장했다. 경제와 문화의 국제주의론은 동아시아 공동체론을 펼칠 때 특히 강조되었다. 그는 동아시아가 경제면에서 세계의 중심 지역으로 부상하고 있으며, 동아시아의 심오한 정신세계, 풍부한 지적 자원도 동아시아가 세계의 중심이 될 객관적 지표라고 말했다.[2]

김대중은 처음에 경제공동체로 시작하여 차차 정치공동체로 발전해 간 유럽연합(EU)과 같은 공동체를 동아시아에도 실천해보고 싶었다. 그는 기존에 존재하는 아세안(ASEAN)과의 긴밀한 협력을 모색함과 동시에 아세안 국가들과 동북아 국가들을 묶는 동아시아 공동체의 구축에 심혈을 기울였다.

김대중의 평화통일론은 먼저 우리 영토의 평화통일을 구축한 다음 순차적으로 '동북아 평화체제 구축', '동아시아공동체 건설' 등 '동아시아 평화구상'의 단계로 연결되었다.[3] 그러나 이 글에서는 주제가 '김대중의 국제주의'인 만큼 우리 영토의 평화통일론은 생략하고, 김대중의 정치사상과 활동을 주로 '국제주의와 국제연대'에 맞출 것이다. 서술 순서로는 첫째, 김대중의 삶을 인류가 추구한 보편적 가치를 통한 국제연대라는 틀에서 살필 것이다. 둘째, 김대중이 국내 정치 및 국외 망명 중

---

2) 김대중, *21세기와 한민족: 김대중 전 대통령 주요 연설·대담 1998-2004* (파주: 돌베개, 2004), 168~169.

3) 황보윤식, *동아시아 평화공동체: 안중근, 조봉암, 김대중, 함석헌의 평화사상* (서울: 동연, 2021), 180.

구축한 다양한 국제적 네트워크를 살펴 그의 국제주의적 연대의 배경을 이해할 것이다. 셋째, 롤 모델로서 유럽 정치와의 연대를 살필 것이다. 넷째, 한반도 주변 국가들과의 협력과 연대에 대해 살필 것이다. 이 부분에서는 젊은 시절 국제관계를 바라보는 시각과 대통령이 된 후 햇볕 정책과 4강 외교를 통한 동북아 협력체 모색 과정을 나누어 살필 것이다. 다섯째, 아시아의 평화와 번영을 위한 연대운동과 동아시아 공동체 구축론을 살필 것이다.

2. 인류가 추구한 보편적 가치에 헌신

김대중은 여러 글에서 어린 시절 자신은 겁이 많으며 눈물을 많이 흘렸다고 말하였다. 고소공포증 때문에 그가 살았던 목포의 유달산(228m) 정상에도 오르지 못했다고 고백했다. 그런 사람이 여러 차례 죽을 고비를 맞으면서도 흔들리지 않고 민주화운동에 헌신할 수 있었던 것은 무엇보다도 민주주의에 대한 투철한 신념 때문이었다. 어린 시절부터 역사를 좋아했던 그는 민주주의가 20세기 세계사의 큰 조류가 될 것이라는 신념을 가졌다. 그는 유신체제와 전두환 독재체제라는 암울한 상황에서도 민주주의의 빛을 발견했다.

우리나라 민주주의의 역사에 큰 위기가 몇 차례 있었다. 이승만의 장기집권과 독재, 박정희의 5·16쿠데타 및 유신체제 선포, 전두환과 신군부의 5.17쿠데타와 광주학살이 대표적이다. 김대중은 이런 암울한 시대에 항상 민주주의를 위해 싸웠고 그 대가로 혹독한 탄압을 받았다. 그는 박정희 독재정권에 의해 여러 차례 목숨을 위협받았다. 동경에서 납치되어 바다에 수장되기 직전의 위기까지 경험했다. 전두환 정권에 의해 사형선고도 받았다. 그러나 그는 이런 어려움을 극복하고 마침내 수평적 정권교체를 이루며 한국 민주주의를 한 단계 업그레이드시켰다.

김대중은 1980년대에 폴란드의 바웬사(Lech Walesa), 체코슬로바키아의 하벨(Vachav Havel), 남아프리카 공화국의 넬슨 만델라(Nelson Mandela)와 함께 세계 4대 인권운동가로 명성을 얻었다. 먼저 폴란드의 바웬사는 노동운동가로서 공산국가 폴란드에서 자유 노조를 설립하였고 자유화 운동을 주도했다. 그는 1983년 노벨평화상을 수상하였고 1990년 선거에서 폴란드의 대통령에 당선되었다. 하벨은 1968년 '프라하의 봄'과 1989년 '벨벳혁명'으로 불리는 체코슬로바키아 민주화운동의 상징적 인물이다. 그는 민주화운동 과정에서 여러 해 동안 감옥 생활을 했다. 그는 1989년 혁명으로 일당독재를 무너뜨리고 체코슬로바키아 대통령에 선출되었다.

만델라는 김대중과 가장 많이 비교되는 사람이다. 만델라는 남아프리카 공화국에서 민주화운동과 흑백차별 운동을 하다가 27년 동안 감옥 생활을 했다. 그는 1990년 석방된 후 클레르크(Frederik Willem de Klerk) 백인 정부와 협상을 벌여 민주적 선거를 관철했다. 만델라는 비폭력 평화적인 방식으로 흑인 인권 신장에 앞장섰고, 그 공으로 1993년 클레르크와 함께 노벨평화상을 수상했다. 그는 1994년 대통령에 당선된 후에는 과거 자신과 흑인을 박해했던 사람들을 용서하면서 남아프리카 공화국을 화해와 평화로 이끌었고 350여 년에 걸친 인종분규를 종식했다. 만델라의 고난, 그리고 화해와 통합정신은 김대중의 고난, 화해 및 통합정신과 상통했다. 이런 유사점을 가진 만델라 대통령은 1995년 김대중에게 자신의 손목시계를 보내 연대를 표시했다. 1997년 대통령 선거 때는 그의 딸 송가를 파견하여 김대중을 격려해주었다. 이런 연유로

국내외에서 김대중을 '아시아의 만델라'로 설명하는 경우가 자주 있다.[4)]

김대중은 이렇게 1980년대 이미 세계적인 민주·인권운동가로서 위상을 가졌다. 1987년에는 1971년 노벨평화상을 수상했던 빌리 브란트 전 서독 총리가 서독 사민당 소속 국회의원 73명의 서명을 받아 김대중을 노벨평화상 후보로 추천했다. 1987년 당시 브란트는 사민당 총재이면서 사회주의 인터내셔널(SI) 의장으로서 매우 영향력 있는 인물이었다. 김대중은 1987년 8월, 노벨평화상 후보 최종 3인에 포함되었다.[5)]

민주주의에 대한 김대중의 철학과 신념은 1994년에 전 싱가포르 총리이자 아시아의 주요 지도자 중 한 사람인 리콴유(李光耀)와의 논쟁에서 잘 드러난다. 리콴유는 1994년 미국에서 발행되는 외교잡지 *Foreign Affairs* 와의 대담에서 아시아에서 민주주의는 맞지 않으며 미국은 아시아인들에게 서구식 민주주의를 강요해서는 안 된다고 주장하였다. 친미주의자였던 리콴유의 이런 주장은 역설적으로 그가 서구식 민주주의에 대해 그만큼 강한 반감을 갖고 있다는 것을 말해준다.

김대중은 이 기사를 읽고 리콴유가 아시아에서 갖는 영향력을 고려할 때 그 글이 갖는 부작용이 클 것으로 생각했다. 김대중은 즉각 같은 해 *Foreign Affairs* 11~12월호에 반박 논문을 기고하였다. 그는 기고문에서 민주주의에 대한 철학과 전통은 아시아에 얼마든지 존재한다고 주장했다. 그는 차이점이 있다면 서양이 민주주의 제도와 메커니즘을 한발 앞서 만들어 냈을 뿐이라고 생각했다. 그는 다양한 사례를 인용하면서 아시아인에게 민주주의는 결코 생소한 제도가 아니라고 주장하였

4) 김대중, *21세기와 한민족: 김대중 전 대통령 주요 연설·대담 1998-2004*, 370, 381.

5) 노벨평화상 심사위원회는 노벨평화상이 정치적으로 이용되어서는 안 된다는 원칙으로 김대중이 대통령 선거에 출마하려 하자 수상 후보자 명단에서 배제했다. 박경서, "DJ는 이미 1987년에 강력한 노벨평화상 후보였다," 강원택 외, *김대중을 생각한다* (서울: 삼인, 2011), 126-127.

다. 그는 서구 민주주의의 사상적 뿌리 중 하나인 17세기 존 로크(John Locke)의 '혁명론'을 거론한 후 맹자는 그보다 2000여 년 전인 BC 4세기에 이미 '역성 혁명론'을 언급했다고 주장했다. 맹자는 "민심이 천심"이라고 설명했고, 심지어 옳지 않은 왕을 죽이는 것까지도 인정했다고 소개했다. 그는 또한 조선 시대의 사간(司諫) 제도, 이념이 다른 정파 간의 경쟁, 인내천(人乃天)으로 특징되는 동학사상 등은 한국에도 민주주의 전통이 상당히 오래전부터 성장하고 있음을 입증해준다고 주장했다.

그는 아시아 국가들의 근대화와 민주주의를 연결하며 미래를 낙관했다. 그는 아시아 국가들의 경제 발달은 중산층의 증가를 가져오고, 중산층은 처음에는 경제적 지위 향상에 만족하지만, 점차 자유의 확대와 민주주의의 요구로 이어지게 될 것이라고 믿었다. 그는 아시아의 중심 국가인 중국도 마찬가지가 될 것이라고 예견했다.[6] 바로 이런 역사관과 민주주의의 도래에 대한 신념을 바탕으로 그는 수많은 어려움을 이겨내면서 민주화운동에 매진했다. 그는 한국의 경계선을 넘어 아시아를 대표하는 민주화운동 지도자였다. 한상진은 이 문제를 언급하면서 김대중은 동양 문화의 눈으로 서구와 당당히 대화하려 했다고 설명했다.[7]

김대중은 동병상련의 입장에서 외국의 인권운동에도 관심을 가졌다. 그는 특히 미얀마의 민주화운동 지도자인 아웅 산 수 치(Aung San Suu Kyi)의 석방을 위해 노력했다. 그는 동티모르인들이 인도네시아로부터 분리 독립하는 과정에서 겪은 인권탄압에 국제적 관심을 환기시켰고, 동티모르의 독립을 지지했다.

---

6) Kim Dae Jung, "Is Culture Destiny? The Myth of Asia's Anti-Democratic Values," *Foreign Affairs* 73, no. 6 (1994), 189-94.

7) 한상진, "내가 본 인간 김대중과 그 사상," 김대중 외, *21세기와 한민족* (파주: 돌베개, 2004), 356.

김대중이 평생 민주주의와 평화를 위해 헌신할 수 있었던 배경에는 국민에 대해 믿음이 있었기 때문이었다. 그의 이런 인생관에 큰 영향을 준 책이 아놀드 토인비(Arnold J. Toynbee)의 『역사의 연구』였다. 『역사의 연구』 한글판 번역서는 12권 전집으로 된 것과 주요 부분을 요약하여 2권으로 제작한 것 등 두 종류가 있다. 김대중은 이 중 12권으로 된 번역본을 읽었다. 그는 『역사의 연구』 외에도 토인비의 다른 책들도 많이 읽었다. 그는 역사를 움직이는 원동력은 밑바닥 민중이라는 토인비의 역사관에 마음이 끌렸다. 그는 문명의 흥망성쇠는 환경과 시대적 상황으로부터의 도전에 어떻게 응전하느냐에 달려있다는 토인비의 가르침에서 큰 영감을 받았다.[8]

유엔은 1948년 12월 제3회 유엔총회에서 '세계인권선언'을 발표했다. 또 유엔은 세계 각 나라에 국가인권기구 설립을 권장하였다. 1993년 유엔총회는 '국가인권기구 지위에 관한 원칙(파리원칙)'을 채택했다. 국가인권기구 설립은 각 나라가 따라야 할 보편적인 기본원칙이 되었다. 우리나라는 인권 단체와 시민사회가 인권 기구 설립 운동을 전개했다. 1998년 대통령에 취임한 김대중은 인권 기구 설립을 중요한 국정과제의 하나로 발표했다. 많은 논의를 거쳐 2001년 5월 '국가인권위원회법'이 제정되었고, 2001년 11월 국가인권위원회가 공식 출범했다. 국가인권위원회는 김대중 정부의 대표적인 성과 중 하나였다.

김대중은 대통령이 되기 전부터 여성의 인권과 평등에 관심이 많았다. 그의 아내이자 정치적 동지인 이희호 여사의 영향이 컸다. 이희호는 김대중과 결혼하기 전 YWCA 총무를 지내면서 일찍부터 여성운동에 참여했었다. 김대중은 1992년 한국여성유권자연맹이 주최한 토론회에

8) 정진백 편, *김대중 대화록 3 : 1994-2002* (광주: 도서출판 행동하는 양심, 2018), 348-349.

서 "여성 문제의 핵심은 인격적 입장에서 남녀는 완전히 동등한 것이라고 하는 인권사상 또는 철학"이라고 말했다. 그는 또 여성에 대한 존중사상은 "국가 발전에 여성의 기여도를 높이는 것이기 때문에 국가의 이익을 위해서도 유익하다"라고 말했다. 그는 여성 인력을 어떻게 활용하느냐에 따라 국가의 성패가 좌우된다는 말도 했다.[9]

그는 1997년 대통령 선거 때 여성부 또는 여성특별위원회의 신설을 주요 공약 중 하나로 내걸었다. 김대중 정부는 이 공약에 따라 1998년 대통령 직속 위원회로 여성특별위원회를 신설했다. 김대중 정부는 당시 국회에서 다수당인 한나라당과 협의하여 2001년 여성부를 신설하였다. 여성부의 신설은 단순히 여성의 인권 신장만이 아니라 여성의 사회 참여 등 사회 전반에 걸쳐 여성의 권익 신장에 이바지했다. 여성부는 국가인권위원회와 함께 김대중 정부 때 행해진 대표적인 인권 신장의 결과물이었다.

김대중이 전쟁을 직접 체험한 것은 6.25 전쟁 때였다. 그는 1950년 6.25전쟁이 발발했을 때 서울 출장 중이었다. 그는 서울을 탈출하여 20여 일 만에 도보로 목포에 도착했다. 그가 목포에 도착했을 때 그의 집은 적산가옥으로 지목되어 인민군에게 징발당한 상태였다. 그는 인민군들에게 끌려갔고, 목포 형무소(현재 목포 감옥)에 수감되었다. 인민군은 인천상륙작전으로 퇴각할 상황이 되자 형무소에 수감 중인 사람들을 다수 처형했다. 그러나 다행스럽게도 인민군들은 시간에 쫓겨 모두 처형하지 못한 채 철수했고, 덕분에 김대중은 운 좋게 목숨을 건질 수 있었다. 그는 경비가 허술해진 틈을 타 다른 수감자들과 함께 교도소를 탈출했다. 그는 이 사건을 통해 전쟁의 비참함을 경험했고, 공산당에 대한 거부감을 강하게 느꼈

9) 정진백 편, *김대중 대화록 3 : 1994-2002*, 465~466.

다. 그가 평생 민족의 화해와 전쟁이 없는 세상을 꿈꾼 데는 전쟁 중 겪은 생사를 넘나드는 처절한 경험이 큰 영향을 미쳤다.

국어사전에서는 평화를 '평온하고 화목함'이라고 정의내리고 있다. 유학(儒學)에서 평화는 국가 간의 전쟁이든 내란이든 아무런 쟁투가 일어나지 않고, 사람들 사이에 화합의 분위기가 조성된 '태평세월'의 상태를 말한다. 여기서 평(平)은 쟁투를 평정하고 안정된 상태를 이루었음을 뜻하고, 화(和)는 쟁투는 물론 사소한 갈등조차도 일어나지 않도록 대립마저도 없어졌다는 뜻으로 사용한다. 평화에 대한 이런 해석은 곧 평화가 전쟁과 대립되는 개념 이상으로 광범위한 의미를 가지고 있음을 말한다. 이러한 해석은 루소(J. J. Rousseau)의 평화관에 의해 뒷받침된다. 루소는 평화를 국가 간의 관계나 국제정치의 차원에서만이 아닌, 국내 체제와의 관련성 속에서도 파악하였다. 그의 사회계약론은 국내의 억압적인 체제로부터 시민을 해방하는 해법을 제시하기 위해 쓴 것이었다. 또 요한 갈통(Johan Galtung)은 평화라는 개념을 전쟁뿐만 아니라 폭력이 없는 상태로 규정하고 인간으로서의 권리와 필요성을 충족시켜주는 것이 평화의 중요한 요소라는 주장을 펼쳤다.[10)]

김대중에게 많은 영향을 끼친 빌리 브란트 전 서독 총리는 동방정책에서 평화를 언급할 때 그 범위를 단순히 긴장을 완화하고 군축을 단행하는 데에 한정하지 않았다. 브란트는 굶주림 역시 전쟁과 마찬가지이며 평화의 부재라고 생각했다. 브란트에게 진정한 평화란 전쟁으로부터의 해방일뿐만 아니라 일상적 삶을 풍족하게 해 주는 것이었다. 그는 또 평화와 화해정책이란 서로 간에 상대방에 대한 두려움을 줄이는 것

10) 정상모, 신냉전구도와 평화 (서울: 말, 2002), 139-168 참조; 황보윤식, *동아시아 평화공동체: 안중근, 조봉암, 김대중, 함석헌의 평화사상*, 180.

이며, 몇 년 동안 서로 볼 수 없었던 사람들을 서로 만나게 하는 것이고, 더 나아가 사랑하는 사람끼리 결혼도 하게 하는 것이라고 설명했다.[11]

김대중의 삶은 민주주의와 인권 신장 그리고 남북 분단 극복을 위한 것이었다. 이 과정에서 그는 여러 차례 생명의 위협을 느꼈고 자유를 억압받았다. 하지만 그는 그런 도전에 굴하지 않았고 2009년 85세의 나이로 세상을 뜰 때까지 일관되게 민주주의와 한반도 평화를 위해 헌신했다. 그는 또 IMF 조기 극복과 기초생활보장제 도입 등 국민들의 경제적 복지를 위해 노력했다. 이런 점에서 김대중의 평화 사상은 남북문제만이 아니라 민주화 운동, 복지 정책 등 그의 삶 전반과 연결되어 있다.

김대중은 복지를 인권의 관점에서 접근했다. 이 철학 아래서 도입한 것이 '국민기초생활보장법'이었다. 이 법은 최저 생활을 보장하는 헌법상의 권리를 법률로 규정했다. 지난 40년간 시혜적 단순 보호 차원의 생활보장에서 벗어나 복지가 국민의 권리이며 국가의 의무임을 명확히 밝혔다. 종전의 생활보호법에서는 근로 능력이 있는 자에게는 생계비를 지원하지 않았으나 국민기초생활보장법에서는 빈곤선 이하의 국민은 최저 생활을 보장받게 했다.[12] 보수층 일각에서 사회주의적 접근 방식이라는 비판도 있었지만, 김대중은 이 제도의 추진을 망설이지 않았다.

주지하다시피 대부분의 서구 산업 국가들은 복지국가의 탄생과 관련된 기준점인 GDP 3% 수준의 사회 복지 지출을 1920년대에 달성하였다. 이들 나라의 사회 지출은 1930년대에 5% 문턱을 넘었다.[13] '요람에서 무덤까지'라는 캐치프레이즈로 널리 알려진 1942년 비버리지

---

11) 최영태, *독일 통일의 3단계 전개과정* (서울: 아침이슬, 2018), 51, 45.

12) 김대중, *김대중 자서전2.* (서울: 삼인, 2011), 326-327.

13) 양재진, "김대중의 사회 복지 패러다임 전환과 복지 개혁," 박명림 편, *1987년 민주헌정체제의 등장과 운영II : 김대중* (파주: 카오스북, 2017), 226.

(Beveridge Report) 보고서는 제2차 세계대전 후 영국 사회보장 제도 확립의 기초가 되었고, 자본주의 국가들의 사회보장 제도 확립에 큰 영향을 주었다.

그러나 영국에서 비버리지 보고서가 나온 후 반세기가 지날 때까지도 한국에서는 복지문제가 국가와 국민의 주요 의제로 떠오르지 못하였다. 한국은 사회 복지 지출이 1990년대 초에 겨우 GDP의 3% 문턱을 넘었으며, 1998년에 비로소 5%를 달성하였다. 그런데도 보수 세력들은 복지정책의 확대를 주장한 사람들을 향해 좌파주의자라고 매도하고 심지어는 북한 노선을 추종하는 위험인물로 분류해 비난과 탄압의 주제로 삼기까지 했다. 이런 현상은 김대중이 집권한 1990년대 말까지도 계속되었다. 1인당 소득이 1만 달러를 넘어선 나라치고는 기괴한 모습이었다. 열악한 복지환경을 양적 측면에서의 높은 고용률과 상부상조의 가족 문화가 다소 보완하기는 했지만, 이것마저도 IMF 경제위기로 와해하고 말았다. 이제 국가적 차원에서 복지문제를 더 미룰 수 없게 되었다.

그러나 김대중은 외환위기 때문에 1999년까지는 복지문제를 챙길 여유를 갖지 못했다. 그는 IMF 위기가 어느 정도 진정된 2000년부터 그때까지 미뤄두었던 생산적 복지정책을 본격적으로 검토하기 시작했다. 그는 IMF 체제 이후 우리의 선택은 시장경제 이외에 다른 길이 없다고 판단함과 동시에 생산적 복지는 시장경제의 부작용과 폐해를 바로잡고 보완하기 위해 필수적이라고 주장했다.

김대중은 1960년대 국회의원 시절부터 경제문제에 관심이 많았다. 그는 국회 상임위 활동을 주로 재경위에서 했다. 그는 일찍부터 우리 경제가 올바른 방향을 잡고 흔들림 없는 발전을 이룩하기 위해서는 민주적인 경제 철학과 일관성 있는 경제 관리 능력을 갖춘 지도력이 필요하다고 주장했다.

그에 따르면 정부는 기업의 자율성을 최대로 보장하며 정경 유착이나 정치적 차별을 없애야 한다. 전근대적이고 비민주적인 주식 독점이나 소유자의 독점적 경영 체제를 배제하기 위해서 주식을 대중화하고 전문 경영인에 의한 근대적 경영이 이루어질 수 있도록 해야 한다. 노사관계에 있어서 기업은 노조 활동의 자유와 노동자의 생존권을 보장하고 노동자는 생산성 향상으로 기업의 발전에 책임지는 상호협력 체제를 이루는 민주적 노사 관리여야 한다.[14)]

김대중은 1997년 12월 대통령 선거에서 대통령에 당선되었다. 그가 대통령에 취임한 후 가장 먼저 해결해야 할 일은 IMF 위기 극복이었다. 한국이 IMF 위기 상황에 부닥쳤을 때 말레이시아도 같은 어려움을 겪고 있었다. 마하티르 (Mahathir Mohamad) 말레이시아 총리는 내각제하에서 1981년 총리로 취임한 이래 2003년까지 22년 동안 총리를 지냈다. 그는 총리에 취임하자마자 서구 세계에 과도하게 의존하던 외교와 경제정책을 과감하게 버렸다.

외환위기에 봉착하자 김대중과 마하티르는 외환위기 극복방법을 놓고 다른 길을 걸었다. 두 사람은 1998년 4월 ASEM 회의와 11월 APEC 정상회의에서 만났다. 마하티르는 아시아 금융위기의 주범은 국제적 투기성 자금이며, 이 환투기를 극복하기 위해 국제 금융 감시와 환율 거래 감시 체제를 만들어야 한다고 주장했다. 그는 말레이시아도 처음에는 시장을 개방하고 외국인 투자를 적극적으로 환영했으나 자유 시장경제 원리를 악용한 단기 국제 투기 자본가의 시장 조작으로 많은 피해를 입었다고 말했다. 그는 자본·기술 및 시장이 부족한 말레이시아에

---

14) 정진백 편, *김대중 대화록 2 : 1988-1993* (광주: 도서출판 행동하는 양심, 2018)

서 외국 자본 의존도가 높은 것은 불가피하나 앞으로는 외국 자본 도입은 생산적인 분야에만 권장하는 등 자본 이동을 규제해 나갈 예정이라고 말했다. 그는 IMF의 경제 처방책에 대해 매우 부정적이었다.

반면에 김대중은 IMF의 처방책이 지나치다고 비판하면서도, IMF와의 협력 없이는 경제위기를 극복할 수 없다고 생각했다. 그는 아시아 국가의 경제위기의 원인 중 하나로 아시아에 퍼져 있는 부패구조와 정경 유착 등을 들었다. 그는 단기 자본의 문제점에 동의하면서도 아시아가 당면한 위기를 극복하기 위해서는 자유로운 시장질서 구축을 목표로 하는 개혁과 개방이 필수적임을 강조했다. 그는 '민주주의와 시장경제의 병행 발전'이 가장 효과적인 처방책이라고 주장했다. 김대중이 여기서 언급한 시장경제의 내용에는 당연히 외국에 대한 시장 개방까지 포함한다. 그는 외국 무역에 대한 불공정한 규제를 철폐하고, 외국 상품에 대한 법적 차별도 바로잡을 것이라고 말했다. 자유무역은 한국을 위해서도 꼭 필요하다는 생각이었다. 그는 IMF의 과도한 시장 개방과 간섭을 비판하면서도, 꼭 IMF 위기가 아니더라도 시장경제와 자유무역은 시대적 조류라고 생각했다.[15]

그는 영자 신문 『코리아 타임즈』(11월 5일 자) 창간 기념 특별기고를 통해 이 같은 개혁과 개방의 당위성을 '보편적 세계주의'라는 용어로 정리했다. 그는 세계적인 문명사적 변화는 지구공동체를 기반으로 한 보편적 세계주의를 향하고 있다고 주장하고, 21세기는 "오직 세계와 더불어 한편으로는 경쟁하고 한편으로는 협력하는 길로 나아가야 한다"고 주장했다."[16]

---

15) 김대중, *21세기와 한민족*, 32, 34.

16) 김대중, *김대중 자서전2*, 132.

한국과 말레이시아 모두 경제위기를 극복하는 데 성공했다. IMF 처방 당시에도 그랬지만 한국이 IMF를 성공적으로 극복한 후에도 IMF가 한국의 현실에 맞지 않는 과도한 요구를 했다는 비판이 제기되었다. 한국이 IMF 극복 과정에서 기업도산과 비정규직 근로자의 양상 등 많은 후유증을 겪었는데 이런 문제점이 IMF 처방책의 잘못에서 기인한 것인지, 아니면 우리 정부의 사회경제 정책의 잘못에 기인한 것인지는 더 많은 분석이 필요하다. 그렇더라도 말레이시아의 마하티르와 김대중이 IMF 처방책을 놓고 벌인 논쟁은 한국 정부의 IMF 처방책에 대한 평가에 시사점을 줄 것이다.

3. 국제적 네트워크의 구축과 연대

1970년대에 들어서자 국제사회 곳곳에서 냉전체제가 붕괴하는 징후를 보였다. 미국의 닉슨 대통령은 1970년 2월 18일 닉슨 독트린을 발표했고, 1971년 미국의 탁구선수가 중국을 방문했다. 1972년 2월에는 닉슨 대통령이 중국을 방문했다. 독일에서는 1969년 집권한 사민당의 빌리 브란트가 동·서독 화해 협력정책인 동방정책을 펼치기 시작했다.

박정희는 국내의 민심 이반과 국제적인 해빙 분위기에 맞춰 국면전환을 시도했다. 그는 1972년에 이후락 중앙정보부장을 북한에 보냈다. 7월 4일 이후락은 기자회견에서 남한의 이후락과 북한의 김영주 노동당 조직부장이 서명한 '7·4 남북공동성명'을 발표했다. 북한에서도 같은 시각에 똑같은 내용을 발표했다. 공동성명은 통일의 원칙으로 자주·평화·민족대단결을 천명했다. 구체적인 내용으로 상호 중상·비방·무력도발의 금지, 남북한 간 제반 교류의 시행, 적십자사 회담 협조, 남북 직통전화 개설, 남북조절위원회의 구성과 운영, 합의 사항의 성실한 이행 등을 명기했다.

김대중은 1972년 7·4 남북공동성명이 발표된 직후인 1972년 9월 4일 서울에서 연설하면서 남북화해와 통일은 적극적으로 지지하고 환영하지만 화해와 통일은 남북 5천만 국민이 해야 할 일이지 일개 정권이 멋대로 기분을 내며 좌우할 성질의 것은 아니라고 주장했다. 그는 이런 주장을 하면서 빌리 브란트 서독 총리의 동방정책을 예로 들었다. 브란트 총리는 정정당당하게 국민에게 정책을 공개하고, 세론의 비판을 받고, 그리고 또 국회 심의를 거쳐 추진하려 하는데 왜 박정희 대통령은 비민주적이고 독단적인 방식으로 남북대화를 추진하느냐고 따졌다. 그는 이렇게 박정희 대통령의 남북대화 방식을 비판하면서 대안으로 적십자 회담 자문위원회와 남북조절위원회를 여·야당의 추천자로 구성하여 거당적인 태세를 갖출 것을 요구했다.[17]

김대중은 1971년 대통령 선거 때 박정희가 3선에 성공하면 총통제를 할 것이라고 주장했다. 불행히도 김대중의 의심은 1년 후 사실로 판명되었다. 1972년 10월 17일 박정희는 초헌법적인 국가긴급권을 발동하여 국회를 해산하고 정치 활동을 금지하는 동시에 전국적인 비상계엄을 선포하였다. 그는 또 새로운 헌법을 제정하여 대통령을 통일주체국민회의에서 선출하고, 임기 제한을 없애 영구 집권을 가능하게 했다. 국회의원도 1/3은 사실상 대통령이 지명하도록 하여 국회를 무력화시켰다. 긴급조치권 등을 통해 개인의 권리도 철저히 제한했다. '10월 유신'은 한마디로 5·16에 이은 제2의 쿠데타였다.

김대중은 1972년 10월 11일 교통사고 후유증을 치료하기 위해 일본

17) 김대중, "남북 적십자 회담과 나의 주장 (1972년 9월)," *후광김대중대전집 3,* 152~153.

을 방문했다. 유신체제가 선포되기 6일 전이었다. 그는 일본에서 박정희가 유신체제를 선포했다는 소식을 들었다. 김대중은 망명이냐 귀국이냐를 놓고 고민을 거듭한 끝에 망명을 택했다. 박정희 독재체제 아래에서는 국내로 들어가도 할 일이 없겠다고 판단한 때문이었다. 그는 10월 18일 일본에서 유신체제를 비판하는 성명을 발표했다. 그는 10월 17일의 사태를 가리켜 박정희가 통일을 말하지만 실제로는 자신의 영구 집권을 목표로 반민주적 조치를 취한 것이라고 했다. 그는 10월 27일 성명서를 통해 유신헌법은 일종의 총통제 헌법이며, 반드시 자유를 사랑하는 우리나라 국민의 준엄한 심판을 받을 것이라고 주장했다. 그는 일본 신문들에 이와 유사한 입장을 기고하면서 박정희 정권에 맞섰다.

김대중은 일본을 떠나 망명지를 미국으로 옮겼다. 그는 미국에서 하버드대학의 일본연구소 소장인 에드윈 라이샤워(Edwin O. Reicschauer) 교수와 자주 만났다. 라이샤워는 김대중을 민주주의를 신봉하고 독실한 기독교 신자이며 신념이 강한 정치가로 높이 평가했다. 그는 라이샤워 교수의 소개로 마이크 맨스필드(Mike Mansfield) 민주당 원내총무와 휴 스콧(Hugh Scott) 공화당 원내총무 등을 만나 박정희 독재정권의 실상을 알렸다. 에드워드 케네디(Edward Kennedy) 상원의원 등 유력 인사들과 만나 박정희 정권의 독재정치를 알리고 협조를 구했다. 에드워드 케네디 상원의원은 김대중의 적극적인 지지자였다. 김대중은 미주리 주립대학, 웨스트민스트 대학, 워싱턴 대학, 시카고 대학, 샌프란시스코 공회당 등 많은 대학과 단체에서 강연했다. 그의 강연 내용은 주로 유신체제의 반민주적 성격을 고발하고 박 정권을 비판하는 것이었다. 한국 정보요원들이 김대중의 이런 활동을 방해했지만 굴복하지 않았다. 다행히 미국 국무부가 한국 정보요원들의 방해 공작에 경고를 보내고, 김대중의 미국 내 활동을 보장해주었다.

김대중은 중간에 일본도 방문했다. 당시 일본 정부는 박정희 정권을 적극 지지하고 있었다. 그는 일본의 국회의원과 유력 인사들에게 한국에 대한 일본 정부와 일본인들의 잘못된 정보와 인식을 바로잡아주려고 노력했다. 일본 정치인 중에 기무라 다케오(木村武雄) 전 건설부 장관, 아카기 무네노리(赤城宗德) 전 농림장관, 우쓰노미야 도쿠마(宇都宮德馬) 의원 등이 김대중에게 관심을 보였다. 우쓰노미야 의원은 아시아·아프리카 연구회의 책임자였고, 진보적 성향이 강한 여당 의원이었다. 그는 아시아·아프리카연구회 회원들을 모아 김대중의 연설을 듣게 했다.

박정희는 12월 23일 통일주체국민회의에서 제8대 대통령으로 선출되었다. 서울 장충체육관에서 진행된 선거 결과 전체 참석 대의원 2,359명 중 찬성 2,357표, 무효 2표가 나왔다. 선거가 아니라 그냥 박정희를 추대하는 행사였다. 북한의 찬반 투표와 똑같았다.

김대중은 미국에서 1973년 7월에 '한국 민주회복 통일촉진국민회의(한민통)'를 결성했다. 해외에서 민주화운동을 보다 조직적으로 추진하기 위해서였다. 이 모임에는 김상돈, 문명자, 임창영 전 유엔대사 등이 참여했다. 그는 이 모임을 결성하면서 '대한민국 절대 지지'와 '선 민주, 후 통일' 원칙을 분명히 했다. 이 원칙은 그의 일관된 생각이기도 했지만, 혹시라도 박정희 정권에게 한민통에 대한 탄압의 빌미를 제공하지 않기 위해서 더욱 확실하게 지켜나갔다. 그는 『뉴욕타임스』에 칼럼을 기고하여 미국이 한국 독재 정부를 지지해서는 안 되며 오히려 경고해야 한다고 주문했다. 그는 이 기고문에서 미군의 남한 주둔에 찬성한다고 밝히고 자신의 통일관은 '선 민주화, 후 통일'이라고 했다. 그는 미

국에 망명정부를 수립하자는 제안에는 분명하게 반대 입장을 밝혔다.[18]

김대중은 미국에서 한민통을 결성한 직후 일본으로 돌아왔다. 한민통 일본 본부를 결성하기 위해서였다. 그는 재일 한국인들을 만나 한민통 결성 계획을 알리고 독재정권 타도와 민주주의 회복 운동에 함께 해달라고 호소했다. 많은 사람이 참여를 약속했다. 한민통 창립대회는 1973년 8월 15일로 예정되어 있었다. 그는 한민통을 캐나다에도 결성하려고 했다. 한민통을 세계적인 기구로 만들려고 했다.

1973년 8월 8일 일본을 방문 중인 양일동 민주통일당 총재를 만나러 그랜드 팔레스 호텔에 갔다. 그는 양일동과 함께 일본에 온 김경인 의원과 셋이서 점심을 먹은 후 자민당의 기무라 토시오 의원을 만나러 호텔 방을 나왔다. 김경인이 따라 나왔다. 그때 건장한 남자 5~6명이 김대중을 납치했다. 대낮에 호텔 복도에서였다. 김대중은 옆방으로 끌려가 마취를 당하고 밖으로 끌려 나왔다. 승용차에 실려 항구로 옮겨졌다. 그는 거기서 두 손과 두 다리를 모두 묶인 채 보트에 태워졌고 다시 큰 배로 옮겨 실렸다. 다시 밧줄로 꽁꽁 묶어졌고 두 손목에는 돌이나 쇳덩이 같은 것이 매달아졌다. 바닷속으로 던져 죽이려 하고 있음이 분명하였다. 죽음의 순간이 다가오고 있었다.

김대중의 납치 소식은 약 1시간 정도 지나 외부에 알려졌고, 언론에도 보도되기 시작했다. 미국이 김대중의 행방을 수소문하기 시작했다. 미국 CIA가 하비브(Philip C. Habib) 주한 미국 대사에게 알렸고 하비브 대사는 곧바로 한국 정부에 김대중 납치에 대한 강력한 경고와 함께 원상회복을 요구했다. 미국 정보부는 일본 정부에게 신속하게 정보를 제공하며 구출 작전에 나서도록 요구했다.

---

18) 김대중. *김대중 자서전 I* (서울: 삼인, 2010), 273-280.

죽음 직전까지 갔던 상황에서 기적 같은 일이 일어났다. 비행기 소리 같은 것이 들렸고, 그 후 납치자들이 김대중을 대하는 태도가 바뀌었다. 그들은 김대중을 묶었던 밧줄을 풀어주었다. 그는 배 안에서 이틀 정도 더 머문 다음 한국의 어느 항구에 내려 자동차로 옮겨졌다. 그는 8월 13일 동교동 그의 집 근처에 내려졌다. 동경의 호텔에서 납치된 지 5일이 지난 후였다.

김대중을 납치한 주역은 이후락 중앙정보부장이었다. 그는 박정희로부터 김대중을 조치하라는 지시를 받고 납치사건을 일으켰다. 김대중은 이 사건을 '김대중 살해 미수 사건'이라고 주장했다. 일본 정부는 범행 현장에서 김동운 1등 서기관의 지문이 나왔다고 밝히고 김대중 납치사건에 한국 정부가 개입한 것을 공식화했다. 일본 정부는 한국 정부에 진상을 규명하고, 김대중을 다시 일본으로 보내며, 또 공식 사과를 하라고 요구했다. 박정희의 사과는 총리 김종필이 일본을 방문하여 유감을 표명한 박정희의 친서를 전달하는 형태를 취했다. 박정희는 이 사건의 책임을 물어 이후락 중앙정보부장을 경질했다. 두 나라가 합의한 해법은 한마디로 말하면 해결이 아닌 봉합이었다.[19]

1979년 10월 26일 박정희가 김재규 중앙정보부장에 의해 피살되었다. 박정희 정권 내부의 권력 싸움이 빚은 결과였다. 같은 해 12월 12일에는 유신체제의 연장을 바라는 전두환 보안사령관과 신군부가 군권을 장악했다. 이들은 1980년 5.17 비상계엄확대 조치를 통해 민주주의를 압살했다. 김대중은 5월 17일 밤 계엄군에 체포되었다. 1980년 5월 18일부터 광주에서 대규모 민주항쟁이 발발했다. 전두환과 신군부의 민주주의 유린 행위와 계엄군의 만행에 항의해 일어난 항쟁이었다. 전두환과

19) 김대중, *김대중 자서전 I*, 299~311.

신군부는 민주화운동에 나선 시민들에 무차별 공격을 가했고 수천 명을 체포했다. 항쟁 과정에서 수백 명이 살해당하고 수천 명이 다쳤다.

전두환 정권은 김대중을 사형시키려 했다. 전두환 정권이 만들어놓은 구도대로 군사 법정은 김대중에게 1980년 9월 17일 사형선고를 내렸다. 항소했지만 2심도 똑같이 사형선고를 했다. 1981년 1월 23일 대법원 상고심에서 사형이 확정되었다. 다행히 대법원의 판결 직후 전두환이 사형을 무기징역으로 감형하는 조치를 취해 목숨은 보존할 수 있었다.

김대중이 죽음에서 벗어날 수 있었던 데에는 미국 등 외국 국가들의 구명 운동이 큰 힘이 되었다. 외국 국가들의 김대중에 대한 구명 운동은 그가 체포된 직후부터 시작되었다. 김대중의 감형에 가장 큰 영향력을 발휘한 나라는 미국이었다. 카터 행정부는 김대중의 체포 및 사형선고를 강하게 비판했다. 당시 백악관 국가안전보장회의의 일원이었던 도널드 그레그는 헤럴드 브라운 (Harold Brown) 국방부 장관과 함께 서울에 와서 전두환을 만났다. 그들은 전두환 정부가 김대중을 처형한다면 미국과 다른 국가들의 강력한 제재에 봉착할 것이라고 경고했다. 1980년 말 대통령 선거에서 카터가 재선에 실패했지만, 다행히 새로 당선된 공화당의 레이건 당선자도 김대중의 구명에 적극적이었다. 레이건 행정부는 김대중의 감형을 조건으로 전두환을 미국에 초청하겠다는 당근과 채찍 정책을 펼쳤다. 무력으로 정권을 잡아 정통성에 결함을 지닌 전두환은 미국의 초청 약속에 김대중 처형 계획을 철회했다.

유럽에서도 김대중 구명 운동이 활발하게 전개되었다. 서독 총리를 역임한 빌리 브란트 사회주의 인터내셔널(SI) 의장은 사회주의 인터내셔널 총회에 김대중 석방 결의안을 상정하여 통과시켰다. 서독의 폰 바이체커(Richard von Weizsäcker) 의원(나중에 서독 대통령)도 구명

운동에 동참했다. 오스트리아 전 수상 크라이스키(Bruno Kreisky)는 그가 제정한 평화상을 옥중의 김대중에게 수여했다.

일본 정부는 한국에 대한 차관제공을 보류했다. 일본 최대 노조 총평은 한국 상품의 하역을 거부했다.[20]

외국 정부와 저명인사들의 김대중 석방 운동은 김대중이 그동안 민주주의와 인권, 평화를 위해 헌신한 데 대한 긍정적 평가의 결과였다. 인류가 추구한 보편적 가치를 매개로 김대중과 민주국가 지도자들이 국제적 연대를 행한 것이었다.

김대중은 1982년 12월 말까지 2년 6개월 동안 감옥에 갇혔다가 1982년 12월 석방되어 서울대 병원에서 일주일가량 머문 후 1982년 12월 23일 미국으로 떠났다. 전두환 정권은 그를 석방한 외형적 이유로 그의 신병 치료를 들었지만 실제로는 그를 석방해 장영자·이철희 사건 등 대형악재로 실추된 대내외적 이미지를 반전시키기 위한 목적이 있었다.

김대중은 1982년 12월 말 미국에 도착하여 워싱턴 근교에 숙소를 잡았다. 그가 워싱턴에 도착하자마자 문동환 목사 등 많은 동포가 모여들었다. 에드워드 케네디 상원의원, 머스키 전 국무장관과 리처드 앨런(Richard Allen) 국가안보보좌관 등 미국의 저명한 인사들이 그를 환영했다. 케네디 상원의원은 상원 의사당 내 맨스필드 룸에서 환영행사까지 열어 주었다. 에모리 대학은 김대중에게 명예 법학 박사학위를 수여했다.

김대중은 미국에서 한국의 독재 실상을 적극적으로 알리기로 했다. 그는 미국에 머문 동안 '재미한국인인권문제연구소'를 설립하여 활동의 근거지로 삼았다. 그는 정부 정책에 막강한 영향력을 행사하는 의회 지

20) 김대중, *김대중 자서전 I*, 402.

도자들을 집중적으로 만나 한국의 실상을 알렸다. 그는 언론 인터뷰와 연설 등을 통해 미국 정부가 한국의 민주주의 발전을 지원해달라는 것과 미국 정부가 안정과 안보를 이유로 독재를 합리화하거나 고무하지 말아 달라고 요구했다. 그가 연설한 곳은 교회와 대학, 인권 단체와 협회, 한인사회 등 다양했다. 그는 미국에 머문 2년 3개월 동안 150회 이상 연설했다. 많은 방송 및 신문과 인터뷰를 했다. 1983년 말에는 미국 ABC 방송의 <나이트 라인> 프로그램에 출연했다. 이 프로그램은 수천만 명이 시청하는 인기 프로그램이었다.

그는 1983년 9월부터 하버드대학 국제문제연구소에 객원 연구원으로 초빙되었다. 미국에 머무는 동안 캐나다 외무성, 독일의 폰 바이체커 대통령과 브란트 전 서독 총리가 그를 초청했으나 여권이 목적지를 미국으로 한정했기 때문에 갈 수가 없었다. 그는 주미 한국 대사관에 두 나라를 방문할 수 있게 해 달라고 요구했으나 거절당했다.

김대중이 미국에 머물면서 전 세계의 저명인사들을 많이 만나고 교류한 것은 그가 세계정세를 이해하는 데 큰 도움이 되었다. 그는 다양한 인사들과 만나 인적 네트워크를 구축했다. 이때 쌓은 폭넓은 인적 네트워크는 그가 훗날 대통령으로서 IMF를 조기에 극복하는 데 큰 도움이 되었다. 그가 미국에 머물면서 익힌 영어 역시 세계인으로서 그의 활동 범위를 넓히는 데 도움이 되었다. 그의 미국 망명 생활은 위기를 기회로 활용하는 김대중의 능동적 삶의 자세를 다시 한번 보여 주었다. 그는 역경에 좌절하지 않고 이를 이겨내 더 크고 강한 지도자로 성장하고 있었다.

김대중은 미국에서 한국의 민주주의를 위해 열심히 뛰었으나 한계를 느꼈다. 그는 1984년에 귀국을 결심했다. 그는 귀국의 이유로 신병 치료를 했고, 한국에서 민주화운동을 하는 사람들에 대한 도덕적 의무

감, 한국 정치 상황의 엄중함, 남북통일을 위한 역할 필요성, 전두환 정권과 직접 대화하고 싶은 마음 등을 제시했다.

한국 정보부에서 그의 귀국을 방해했다. 그러나 김대중은 귀국 결심을 바꾸지 않았다. 김대중은 1985년 2월 8일 한국으로 돌아왔다. 그의 귀국 비행기에는 에드워드 페이건(Edward Feighan)·토마스 포글리에타 하원의원, 퍼트리샤 데리언(Patricia Derian) 전 국무부 인권담당 차관보, 브루스 커밍스(Bruce cumings) 교수 등 30여 명이 동행했다. 기자들도 수십 명 탑승했다. 전 세계가 필리핀 민주화운동가 베니그노 아키노(Benigno N. Aquino) 상원의원의 암살 악몽사건을 상기하며 김대중의 귀국길을 주시했다. 김포 공항에는 수천 명의 사람이 김대중의 귀국을 환영하기 위해 대기하고 있었다. 그가 공항에 도착하자 경찰들이 그와 그의 일행들을 환영 나온 대중과 분리했다. 경찰들은 김대중과 그의 아내를 따로 에워싸고 입국 수속절차도 밟지 않은 채 커튼이 처진 마이크로버스 안에 실어 동교동 그의 집으로 옮겨놓았다.

김대중의 해외 인맥 중에서 특별한 인연을 가진 사람으로 코라손 아키노(M. Corazon S. C. Aquino) 여사를 들 수 있다. 코라손 아키노는 1986년 필리핀 2월 혁명의 주역 중 한 사람이다. 그는 필리핀 상원의원을 지냈고 민주화운동을 하다가 미국에 망명했던 베니그노 아키노의 부인이다. 베니그노 아키노는 1983년 미국에서 망명 생활을 청산하고 필리핀으로 돌아오기 위해 마닐라 공항에 도착하여 비행기에서 내리다가 암살당했다. 코라손 아키노는 1986년 2월 혁명에서 야당을 이끌고 페르디난드 마르코스에게 맞서 싸워 승리를 거두었고 이어 실시된 대통령 선거에서 필리핀 대통령으로 선출되었다.

김대중은 1980년대 초반 미국에 망명해 있을 때 아키노 부부와 가깝게 지냈다. 같은 아시아 국가의 지도자이고 민주화운동을 하다가 독재정권에 탄압받은 경력 등 몇 가지 점에서 아키노와 김대중은 동병상련의 유대감을 느꼈다. 대통령직에서 퇴임한 아키노는 1994년 김대중이 설립한 '아시아·태평양 평화재단'의 고문으로 참여했다. 그는 김대중 대통령 취임식에도 참석했다.

김대중은 1987년과 1992년 대통령 선거에 출마했으나 연거푸 실패했다. 그는 1992년 대통령 선거에서 패배한 후 정계 은퇴를 선언했다. 그는 1993년 1월 26일 영국 케임브리지 대학으로 유학길에 올랐다. 그는 처음에는 미국으로 가려 했으나 국내 정치와 좀 더 떨어져 있기 위해 영국행을 택했다. 체류 기간에 정치 활동을 하지 않았기 때문에 그의 영국 생활은 1980년대의 미국 망명 생활 때보다 훨씬 여유로웠다. 그가 케임브리지 대학에 객원 연구원으로 머무는 동안 자주 만난 인물 중에 천체 물리학자 스티븐 호킹(Stephen Hawking) 박사가 있다. 호킹 박사는 학문적 업적이 대단했지만, 김대중이 그를 좋아한 가장 큰 이유는 삶에 대한 그의 긍정적 태도 때문이었다. 김대중은 앤서니 기든스(Anthony Giddens), 존 던(John Dunn) 교수 등 세계적 석학들과 만나 민주주의와 세계사적 흐름에 대해 깊은 대화를 나누었다.

김대중은 영국에 머물면서 독일을 세 차례 방문했다. 그는 독일 방문에서 로타어 데메지에르(Lothar de Maiziere) 동독 마지막 총리의 조언을 인상 깊게 새겼다. 데메지에르 총리는 동독이 서독에 흡수된 통일과정을 후회하면서 한국은 절대로 흡수, 합병의 형식을 취하지 말고 단계적 통일 방식을 취해야 한다고 했다. 그는 독일 통일과정을 깊숙이 살피면서 그의 '3단계 통일관'이 옳다는 생각을 더욱 다졌다.

김대중은 1년 예정으로 생각했던 영국 생활을 단축하고 1993년 7월

4일 다시 서울로 돌아왔다. 귀국 후 그는 동교동 생활을 청산하고 일산에 아파트를 얻어 이사했다. 그는 일산에서 사람들과의 접촉을 가능한 줄이고 통일 문제 연구에 몰두했다. 그는 외부 강연의 경우도 주제를 될 수 있는 대로 통일 문제로 제한했다.

그는 영국에서 귀국한 지 두 달 후인 1993년 9월부터 10월 사이에 독일, 러시아, 미국을 순방했다. 이들 세 나라를 방문한 목적은 이들 나라의 주요 인사들과 아시아 평화와 통일 문제를 논의하고 그가 구상 중인 평화재단의 협조를 얻어내기 위해서였다. 그는 평화재단을 만들어 세계적 연구소로 키울 계획을 하고 있었다. 그는 세 나라의 방문에서 독일의 나우만(Nauman) 재단, 러시아의 고르바초프 재단, 미국의 카터 재단 및 브루킹스 연구소 등과 교류 협력에 합의했다. 그는 세 나라 방문 과정에서 폰 바이체커 독일 대통령, 겐셔 전 독일 외무장관, 데메지에르 전 동독 총리, 고르바초프 전 소련 대통령, 지미 카터 전 미국 대통령, 키신저 전 미국 국무장관 등을 만났다. 모두 김대중의 통일 구상을 지지해주었다.

김대중은 1994년 1월 27일 '아시아·태평양 평화재단(아태평화재단)'을 설립했다. 그는 아태평화재단을 통해 한반도의 평화와 민족 공영의 길을 모색하고, 아시아의 민주 발전과 나아가 세계 평화에 이바지하고자 했다. 아태평화재단에 참가하는 인사들의 면모가 화려했다. 해외 인사 중에는 고르바초프 전 소련 대통령, 코라손 아키노 전 필리핀 대통령, 겐셔(Hans D. Genscher) 전 독일 외무장관 등이 고문으로 위촉되었다. 현판식에는 코라손 아키노 전 필리핀 대통령과 데메지에르 전 동독 총리 등 외국의 저명인사들도 참여했다. 그가 오랫동안 다져온 해외 인맥의 화려함을 다시 한번 드러냈다.

김대중은 1994년 11월에는 중국 인민외교학회 초청으로 중국을 방문했다. 중국 방문은 처음이었다. 중국의 제4인자인 리루이환(李瑞環) 전국인민정치협상회의 주석을 비롯하여 중국 외교부 관리들을 많이 만났다. 중국사회과학원, 난카이(南開) 대학, 푸단(復旦) 대학 등에서 그에게 명예교수직을 수여했다. 그는 중국 방문에서 중국의 거대한 힘을 다시 확인했다. 그런 대국의 많은 침략과 압박에 굴하지 않고 우리 민족과 문화를 발전시켜온 우리 역사에 새삼 자긍심을 느꼈다.

김대중은 1995년 10월과 1996년 10월에도 중국을 방문했다. 1996년 방문 때는 탕자쉬안 외교부 부부장, 주룽지 국무원 부총리 등을 만났다. 주 부총리는 "한국의 민주주의를 위해 살아온 역정에 대한 존경심에서 김 선생님을 만나러 왔습니다" 라고 말했다.[21] 1998년 김대중은 대통령 자격으로 중국을 방문했다. 이때 주룽지는 총리로 승격해 있었다. 주 총리는 1998년 방문 때도 양국 간의 경제협력 사업을 논의하면서 김대중 대통령에게 존경한다는 말을 덧붙였다. 주 총리의 김대중에 대한 각별한 관심은 주 총리와 김대중의 동병상련적 수난사도 영향을 준 것 같다. 주 총리는 문화혁명으로 가족과 20년간 떨어져 살았다. 그는 이 기간 농촌에서 갖은 고초를 겪었다. 김의 다양한 국제적 네트워크는 이렇게 그가 살아온 삶의 결과물이었다.

김대중은 1997년 12월 18일 실시된 대통령 선거에 당선되었다. 네 번째 도전 끝의 성공이었다. 대선 승리와 함께 김대중은 '사형수에서 대통령으로'라는 매우 극적인 인간 승리의 역사를 만들어 냈다. 자연히 그의 대통령 당선은 한국을 넘어 세계적 관심사가 되기에 충분했다. 세계 주요 언론들이 김대중의 당선을 1면 머리기사로 보도했다. 미국의 주요

---

21) 김대중, *김대중 자서전 I*, 124.

신문인 『뉴욕타임스』와 『워싱턴 포스트』는 김대중의 오랜 정치적 시련과 정치인으로서의 영욕을 자세히 소개했다. 양 신문은 김대중의 당선을 한국 민주주의의 승리라고 했다. 『월스트리트 저널』은 남아프리카공화국의 넬슨 만델라와 폴란드의 레흐 바웬사의 대통령 당선과 같은 위대한 정치적 사건이라고 해석했다. 특히 반가운 것은 대부분 언론이 김대중의 당선을 한국 민주주의의 승리로 해석했다는 점이다.

김대중은 대통령에 당선되자마자 외환위기 극복이라는 과제를 떠안았다. 그는 국가 경제가 부도나기 직전 최우선적인 과제는 고갈되는 외화를 보충하는 것이었고 국민의 불안감을 완화하는 것이었다. 그의 이런 외환위기 극복 과정에 큰 역할을 한 것은 김대중이 해외에 구축한 광범위한 인적 네트워크와 인권운동가로서의 명성이었다. 김대중은 당선 직후 국제 금융 투자자인 조지 소로스(George Soros) 퀀텀펀드 회장을 초청했다. 그는 김대중의 인권과 민주화 투쟁 경력을 높이 평가하고 있었다. 그는 이런 민주적 지도자가 있는 나라는 국제사회가 지원해야 한다면서 한국에 투자하겠다고 했다. 소로스 같은 세계적 투자자의 약속은 다른 해외 투자자들을 모으는 데도 긍정적 영향을 미쳤다. 김대중의 명성을 믿고 한국을 돕겠다는 투자자들이 연거푸 한국을 찾았다.

4. 롤 모델로서 유럽 정치

1) 빌리 브란트의 동방정책은 햇볕정책의 롤 모델

브란트와 김대중의 개인적 삶을 조명하다 보면 그 유사함에 놀라게 된다. 우선 두 사람은 각각 사생아와 서자로 태어났으며, 태어난 순간부터 그들이 소속한 사회의 변방인(outsider)이었다. 정상에 오르기 전까지 정치인으로서 그들의 경력 대부분도 변방인에 가까웠다. 두 사람 모두 대학 졸업장이 없이 자기 나라의 총리와 대통령 자리에 오른 첫 번째 사람들이다. 두 사람 모두 선거에서 숱한 실패의 경험을 가졌으며, 오랫동안 야당 대표를 역임했다. 이념적으로 두 사람은 개혁적·진보적 성향을 지녔으며, 이런 정치적 성향은 각자의 정치무대에서 자주 색깔 공세의 대상이 되었다. 브란트는 청년기에 14년 동안의 망명 생활을 했고, 김대중은 정치적 성숙기에 투옥과 연금, 사형선고, 두 차례의 망명 등 큰 정치적 시련을 겪었다. 그들의 경쟁자들은 이런 불우한 환경을 이겨낸 변방인들에게 사생아, 공산주의자, 민족의 배신자 등 수많은 비난과 박해를 가했다. 그러나 이 모든 어려움과 시련들을 극복하고 브란트는 세 번째, 김대중은 네 번째 도전 끝에 각각 자기 나라에서 최초의 수평적 정권교체를 이루며 총리와 대통령에 당선되었다. 두 사람 모두 자유와 민주주의, 인권, 평화를 위해 헌신했으며, 그 공적으로 노벨평화상을 받았다.

김대중과 브란트는 변방인에서 총리와 대통령에 오른 도전적 삶에서만 유사한 것이 아니다. 김대중은 1960년대 말 브란트가 동방정책에 착수한 직후부터 동방정책에 주목했다. 그는 1970년대 초 여러 차례에 걸쳐 브란트의 동방정책을 언급하고, 우리나라도 그와 같은 정책을 시행해야 한다고 주장했다. 1970년대에 행한 발언 내용으로 판단하건대 김대중은 이미 1970년대에 훗날 햇볕정책으로 불린 남북화해·통일정책의 윤곽을 완성했다. 이 과정에서 브란트의 동방정책은 김대중의 햇볕정책의 롤 모델 역할을 했다.[22] 동방정책과 햇볕정책이야말로 브란트와 김대중을 공통분모로 묶는 최대 유사점이라고 할 수 있다.

브란트는 김대중의 삶에도 많은 도움을 주었다. 김대중이 1980년 전두환과 신군부에 의해 사형선고를 받았을 때 사민당 총재와 사회주의 인터내셔널(SI) 의장을 맡고 있던 브란트는 김대중의 생명을 구하는 일에 앞장섰다.[23] 김대중은 2000년에 노벨평화상을 받을 때까지 노벨평화상 후보로 총 14번 추천을 받았는데, 그 중 첫 번째 추천서는 1987년 사민당 총재이자 노벨상 수상자였던 브란트가 사민당 국회의원 73명의 서명을 받아 제출한 것이었다.[24]

이승만 정권은 북진 통일론을 주장했다. 북진 통일론은 현실적으로 가능하지 않았고 단지 평화 통일론 등 다른 통일론을 억압하고 분단을 공고화하는 데 이바지했다. 박정희 정권은 과거 정부와 마찬가지로 북한의 고립과 '유엔 감시 하의 남북한 총선거' 원칙을 고수했다.[25]

김대중은 1963년 처음으로 국회에 진출했다. 그는 국회의원으로 활동하면서 남북문제와 경제문제에 가장 많은 관심을 가졌다. 1960년대 그의 대북관이 평화 통일 방안이었음은 그가 국회에서 발언한 내용을 통해 잘 드러난다. 그는 1966년 7월 1일 국회 대정부 질의에서 북한의

---

22) 김대중, "빌리 브란트와 나, '동방정책'과 '햇볕정책'," 외국어대학교 역사문화연구소 외, *유럽통합과 독일의 분단·통일 경험에 비추어 본 한국의 통일과제와 동아시아 공동체 구상* 국제학술대회 발표문 (2009.5.21.), 15-24, 20-24 참조.

23) Sozialdemokraten, "Mitteilung für die Presse: der Sozialdemokraten-vorsitzende Willy Brandt sandte dem Präsidenten der Republik Korea, Chun Doo Hwan, das folgende Telegramm," (1980.9.17.), *유럽통합과 독일의 분단·통일 경험에 비추어 본 한국의 통일과제와 동아시아 공동체 구상*, 25-26.

24) 『동아일보』 (1987. 2, 2000. 10. 13.).

25) 박형중,"신동방정책 독일정책과 대북 포용정책 개관," 황병덕 외, *신동방정책과 대북 포용정책* (서울: 두리미디어, 2000), 74.

폐쇄적 태도와 상황을 비난함과 동시에 우리 정부의 통일정책도 비판했다. 그는 이때 발언의 주요 논거를 서독의 사례에서 찾았다. 그는 독일의 국토가 분단되고, 또 동독에 소련군이 진주하고 있어서 통일 가능성이 매우 희박함에도 불구하고 서독은 통일논의를 활발하게 하고 있다고 소개하고, 우리도 통일 문제를 개방적으로 논의해야 한다고 주장했다.

김대중이 비교의 대상으로 택한 서독은 1950-60년대에 동독 고립화 정책을 펼쳤다. 서독이 동독을 국가로 인정하지 않고 고립 붕괴시키기 위한 대표적인 정책이 동독과 수교한 나라와는 수교하지 않는다는 할슈타인 원칙(Halstein Doctrine)이었다. 우리나라도 서독에서 시행한 할슈타인 원칙을 그대로 시행하여 북한 고립화 정책을 펼쳤다. 그런데 서독은 1966년경부터 할슈타인 원칙을 포기하기 시작했다. 서독은 1966년 공산국가이면서 동독과 외교 관계를 맺은 루마니아와 외교 관계를 수립하기로 했고 그 효력은 1967년 1월 1일 자로 발효했다. 또 1967년 8월 3일 체코슬로바키아와 무역협정을 체결한 데 이어 1968년에는 유고슬라비아와 외교 관계를 재개했다.

김대중은 서독의 이런 변화를 지적하면서 서독이 공산권 국가인 루마니아와 국교를 맺는 것처럼 우리나라도 할슈타인 원칙을 포기하는 게 합리적이라고 주장했다. 그는 외교라는 것은 자기 국가의 이익을 추구하는 것이 제1차적인 목표인데, 우리가 대상 국가에 대해서 아무 원조도 못 해 주고 아무런 위협적 수단도 가지고 있지 못하면서, 위협수단을 가지고 있는 서독도 성공하지 못한 정책을 고수하는 것은 잘못이라고 주장했다. 그는 또 유고슬라비아가 북한으로부터 수정주의 국가라는 비판을 받았고, 북한과 외교 관계를 단절했다는 말을 전하면서 이런 국가와

는 비록 공산국가이지만 국교를 맺을 필요가 있다고 주장했다.[26]

김대중은 국회 연설에서 법무부 장관을 향해 이론적 혹은 학술적 측면에서 통일논의를 자유롭게 허용할 것을 요구했다. 그는 민주주의 사회가 공산주의 사회와 다른 점은 의사 표현의 자유를 최대한 허용하는 것이라고 주장하고, 정부가 통일논의나 남북교류 논의를 이적행위로 분류하여 모조리 반공법으로 처벌하는 것은 재고해야 한다고 주장했다. 정부는 현행법하에서도 정치적·학술적 논의는 행동을 요구하지 않는 이상 법으로 다스려서는 안 된다고 주장했다. 그는 북한 주민들과의 서신교환, 민간인 차원에서 북한과의 체육 교류 협의 등도 허용해야 한다고 주장했다.

김대중은 국회 질문에서 혁신정당을 허용하라는 주장도 했다. 그는 어떤 자유 민주국가도 혁신정당을 불법화한 나라는 없다면서 공산당과 혁신정당은 구분해야 한다고 했다. 그는 영국의 노동당, 이탈리아의 사회당, 스웨덴의 자유 민주당, 노르웨이의 노동당 등의 사례를 들면서 대부분의 나라에서 혁신정당은 공산당과 단호히 선을 긋고 있다고 했다. 그는 우리나라에서 대통령과 국무총리 등은 혁신정당을 탄압할 생각이 없다고 말하지만 중앙정부보장은 '혁신정당은 필요 없다' '혁신정당은 공산당을 이롭게 한다'면서 사실상 혁신정당을 탄압하고 있다고 지적하고 혁신정당 육성을 행동으로 실천하라고 주장했다.[27] 한때 혁신정당에 몸담았던 남재희 전 노동부 장관은 김대중의 이런 면모를 일찍 간파한 사람이있다. 그는 1960년대 말 김대중의 진보적 통일관을 발견하고 그

26) 김대중, "통일논의를 용공으로 몰지 마라. (1966.7.1. 국회 본회의 대정부 질의)," *후광김대중대전집 3: 통일론집* (서울: 중심서원, 1993), 22, 32-33.

27) 김대중, 위의 글, 43-45.

에게 "서독 빌리 브란트의 동방정책이 훌륭한데 한국의 빌리 브란트가 되십시오"라고 훈수했다고 밝혔다.[28]

김대중은 1971년 대통령 선거에 출마했을 때, 미국을 방문하여 워싱턴 내셔널프레스클럽에서 기자회견을 했다. 그는 이 자리에서 내외신 기자들에게 "무력 포기에 따른 남북 긴장 완화, 비군사적인 기자·서신·체육 등의 교류, 정치 및 경제적 교류의 시도 등 3단계의 기초를 닦겠다"라고 말했다.[29] 그는 또 기자회견 때 빌리 브란트 총리의 동방정책을 지지하고 공감한다는 말도 했다.[30]

김대중은 1972년 3월 11일 서울 수운회관에서 "변화하는 세계와 한반도"라는 주제로 강연을 했다. 그는 이날 연설에서 그가 독일에 가서 브란트 정부의 내독성 장관 및 차관과 만나 4시간 동안 대화를 했다고 말하고 브란트의 동방정책과 동·서독 사이의 화해·교류 정책을 자세히 소개했다. 그는 세계정세는 현상유지와 평화 공존이라고 소개하고 구체적 사례로 1971년 미국·영국·프랑스·소련 등 4개국이 체결한 베를린 협정을 소개했다. 또 서독이 소련, 폴란드와 각각 체결한 조약, 동·서독이 1973년 유엔에 동시 가입하기로 한 내용 등을 소개했다. 그는 미국과 중공 사이에 조성되고 있는 해빙 분위기 등 아시아에서의 현상 동결과 평화유지에 대해서도 언급했다. 그는 서독이 동유럽 국가들과 관계 개선을 하는 것처럼 우리도 중공 및 소련과 관계 개선이 필요하다고 말하고, 자신이 1971년 대통령 선거 때 주장한 '4대국 안전보장론'의 당위성을 다시 상기시켰다. 그는 자신이 '4대국 안전보장론'을 주장했을 때 박정희 정권은 "터무니없는

28) 남재희, "한국 민주화 과정의 수난자요 승리자," 강원택 외, *김대중을 생각한다*, 248.

29) *김대중, 김대중 자서전 1*, 263.

30) 김대중, "빌리 브란트와 나, '동방정책'과 '햇볕정책,'" 59.

소리다, 어떻게 해서 남북교류를 할 수 있느냐, 김일성이가 곧 쳐들어오는데 공산권 교류 얘기하자는 김대중의 사상이 이상하다"라고 비난했다고 언급하고. 그런데 박 정권은 대통령 선거가 끝나자마자 남북교류하자고 말했다면서 자신의 선견지명을 환기시켰다.[31]

김대중은 수운회관 연설에서 3단계 통일론을 설명했다. 그의 3단계 통일론은 평화적 공존, 평화적 교류, 그리고 평화적 통일을 특징으로 하고 있다. 먼저 1단계인 평화적 공존 단계는 전쟁억제와 긴장 완화를 근간으로 한다. 두 번째 단계는 남북 간의 교류를 확대해 나가는 것이다. 세 번째 단계는 평화적 방식에 의한 정치적 통일이다.[32]

김대중은 1972년 6월 6일 흥사단 강당에서 있었던 강연에서 남북교류와 공산권 외교는 그의 선거 공약이었음을 다시 한번 상기시켰다. 그는 이날 연설에서 브란트의 동방정책에 대해 구체적으로 설명했다. 그는 브란트가 독일의 분단을 시인하고 동독 쪽에 있는 폴란드와 그 국경도 인정했으며 반항구적으로 독일의 통일을 포기한 것 같은 태도를 보였지만 사실은 우회적 통일방안이라고 말했다.

> "이렇게 이 사람들은 일단 현 단계에서 통일을 포기했지만 그 대신 무엇을 노리고 있느냐, 동독을 그대로 인정하고 준 국가적인 관계를 유지하면서 동독하고 교류를 확대해 나가면 결국 독일 민족끼리 서로 막혔던 길이 터져서 같은 민족끼리 자주 만나고, 서로 동질성이 형성되고, 서로 자꾸 교류되고, 이렇게 해서 어느 시기에 가서 독일 민족끼리 통일하겠다는 것은 그것은 누구도 막지 못한다, 이거예요."[33]

---

31) 김대중, "변화하는 세계와 한반도(1972. 3. 11, 서울 수운회관)," *후광김대중대전집 3*, 56-58, 60-63.

32) 김대중, "변화하는 세계와 한반도," *후광김대중대전집 3*, 65-66.

33) 김대중, "3단계 통일방안」(1972. 6. 6)," *후광김대중대전집 3*, 98.

김대중은 이렇게 "공산주의라는 것도 결국 서로 부딪치고, 특히 자유 세계와의 접촉을 통해서 자유의 바람이 들어가면 크게 변화하는 것"이라면서, "우리가 자신을 가지고 공산주의와 부딪쳐 가면, 우리의 자유의 바람이 북한으로 불어가게 되어 북한을 변화시킬 수도 있다"라고 주장했다.[34]

김대중은 서독의 동·서독 화해정책을 소개하면서 우리와 독일의 차이점도 거론했다. 그는 독일의 분단은 제2차 세계대전을 도발한 데 대한 승전국들의 징벌적 성격을 띠고 있지만, 한국은 전쟁을 도발한 나라도 아니고 패전국가도 아니며 강대국들이 판단을 잘못하여 분단시켰기 때문에 통일의 책임도 그들이 져야 한다고 주장했다. 또 하나 독일은 통일될 경우 주변 국가들을 위협할 수 있지만, 한민족은 통일되어도 중국이나 일본을 위협할 힘이 없으므로 주변국들이 한국의 통일을 방해할 이유가 없다고 주장했다.[35]

김대중은 흥사단 강당 연설에서도 3단계 통일방안을 주장했다. 그는 남북한의 유엔 동시 가입도 주장했다. 그의 연설 내용 중에는 주한미군의 계속 주둔 필요성에 관한 것도 있다. 그는 주한 미군의 계속 주둔 필요성을 이야기하면서 다시 브란트 서독 총리의 NATO 정책을 예로 들었다. 그는 브란트가 동방정책을 시행하여 소련 및 동유럽 국가들과 접촉하면서도 NATO는 절대로 놓지 않고 미군 주둔을 그대로 붙들고 있다는 점을 환기했다. 그는 브란트가 미군의 계속 주둔을 원하는 것은 전쟁을 위해서가 아니라 평화를 지키기 위해서라고 주장했다. 서독이 평화를 지키려면 미국의 무력과 힘의 균형이 필요하므로 미군 주둔을

34) 김대중, 위의 글, 122.

35) 김대중, 위의 글, 98-99.

원하는 것이라고 했다. 그는 이 논리를 남한에도 그대로 적용했다. 비록 북한에는 중공군이나 소련군이 없지만, 그것은 형식에 불과하며 중공군과 소련군은 압록강과 두만강만 건너면 되기 때문에 마치 한 국토와 마찬가지지만 미군은 태평양을 건너야 하므로 성격이 전혀 다르다고 주장하고 주한미군은 계속 주둔해야 한다고 주장했다.[36]

김대중이 1970년대 초까지 행한 통일 관련 발언들은 다음 몇 가지 내용을 특징으로 하고 있다. 첫째, 한반도의 통일은 반드시 이루어져야 하고 또 이루어질 수 있다는 강한 신념이다. 둘째, 통일을 이루되 그 방식은 점진적 민주적 평화적이어야 한다. 셋째, 북한을 사실상의 국가로 인정하고 남북한이 유엔에 동시 가입하며 함께 공존공영해야 한다. 넷째, 미국·소련·중국·일본 등 한반도 주변의 4대 강국이 한반도의 안전을 보장해주고 동북아의 평화 속에서 남북한 평화 공존을 모색한다. 다섯째, 이산가족 상봉, 기자, 문화예술인, 스포츠 분야의 교류를 통해 상호 이해를 증진하고 더 나아가 경제협력을 모색한다. 여섯째, 남한은 서독의 빌리 브란트가 추진한 동방정책을 본보기로 삼아야 한다.

이상의 내용으로 볼 때 훗날 햇볕정책으로 불리는 김대중의 남북화해 협력정책의 정신과 그 내용은 이미 1970년대 초에 형성되었다고 본다. 또한, 햇볕정책의 윤곽은 브란트의 동방정책으로부터 큰 영향을 받았음이 틀림없다. 브란트의 동방정책은 햇볕정책의 롤 모델이었다.

김대중은 한국을 찾은 빌리 브란트 전 서독 총리를 1989년 10월 30일 워커힐 호텔에서 만났다. 브란트가 한국을 찾은 그 시점은 동독인들이 서독으로 대거 탈출하고 또 동독 내에서 민주화운동이 활발하게 전개될 때였다. 김대중이 그에게 동·서독의 통일 전망을 묻자 브란트는 아

36) 김대중, 위의 글, 111~112.

무래도 시간이 걸릴 것 같다고 했다. 그런데 브란트가 한국에서 독일로 돌아간 일주일 후에 베를린 장벽이 무너졌다. 브란트가 이런 상황을 사전에 예측했더라면 그는 아마도 그 시점에서 독일을 떠나지는 않았을 것이다. 독일에서 동방정책의 추진자도 미처 예상하지 못한 일이 벌어진 것이었다. 브란트는 11월 10일 브란덴부르크 문 앞에서 전개된 베를린 장벽 붕괴 기념행사에 참여했다.

김대중은 1991년 소련, 폴란드, 독일을 방문했다. 그는 독일 방문 때 브란트 전 총리와 폰 바이체커 대통령, 겐셔 외무장관을 만났다. 세 사람 모두 김대중이 1980년 사형선고를 받았을 때 그의 구명운동에 앞장선 인물들이다. 또 세 사람은 독일통일을 있게 만든 주역들이다. 김대중은 브란트와 폰 바이체커, 겐셔를 만나 독일통일 과정과 한반도 통일에 대한 조언을 들었다. 브란트와 폰 바이체커는 그에게 한국은 독일식으로 통일하지 말라고 당부했다. 특히 브란트는 "우리는 동독으로부터 일어난 불의의 사태로 인해서 조속한 흡수통일을 했지만, 한국은 반드시 평화적이고 점진적인 통일을 추진하시오"라고 조언했다.[37] 1995년의 '3단계 통일안'과 햇볕정책은 이런 조언들이 반영되어 만들어진 것이었다. 브란트는 김대중과의 면담이 있은 지 1년 후에 사망했다.

김대중은 1992년 대통령 선거에서 패배한 직후인 1993년 초 영국에 머물렀다. 이 기간 그의 관심사에서 독일통일 문제가 빠질 수 없었다. 통일된 지 3년이 지났지만 동·서독 사이의 이질감은 여전히 남아 있었다. 바이체커 대통령의 "베를린 장벽은 무너졌지만, 마음의 장벽은 그대로 있습니다" 라는 말이 상기되었다. 김대중이 베를린에서 만난 동독의 마지막 총리 데메지에르는 서독에 의한 흡수통일을 후회했다. "우리

37) 김대중, "빌리 브란트와 나, '동방정책'과 '햇볕정책'," 21.

는 잘못을 저질렀습니다. 절대로 흡수, 합병 형식을 취하지 말고 단계적 통일 방식을 취해야 했습니다." 김대중은 통일 독일의 모습을 보면서 그가 1972년에 처음 주장했던 '3단계 통일론'에 더욱 애착을 가졌다.

김대중이 독일로부터 배운 가장 큰 교훈은 독일처럼 조급해서도 안 되고, 독일처럼 흡수 통합을 지향해서도 안 된다는 것이었다. 그는 어떻게든 통일만 이룬다고 능사가 아니며 어떻게 통일하는가가 중요하다고 생각했다. 그는 그 이유를 우리나라와 통일 전 서독의 경제 규모 등을 수치로 비교하며 설명했다. 그의 설명대로 우리의 경제력은 서독의 1/6밖에 되지 않는다. 서독은 동독보다 인구가 4배나 많지만 우리는 북한에 비교해 2배 많다. 따라서 서독은 네 사람이 동독 사람 한 사람을 먹여 살리면 되지만 우리는 두 사람이 한 사람을 감당해야 한다. 그것도 서독의 1/6밖에 안 되는 경제력으로 말이다. 또 국토의 면적을 비교해도 서독은 동독의 2배 이상이지만 우리는 오히려 북한보다 20%나 적다. 무엇으로 보든 우리가 서독보다 불리하다. 우리보다 훨씬 우월한 조건을 가진 서독은 앞에서 말한 대로 통일 후 심각한 후유증을 앓고 있다. 거기다가 우리는 전쟁까지 치렀다. 따라서 아무런 완충장치와 개선 과정도 거치지 않고 이 상태 그대로 통합을 하게 되면, 내부적으로 심각한 혼란과 갈등을 일으키게 될 것이다. 그 혼란과 갈등의 정도는 독일과는 비교가 안 될 만큼 클 것이다. 김대중은 독일통일 후의 상태를 살피고 다시 한번 그의 3단계 통일론을 확신하게 되었다.[38]

김대중은 대통령 재임중인 2000년 3월 초, 이탈리아, 바티칸시국, 프랑스, 독일을 차례로 방문했다. 그는 독일 방문 때 베를린자유대학에서 연설했다. 그는 이 연설에서 이른바 '베를린 선언'을 발표했다. 그는

---

38) 김대중, *새로운 시작을 위하여* (서울: 김영사, 1993), 46-49.

연설문에서 북한의 입장을 고려하며 내용에 심혈을 기울였다. 그가 '베를린 선언'에서 밝힌 주요 내용은 다음과 같다.

첫째, 북한이 경제적 어려움을 극복할 수 있도록 도와줄 준비가 되어 있다. 경제적 지원은 사회 간접 자본 확충, 민간 기업의 투자 환경 조성, 식량 지원 및 근본적인 농업구조개혁이다. 이를 위한 정부 당국 간 협력이 필요하다.

둘째, 당면 목표를 통일이 아니라 냉전 종식과 평화 정착에 둔다.

셋째, 북한은 인도적 차원의 이산가족 문제 해결에 적극적으로 나서라.

넷째, 이러한 문제를 해결하기 위해 남북 간 대화가 필요하며 이를 위해 특사교환을 제안한다.

김대중 대통령은 '베를린 선언'을 발표하기 전에 그 요지를 판문점을 통해 북한에 보냈다. 북한에 대한 존중과 선언의 진정성을 보여 주기 위해서였다. 정부의 제안을 사전에 북한에 미리 알려준 경우는 과거에 없었던 일이었다.

물론 동방정책과 햇볕정책 사이에는 차이점도 있다. 브란트는 세계주의자였고, 유럽의 평화 속에서 독일 문제의 해법을 찾으려 했다. 브란트의 동방정책은 제2차 세계대전에서 독일이 행한 잘못과 역사 반성에 토대를 두고 만들어졌으며, 독일인의 당면 과제는 통일이 아니라 민족 동질성 유지와 평화라고 했다. 반면 김대중의 기본적 출발점은 민족주의였다. 그는 한반도의 분단은 미·소의 잘못에서 기인하였다고 진단하고, 남북은 언젠가 반드시 하나가 되어야 한다고 주장했다. 그는 '3단계 통일방안'에서 우리 민족이 시행할 통일정책의 내용을 단계적으로 제시했으며, 그가 대통령 재임 중 실행한 햇볕정책은 그의 3단계 통일방안 중 첫 번째 단계인 남북평화와 교류·협력방안에 관한 것이다. 이 단계의 내용이 브란트의 동방정책과 유사했다.

2) 유럽연합(EU)은 동아시아 공동체의 롤 모델

미국 및 서유럽 국가들과의 우호 및 협력 관계는 1949년부터 1969년까지 서독을 통치한 기민/기사당 정부가 먼저 그 기반을 다졌다. 미국 및 서유럽과의 긴밀한 협조 관계는 전후 서독의 국제적 위상 및 안전을 보장받는데 이바지했다. 그런데 1950-60년대 서구의 협력 및 통합 운동은 일정 부분 냉전 논리와 연결되어 있었다. 서유럽 협력의 주요 목표 및 이유가 동유럽 공산 진영과의 대결을 위한 서구 진영 강화였다. 브란트가 생각하기에 서구의 이런 유럽 정책은 방어적이고 너무나 협소한 혹은 부정적 내용을 담고 있었다.[39]

브란트는 시각의 변화를 요구했다. 그는 영국을 포함한 서구, 즉 확대된 공동체는 결코 동구에 대항하는 블록이 아니며, 또 아니어야 한다고 주장했다. 오히려 그는 서구의 강화된 공동체는 균형 잡힌 유럽 안보 체제를 수립하는 데 긍정적 기여를 해야 한다고 생각했다. 내적으로 굳건한 단결은 외부를 향한 보다 큰 개방성과 모순되지 않는다는 것이 브란트의 신념이었다.[40] 브란트는 이렇게 미국 및 서유럽과의 협력 관계를 중시했지만, 그 중시의 배경과 의미는 이전 정부와 달랐다. 기민당 정부 시절 서방 동맹국들과의 협력 관계는 동유럽 공산권 국가와의 대결적 기반이 되었지만 브란트 정부의 경우 동유럽 국가들로 협력 관계

39) Willy Brandt, *Friedenspolitik in Europa* (Frankfurt/am, 1968), 75; Bergem, Wolfgang, Volker Ronge, and Georg Weißeno, eds. *Friedenspolitik in und für Europa: Festschrift für Gerda Zellentin zum 65* (Geburtstag. Springer-Verlag, 2013), 75.

40) Willy Brandt and Golo Mann. *Der Wille zum Frieden: Perspektiven der Politik* (Hamburg: Hofmann und Campe, 1973), 324.

를 확대하는 초석 역할을 하기 때문이다.

'유럽 평화 속의 독일'을 위한 첫 번째 단계가 서구 동맹들과의 협력이었다면 두 번째 단계는 소련, 폴란드, 체코슬로바키아 등 동유럽 국가들과의 긴장 완화 및 협력 증진이었다. 이런 정책을 추진하는 데 있어서 미국의 이해·협조를 얻어내는 것은 중요했다. 동방정책을 추진한 동력 중 하나는 서방국가와의 긴밀한 우호 관계였고 그 핵심이 미국과의 관계였기 때문이다. 브란트는 미국과 서독 사이에 특별한 불일치는 없을 것으로 예측했다. 케네디 정부 때 이미 데탕트 정책이 시작되었고, 닉슨 대통령이 키신저의 충고에 따라 소련에 대한 그의 정책을 '대립 대신 협력'의 방향으로 결정했기 때문이다.[41] 브란트의 말을 빌리면 미국 정부는 브란트 정부가 서방과의 협력에서 이탈할 것이라고는 꿈에도 생각하지 않으며, 결코 그렇게 할 수도 없다는 것을 잘 알고 있었다.[42]

브란트는 1937년 스페인 내전을 취재하면서 소련과 공산주의자들의 횡포를 경험했다. 또한, 1939년의 독소불가침조약, 1956년의 헝가리 자유화 운동 억압, 1961년의 베를린 장벽 설치 등을 경험했다. 브란트가 소련과 공산주의에 대해 갖는 거부감은 매우 컸다. 그가 서구 동맹국과의 연대를 세계정책의 초석으로 삼으려 한 것은 그의 이런 과거 경험과

---

41) 브란트의 동방정책은 1960년대 케네디 미국 대통령의 데탕트 정책을 주요 배경으로 하고 있다는 견해와 그것은 제한된 범위에서만 영향을 끼쳤다는 견해가 공존하고 있다. Arne Hofmann. *The emergence of détente in Europe: Brandt, Kennedy and the formation of Ostpolitik* (New York: Routledge, 2007), 5-6.

42) Willy Brandt, *Erinnerungen* (München, 2003), 190. 닉슨 대통령과 그의 보좌관 및 국무장관 키신저는 처음에 브란트의 동방정책에 대해 의구심을 갖거나 비판적이었다. Sarotte, *Dealing with the Devil: East Germany. Détente, and Ostpolitik, 1969-1973* (Chapel Hill: Univ of North Carolina Press), 174. 그러나 키신저의 비판적 평가는 한참 후인 1990년대에 바뀌었다. 브란트는 독일의 민족적 관심사를 서구의 공통 관심사로 연결하는 데 성공했다고 긍정적 평가했다. Carole Fink & Bernd Schaefer, Fink, Carole & Bernd Schaefer. *Ostpolitik, 1969-1974: European and Global Responses* (Cambridge, Eng.: Cambridge University Press, 2009), 2.

연결되어 있다. 그는 서유럽의 휴머니즘, 민주주의, 사회민주주의에서 정신적, 정치적 비전과 희망을 찾았다.

그러나 이런 철학과는 별개로 브란트는 외교를 이념보다는 실용주의적 관점에서 접근했다. 브란트는 동부 유럽의 강대국인 소련의 협조 없이 독일과 유럽에서 평화를 기대할 수 없다고 생각했다. 브란트가 생각하기에 소련과의 관계 개선은 독일과 유럽의 평화에 필수적인 사항이었다. 이런 관점에서 브란트 정부는 소련과의 관계 개선에 적극적으로 나섰다. 그 결과가 1970년 8월 체결된 모스크바 조약이었다. 1970년 12월 서독과 폴란드 사이의 바르샤바 조약도 같은 맥락에서 이해할 수 있다.

유럽 평화를 달성하기 위해서는 긴장 완화와 군비감축이 필수적이었다. 브란트는 무력 포기는 모든 국가가 준수하는 하나의 법률이 되어야 한다고 주장했다. 그래야 동서 블록을 넘어서 유럽의 평화체제에 도달할 수 있다고 생각했다. 당연히 미국이나 소련의 동의와 참여가 필수적이었다. 제네바 군축위원회(Conference of Disarmament)는 긍정적 신호로서 1960년대 이래 10년 동안 많은 성과를 만들었다. 군축회의 주도로 체결된 국제 협약으로는 1963년 부분 핵실험 금지조약(PTBT), 1968년 핵확산금지조약(NPT), 1971년 해저 핵무기금지조약(Seabed Treaty), 1972년 생물 무기금지조약(BWC) 등이 있다. 이를 지켜본 사람들은 군축문제가 어려운 과제라는 것을 알면서도 희망을 발견하게 되었다. 초강대국들과 그 밖의 국가들은 많은 차이점에도 불구하고 평화 보장에 있어서 일부 공통의 이해관계를 발견했다.[43]

소련은 1950년대부터 유럽안보협력회의 같은 조직체의 창설을 주장했다. 그러나 소련은 이 협의체에 미국을 제외하려 했고 이런 소련

43) Brandt, *Der Wille zum Frieden*, 327.

의 의도는 서방세계에 의해 부정적으로 인식되었다. 브란트는 일찍부터 어떤 형태로든 유럽안보협력회의가 필요하다고 인식했다. 그는 유럽의 평화와 긴장 완화를 위해서는 집단안보협력체제를 구축하여 군축과 공동의 평화를 함께 논의해야 한다는 생각이었다. 브란트는 유럽 문제에 가장 큰 영향력을 가진 미·소가 책임 있는 유럽의 평화정책을 구현해야 하며, 미·소가 함께 참여하는 유럽안보협력회의(Conference on Security and Cooperation Europe, CSCE)가 필요하다고 보았다. 1975년 헬싱키에서 결성된 유럽안보협력회의는 기본적으로 미·소간의 데탕트 합의가 주요 배경이기는 했으나 서독의 노력도 그 배경 중 하나였다.[44] 브란트는 안보에서는 공동의 안보개념이 무엇보다 중요하며 유럽통합의 전제조건도 자신의 안보가 다른 사람과 싸움에서의 승리라는 생각에서 벗어나는 것이라고 주장했다.[45]

브란트는 군사적·외교적 의미의 평화 외에 경제적 빈곤에서 벗어나 공동번영을 이루는 것 역시 평화를 위해 중요하다고 생각했다. 비록 동서 진영 간에 이념 대립에 의한 경계가 설정되어 있고 또 앞으로도 그럴 것이지만 블록의 범위를 넘어서서 국가 간에 의미 있는 협조를 이룩할 영역이 많으며 이런 방식의 협력을 브란트는 소위 분쟁의 변형으로 이해했다. 그는 이런 방식을 통해 신뢰가 쌓이면 그것은 다시 장기화한 문제들을 해결하는 새로운 기반이 될 수 있다고 보았다.[46]

위와 같은 맥락에서 브란트는 서유럽 공동체를 결코 세계 도처를 향해 보루를 쌓는 내성으로 이해하지 않았다. 그는 EEC 초기 여섯 나라

44) 김진호, “1969-74년 시기의 독일연방공화국의 독일정책과 CSCE,” *평화연구* 17.1 (2009): 236.

45) 노명환. “빌리 브란트의 망명 시기 유럽 연방주의 사상과 구성주의 시각.” *역사문화연구* 53 (2015): 339.

46) Brandt, *Der Wille zum Frieden*, 318.

로 구성된 서유럽은, 그리고 확대된 서유럽은 동유럽 국가들에 적대적일 필요가 없으며, 동유럽 국가들과 경제적 협력을 목표로 하는 데 앞장서야 한다고 주장했다.[47] 브란트는 사민당 총재 취임 초기인 1964년 5월 뉴욕에서 행한 한 연설에서 서방세계가 동유럽 국민에게 공통의 프로젝트를 제안해야 하며, 우리는 그들의 생활 수준이 우리와 동등해지는 것을 두려워하는 것이 아니라 같게 되도록 노력해야 한다고 주장했다. 그는 이것이 마샬플랜(Marshall Plan)의 본래의 이념과도 일치한다고 주장했다. 그는 굶주림 역시 전쟁과 마찬가지이며[48] 평화의 부재라고 생각했다. 브란트에게서 진정한 평화란 전쟁으로부터의 해방일뿐만 아니라 일상적 삶을 보다 풍족하게 해 주는 것이었다. 브란트는 서유럽이 철의 장막을 넘어 동서 유럽을 한 묶음으로 결합할 수 있는 실제적인 프로젝트를 추진해야 한다고 주장했다.[49]

브란트는 1971년 노벨평화상 시상식에서 유럽이 경제, 기술 및 과학적 협력의 새로운 형태를 발전시키고 전체 유럽의 사회시설을 확장해가야 할 시점이라고 주장했다. 브란트는 이런 주장의 논거를 과거의 역사에서 찾기도 했다. 유럽은 과거부터 문화공동체로서 성장해 왔으며, 과거에 그랬던 것처럼 다시 그래야 한다는 것이다.[50] 이처럼 브란트에게 있어서 유럽의 경제적· 정치적 통일은 세계적으로 확장된 평화를 위한 본질적 요소였다.[51] 이런 역사관을 토대로 브란트는 대륙을 하나로 취급하고 외교와 교역, 그리고 인간적 접촉을 통해 평화적 변화를 증진해

47) Brandt, *Friedenspolitik in Europe*, 40-41

48) Viola Herms Drath. *Willy Brandt: Prisoner of His Past* (Lanham, Md.: Hamilton Books, 2005), vii.

49) Brandt, *Friedenspolitik in Europe*, 41.

50) Brandt, *Der Wille zum Frieden*, 325-326.

51) Brandt, *Friedenspolitik in Europe*, 74.

야 한다고 주장했다. 그는 이것이야말로 미소 양극체제를 극복하고 독일과 유럽의 정치적 선택권을 확대하는 방법이라고 생각했다.[52]

브란트의 유럽 공동체 혹은 유럽 연방주의 사상은 젊은 시절 망명지에서 이미 싹트기 시작했다. 그는 망명지에서 반나치 투쟁을 전개할 때에 나치 집권의 근본 원인을 민족주의에서 찾았고 민족주의를 극복하는 방책으로 초국가주의적 유럽통합 사상에 깊은 관심을 가졌다. 그는 유럽 통합운동을 유럽의 민족주의, 제국주의 그리고 파시즘에 대한 반성의 산물로 인식했다.[53] 그는 젊은 시절부터 오랫동안 꿈꾸어 왔던 유럽 연방국가라는 비전을 총리 재임 때 동방정책을 통해 현실화하려 했다.

브란트는 "동방을 지향하든 서방을 지향하든, 내 생각으로는 동쪽으로든 서쪽으로든 균형을 취하지 않으면, 독일은 다시 일어서지 못할 것이며 자신을 지탱할 수 없을 것이다. 그리고 어느 한 강대국에 고착된 숙명정책(Verhängnipolitik)을 추구하게 될 것이다"라고 주장했다.[54] 이 발언은 브란트가 서방 동맹국의 단단한 동맹에 이어 전체 유럽을 하나의 공동체로 묶으려는 의도를 잘 드러내 준다. 브란트는 소련도 독일 문제에서 서구 동맹국에 못지않게 중요한 비중을 갖는 국가라고 인식하고 있었다. 그런데 독일이 기존의 진영논리에 묶이면 독일과 소련의 관계는 계속 갈등과 대립 관계를 지속하게 될 것이고, 그랬을 때 냉전의 최전선으로서 동·서독 문제는 풀릴 수 없다고 보았다. 브란트의 동방정책은 따라서 동유럽 국가들과의 관계 개선을 통해 유럽을 하나의 공동체로 엮고, 그 속에서 독일의 선택권을 넓혀 궁극적으로 통일까지 모

---

52) Fink & Schaefer, *Ostpolitik, 1969–1974,* 269.

53) 노명환. "초국가주의 민주주의 평화사상과 지역공동체의 추구 및분단극복 정책: 빌리 브란트의 동방정책과 김대중의햇볕정책의 비교사적 연구." *EU 연구* 30 (2012): 137.

54) Brandt, *Der Wille zum Frieden,* 33.

색하려는 매우 원대한 구상이었다. 브란트가 젊은 시절부터 정치적 원숙기까지 일관되게 구상했던 유럽 연방주의적 시각[55]이 이를 잘 대변해 준다.[56]

이 글의 6장인 김대중의 '동아시아의 평화와 번영을 위한 국제연대운동'은 유럽연합의 사례에서 많은 영향을 받았다. 김대중은 유럽과 아시아의 협력에 대해서도 관심이 많았다. 그는 아시아와 유럽은 본래 지리적으로 하나의 대륙이라는 점을 강조했다. 역사적으로도 아시아와 유럽은 이미 오래전부터 활발한 교류를 해왔음을 상기시켰다. 또 오늘날 아시아와 유럽은 공통으로 민주주의와 시장경제를 지향하고 있음을 강조했다.

김대중은 유럽과 협력을 위한 구체적 프로젝트로 '유라시아 초고속 정보 통신망 구축 사업'을 제안했다. 이 사업은 한마디로 아시아와 유럽을 하나로 연결하는 21세기의 '정보화 실크로드'라고 할 수 있다. 김대중은 유럽과 아시아의 교류를 획기적으로 증진할 수 있는 또 하나의 사업으로 '철의 실크로드'를 제안했다. 철의 실크로드는 한국과 유럽을 육로로 연결하는 사업이다. 한반도 종단 철도가 중국 횡단 철도나 러시아의 시베리아 횡단 철도와 연결되면 런던에서 출발한 기차가 파리를 거쳐 동유럽과 중앙아시아, 시베리아 또는 중국을 지나서 한국의 서울과 부산까지 도달하게 된다. 그리고 세계 제3의 컨테이너 항구인 부산항을 통해서 태평양 전역으로 이어진다. 그러면 물류비가 30% 이상 절감되고, 수송 시간도 1/3로 단축된다. 'e-유라시아' 구축과 '철의 실크로드'

55) 노명환. "빌리 브란트의 망명 시기 유럽 연방주의 사상과 구성주의 시각." *역사문화연구* 53: 317~340 참조.

56) 최영태. "W. 브란트의 동방정책에서 평화의 문제," *독일연구* 34 (2017): 161~187 참조.

가 완성되면 아시아와 유럽은 실질적인 하나의 대륙이 될 것이라는 게 김대중의 구상이었다.

김대중은 그의 이런 구상이 실천하려면 남북한 간의 철도 연결이 선행되어야 한다고 주장했다. 남북한 철도에서 미 연결 거리는 불과 14km에 불과하다. 아시아와 유럽을 연결하는 '철의 실크로드'가 결코 비현실적인 이야기가 아니라는 것이다.[57] 그는 남북한의 협력과 공존의 이유와 이점을 이렇게 '철의 실크로드'로 보다 쉽게 설명했다.

5. 한반도 주변 국가들과의 협력과 연대

1) 젊은 시절 국제관계를 바라보는 시각

1945년 12월 미국, 영국, 소련 3국은 모스크바에서 외무장관 회담을 열고 한국에 임시 민주정부를 수립하고 이 정부와 연합국이 협의하여 최장 5년간 신탁통치를 한다고 발표했다. 신탁통치안은 해방의 기쁨을 만끽하고 있었던 조선 민족에게는 청천 벽력같은 소식이었다. 좌파, 우파, 중도파 모두 신탁통치에 반대했다. 하지만 시간이 지나면서 국내 정치세력들 사이에 신탁통치에 대한 견해가 갈라졌다. 여운형 등 좌파 세력들은 3국 외무장관 회담에 근거한 미소 공동위원회 구성과 임시 민주정부 수립을 지지했다. 반면에 김구와 이승만 등 우파 세력들은 신탁통치를 맹렬하게 반대했다. 신탁통치를 둘러싼 찬반 대결은 한반도에서 좌익세력과 우익세력 간의 대결 구도를 확고하게 만들었다. 한마디로

---

57) 김대중, *21세기와 한민족*, 135-136.

정치 지도자들과 민중 모두 국제적 역학 구도를 이해하지 못한 채 갈팡질팡했다.

김대중은 원칙적으로 신탁통치에 반대했다. 그러나 그는 무조건적인 반대론자는 아니었다. 그는 미국과 소련이 세계 곳곳에서 전후 처리 문제를 놓고 첨예하게 대립하고 있었지만, 한반도 문제에 대해서는 이례적으로 신탁통치 시행이라는 단일안에 합의한 점에 주목했다. 김대중은 신탁통치에 반대하면서도 다른 한편으로 신탁통치는 시한부이기 때문에 받아들여야 한다는 주장에도 일정 부분 공감했다. 이 문제를 놓고 우리가 미국과 소련 편으로 나뉘어 극단적으로 대립하기보다는 굴욕적이긴 해도 신탁통치를 받으며 하나로 뭉쳐 후일을 도모하는 것이 낫겠다는 생각도 했다.

> “일본에 그렇게 당하고 이제 겨우 해방이 되었는데 이제 우리끼리 싸우다니 말이 되는가. 조금씩 양보하여 타협할 수는 없는가. 이렇게 싸우면 분단의 길로 가는데…”[58]

김대중은 해방 후 정치인 중에서 여운형의 좌우 합작 운동을 지지했고 서재필의 실사구시 정신을 흠모했다. 특히 그는 김구를 흠모했다. 그는 김구가 ‘좌우 합작’ 논의에 참여하기를 바랐다. 그는 또 신탁통치를 무조건 반대만 할 것이 아니라 시한부 신탁통치를 받아들여 3년이나 5년 후에 독립을 모색해야 했다고 평했다. 정치인은 최선이 아니면 차선을 선택하고 상황이 나쁘면 최악을 피하기 위해 차악도 선택해야 한

58) 김대중, *김대중 자서전 I*, 58.

다는 그의 평소 철학[59]이 해방 정국에서도 그대로 드러났다. 무엇보다 그는 한반도를 둘러싼 강대국의 존재와 그들 사이의 역학구도를 이해하고 있었다. 남북은 하나의 국가로 유지되어야 한다는 김대중의 생각은 훗날 남북화해와 평화통일에 최우선적인 목표를 두었던 그의 정치 역정을 이해하는 데 소중한 단서가 되었다.

김대중이 제6대 국회에서 활동하는 동안 큰 이슈로 떠오른 주제는 한일 국교 정상화 문제였다. 박정희 정권은 경제개발에 필요한 자금과 기술을 일본으로부터 들여오기 위해 한일회담에 적극적이었다. 소련·중국·북한의 3각 동맹에 맞서 미국·일본·남한 3각 동맹을 구축하려 한 미국이 한일국교 정상화를 촉구한 것도 회담 성사의 배경 중 하나였다. 1964년 국교 정상화를 위한 한일회담이 본격화되었고, 1965년에는 한일기본조약을 체결하여 국교를 정상화했다. 국교 정상화의 대가로 대한민국 정부가 일본으로부터 받아 낸 것은 대일청구권 자금 3억 달러, 정부 차관 2억 달러, 상업 차관 1억 달러였다.

대학생들과 야당은 1964년 한일회담이 시작된 직후부터 굴욕회담이라고 비난하며 한일회담 반대 운동에 나섰다. 정부가 1964년과 1965년에 각각 계엄령과 대학 휴교령, 위수령을 내려야 할 만큼 반대 운동은 격렬했다. 정치권에서는 제일 야당인 민정당의 윤보선 총재가 한일회담 반대 운동의 선두에 섰다. 윤보선은 박정희 정부가 불과 3억 달러에 과거 침략과 식민지 지배의 책임을 면제해주고 '이승만 라인'을 팔아넘기려 한다고 비난했다.

그러나 김대중과 그가 소속한 민주당 총재 박순천의 생각은 달랐다. 김대중은 국가의 이익을 위해 일본과의 관계 정상화는 피할 수 없다고

59) 한홍구, "서자 김대중, 민주주의의 적통을 열다," 강원택 외, *김대중을 생각한다*, 116.

생각했다. 그는 경제 대국으로서 일본을 활용해야 한다고 생각했다. 그는 소련·중국·북한과 대립하고 있는 상황에서 일본까지 잠재적 적으로 삼을 수는 없다고 주장했다.

한일회담을 반대하는 측에서는 김대중의 이런 태도에 대해 곱지 않은 시선을 던졌다. 사쿠라 라는 말이 떠돌았다. 야당 국회의원이 사쿠라라는 비난을 받는 것은 정치적으로 매우 위험한 것이었다. 그러나 김대중은 한일국교 정상화의 필요성에 대한 생각을 굽히지 않았다.

김대중은 국회 한일조약특별위원회에 참가하였다. 그는 국교정상화를 찬성했지만 대일청구권 3억 달러는 너무 적다고 주장했다. 그 금액은 역대 정부가 요구한 액수 가운데 최저였다. 이승만 정부는 20억 달러를 요구했고 장면 정부는 28억 5천만 달러를 요구했었다. 김대중은 3억 달러를 받을 바에는 차라리 일본으로부터 단 한 푼도 받지 말고 대신 일본으로부터 침략과 36년간의 지배에 대해 진정한 사과를 받는 게 낫다고 주장했다. 그는 종군 위안부 문제, 사할린 교포 송환문제 등 숱한 비극적 사건에 대해 아무런 대책이 없는 것도 비판했다.

1965년 8월 14일 한일기본조약과 모든 협정이 국회를 통과했다. 야당 의원들은 모두 불참했다. 그 전에 윤보선 등 8명의 야당 의원은 한일협정에 반대하며 의원직 사직서를 제출했다. 당시 야당은 국회의원 175석 중 65석을 차지하고 있었다. 김대중은 국회에서 한일협정의 문제점을 지적하는 데 앞장섰으나 의원직을 사퇴하지는 않았다. 그는 한일기본조약 그 자체를 반대하지 않았기 때문이다. 김대중은 국교 정상화에 대한 무조건적인 비판이 아니라 일본의 침략에 대한 사과와 독도 문제의 해결 등 구체적 사안을 가지고 협상력을 높이는 방향에서 비판을 제기해야 한다는 의견이었다. 이 사안은 외교 문제에 대한 김대중의 생각과 태도가 매우 실용주의적임을 잘 드러내 주고 있다.

2) 햇볕정책과 4강 외교를 통한 동북아 협력체 모색

김대중은 1997년 12월 대선에서 네 번의 도전 끝에 제15대 대통령에 당선되었다.[60] 그가 대통령에 당선되자 많은 해외 언론들은 그의 당선을 김대중 개인의 성공담이면서 동시에 한국 민주주의의 승리라고 보도했다. 어떤 신문은 김대중의 당선을 남아공의 넬슨 만델라의 대통령 당선에 비유하기도 했다. 또 독일의 『쥐트도이체 차이퉁』(*Süddeutsche Zeitung*)은 사설에서 김대중의 대통령 당선을 빌리 브란트 전 독일 총리와 비교했다.

> "김 당선자와 브란트 전 총리는 개혁과 평화의 지도자로서 열광 속에서 출범하게 됐다는 점에서 유사점이 있으며, 브란트 전 총리가 동방정책을 통해 유럽에서 냉전 종결의 반석을 놓았듯이 많은 한국인은 김 당선자가 남북한 화해의 길을 발전, 동아시아의 냉전을 끝낼 수 있을 것으로 기대하고 있다."[61]

『쥐트도이체 차이퉁』의 보도처럼 김대중은 대통령에 당선됨으로써 30여 년 동안 준비해 온 통일론을 실천할 기회를 맞이했다. 그가 대통령 재임 중 역점을 두어 실천하려 한 것은 3단계 통일론의 1단계인 남북연합, 그중에서도 첫 번째 단계인 평화공존과 두 번째 단계인 평화교류였다. 세 번째 강령인 평화통일은 미래의 과제로 남겨놓았다. 이런 점에서 보면 김 대통령의 햇볕정책은 브란트의 동방정책과 매우 유사하다.

김대중은 1998년 2월 25일 대통령 취임식에서 남북문제와 관련해

---

60) 1980년의 준비까지 합하면 다섯 번째 도전하여 승리했다.

61) 김삼웅, *김대중 평전 II* (서울: 시대의 창, 2010), 308쪽에서 재인용.

서 대북 3원칙을 천명하였다. "첫째, 어떠한 무력도발도 결코 허용하지 않겠습니다. 둘째, 우리는 북한을 해치거나 흡수할 생각이 없습니다. 셋째, 북한과 화해와 협력을 가능한 분야부터 적극적으로 추진해 나갈 것입니다." 남북 간의 구체적인 협력 문제에 대해서는 인도적 지원, 정경분리, 상호주의라는 세 가지 원칙을 세웠다. 대북 3원칙과 남북 간 구체적인 협력방안은 미국, 중국, 러시아, 일본 등 모든 나라로부터 지지를 받았다.

국가안전보장회의(NSC)가 임동원 외교안보수석을 중심으로 운영되었다. 3월 19일 국무회의는 NSC가 정한 대북정책 3원칙을 실현하기 위해 여섯 가지 대북정책 추진 기조를 결정했다. 여섯 가지 추진 기조는 첫째 안보와 협력의 병행 추진, 둘째 평화공존과 교류 협력의 우선 실현, 셋째 더 많은 접촉, 더 많은 대화, 더 많은 협력을 통한 북한의 변화 여건 조성, 넷째 남북 간의 상호 이익 도모, 다섯째 남북 당사자 원칙하의 국제적 지지 확보, 여섯째 투명성과 서두르지 않는 대북정책 추진이었다.

4월 말에는 '남북 경제협력 활성화 조치'를 발표했다. 정경 분리 원칙에 따라 모든 기업인이 방북할 수 있도록 규제를 풀었다. 생산설비의 무상 또는 임대 반출도 허용했다. 이러한 조치를 통해 기업인들이 자체 판단으로 대북 경협 사업을 자유롭게 할 수 있도록 했다.

김대중 정부가 기업들의 대북 경협 자유화 조치를 취한 지 2개월쯤 후인 1998년 6월 16일 정주영 현대그룹 명예회장이 트럭에 소 떼 500마리를 싣고 휴전선을 넘었다. 정주영은 군사분계선을 넘을 때 직접 걸어서 건넜다. 햇볕정책의 추진과 정주영의 방북으로 시작된 첫 번째 구체적 성과는 1998년 11월 18일 시작된 금강산 관광이었다.

미국은 김대중에게 애증이 교차하는 나라이다. 한편으로는 그를 탄압했던 박정희·전두환 독재정권을 지지하고 응원한 나라이다. 다른 한편으로는 1973년 박정희 정권의 도쿄 납치와 1980년 전두환 정권의 사형선고 때 그를 구출해 준 나라이다. 두 가지 상반된 사례 중에서 그는 고마움에 더 무게를 두었다. 또 그는 미국식 민주주의와 시장경제 원리를 신봉했다.

김대중은 1998년 6월 초 대통령 자격으로 미국을 방문했다. 그는 미국 방문 중 15차례 연설을 포함하여 70회가 넘는 행사를 소화했다. 70대의 노 대통령에게는 무리한 일정이었지만 그는 행복한 기분으로 미국 방문에 임했다.

김대중의 미국 방문 앞에는 크게 세 가지 과제가 놓여 있었다. 첫 번째 과제는 IMF 위기 극복을 위해 경제적 지원을 끌어내는 일이었다. 두 번째 과제는 민주화가 된 대한민국의 위상을 알리는 것이었다. 세 번째 과제는 남북문제 해결의 중요 파트너인 미국으로부터 햇볕정책에 대한 지지를 얻어내는 것이었다.

김대중은 뉴욕증권거래소를 방문하여 미국 금융계 인사들에게 한국의 잠재력을 믿고 투자해 달라고 당부했다. 그는 미국 금융계 인사들 앞에서 민주주의와 시장경제의 병행 발전을 화두로 연설했다. 실리콘밸리도 방문했다. 휴렛팩커드와 인텔사도 방문했다. 오랜 민주화운동 과정에서 과격한 이미지와 민족주의적 성향이 강한 인물로 알려진 김대중의 관점에서 미국 경제계 인사들에게 시장경제를 신봉한다는 메시지를 전달할 좋은 기회였다.

김대중은 클린턴 대통령을 만난 자리에서 이렇게 이야기했다.

“한국 국민은 50년에 걸친 끈질긴 노력 끝에 여야 간의 평화적 정권교체라는 민주주의의 역사적 승리를 끌어냈습니다. 나는 이와 같은 한국민의 빛나는 승리 뒤에는 미국 국민이 전해 준 자유와 민주에 대한 희망의 메시지가 있었음을 기억합니다."

클린턴 대통령은 이에 앞서 김대중 대통령에 대한 환영사에서 민주화 운동가 김대중의 이야기를 상기시켰다.

"우리는 특기할 만한 시대에 살고 있습니다. 1980년대에는 독재체제 아래에서 정치범이었던 폴란드의 바웬사, 체코슬로바키아의 하벨, 남아프리카 공화국의 만델라, 그리고 오랫동안 정부로부터 부당하고 가혹한 탄압을 받다가 결국 사형선고까지 받았던 한국의 김대중 대통령 등 자유의 영웅들이 있습니다. …김대중 대통령께서는 인권의 개척자이고, 용기 있는 생존자이며, 세계를 위해 더 좋은 미래를 건설하려는 미국의 동반자입니다."[62]

20세기 후반 제국주의 국가들로부터 해방, 독립한 나라 중에 민주주의 제도를 받아들인 나라는 100여 개가 넘는다. 그러나 20세기 말까지 반세기 동안 민주주의 제도를 안정적으로 정착시킨 나라는 거의 없다. 한국은 바로 그 예외적인 나라가 되었다. 오랜 민주화운동과 그 과정에서 겪은 여러 차례의 죽을 고비, 그리고 그 모든 어려움을 이겨내고 마침내 수평적 정권교체의 주인공이 된 김대중이야말로 한국 민주주의의 현주소를 알려주는 상징적인 모습이 아닐 수 없다. 1998년 김대중의 미국 방문은 민주국가 한국의 고양된 이미지를 알리는 절호의 기회였다. 그는 민주주의를 소재로 미국과 적극적 연대를 모색하고 있었다.

김대중은 클린턴 미국 대통령에게 햇볕정책을 설명했다. 그는 햇볕정책의 필요성을 설명하면서 그 근거를 미국의 외교정책에서 찾았다.

---

62) 김삼웅, *김대중 평전 I* (서울: 시대의 창, 2010), 80.

그는 미국이 제2차 세계대전 후 소련 등 공산권과 대결정책을 펼친 결과와 1970년대 중반 이후 데탕트 정책을 펼친 결과를 비교했다. 중국에 대해서도 봉쇄정책을 펼친 결과와 닉슨 대통령이 중국과 교류 협력정책을 펼친 결과를 인용했다. 두 가지 사례 모두 대결이나 봉쇄정책이 아닌 화해정책이 미국에 더 이득을 안겨주었다고 말했다. 베트남도 전쟁으로는 이기지 못했지만, 교류 협력정책을 통해 친미 국가로 만들었다고 설명했다.

클린턴은 김대중의 이야기를 들은 후 김대중의 햇볕정책에 대한 지지를 표명했다. 그는 김대중 대통령에게 한반도 문제는 김 대통령이 주도해주기 바란다고 했다.

> "김 대통령이 핸들을 잡아 운전하고 나는 옆자리로 옮겨 보조적 역할을 하겠습니다."

클린턴의 말은 분단 이후 처음으로 우리가 대북정책을 주도하게 되었음을 가리키는 상징적인 발언이었다. 자주 외교의 새 장이 열리고, 한미간에 대등하고도 한 차원 높은 관계가 펼쳐질 새 시대를 맞은 것이었다.

김대중은 국회의사당에서 상하 양원 합동회의 연설을 했다. 당시 미국 의회는 여소야대였기에 의회의 협조가 중요했다. 의원들은 모두 일어나 박수를 쳤다. 오랫동안 민주화운동을 했고, 최초로 수평적 정권교체를 이룩한 우방 국가의 대통령에 대한 환영이었다. 김대중은 의원들에게 햇볕정책을 설명하고 지지를 호소했다. 정경 분리 원칙에 따라 광범위한 분야에서 경제협력을 추진하고 있다고 말했다. 미국 의회도 김대중의 햇볕정책을 지지했다. 김대중이 민주화운동 과정에서 오랫동안 쌓아온 명성과 그의 정교한 논리 그리고 그의 장기인 설득력이 대미 외교에서 큰 빛을 발휘했다.

김대중의 미국 방문은 매우 성공적이었다. 민주주의, 시장경제, 평화를 매개로 미국과 한국의 연대가 더욱 굳건하게 이루어지고 있었다. 국제 외교무대에서 정상 간의 개인적 친분과 신뢰는 두 나라 모두에 국가적 자산이 된다. 실제로 클린턴은 재임 기간에 햇볕정책을 지지하겠다는 약속을 성실하게 지켜 대북포용정책을 한미 공동으로 추진했다. 김대중과 클린턴 재임 기간의 한미관계는 역사상 최상의 돈독한 관계였다.[63]

클린턴 대통령은 1998년 11월에 서울을 방문했다. 서울에서 열린 한미 정상회담에서도 클린턴은 김대중의 대북정책과 햇볕정책을 적극 지지했다. 그는 4자 회담과 김 대통령의 포용정책을 병합시켜 한반도 문제를 외교적으로 해결하려 노력하고, 동시에 방위협력을 통해서 북한의 공격을 억제하는 것이 최선이라고 말했다. 그는 또 북한 핵 문제는 제네바 합의를 이행하면서 해결해야 한다고 주장했다.

김대중은 동북아 평화체제 구축에서 미국과의 동맹을 가장 중시했다. 또 그는 한반도 평화체제 정착에서 미군의 역할을 중요시했다. 그는 미군이 한반도에 계속 주둔해서 한반도와 동북아시아의 안정을 유지하는 역할을 해야 한다고 생각했다. 그는 이런 생각을 2000년 남북정상회담 때 김정일 위원장에게도 이야기했다. 그는 미군은 통일 후에도 한반도에 주둔해야 한다고 했다. 그는 김정일 위원장에게 이 이야기를 하면서 유럽에 주둔하고 있는 미군의 존재를 언급했다. 미군은 처음에는 소련과 동구 공산권의 침략을 막는 것이 목적이었으나 공산권이 멸망한 지금도 계속 주둔하고 있다고 했다. 미군이 유럽의 평화와 안정을 위해

63) 임동원. *피스메이커: 남북관계와 북핵 문제 25년 개정증보판* (파주: 창비, 2015), 290-291.

서 계속 그 존재를 필요로 하는 것처럼 한반도에서도 남북통일 여부와 상관없이 주둔해야 한다고 주장했다.[64]

1998년 11월 김대중이 국빈 자격으로 중국을 방문했다. 김대중은 장쩌민 주석과 정상회담을 하고 한중관계 및 남북관계 등에 관해 대화를 나누었다. 그는 장쩌민에게 햇볕정책을 설명했다. 장쩌민은 김 대통령의 햇볕정책을 적극 지지해주었다.

> "한국의 대북 포용정책은 올바른 정책이라고 생각합니다. 인내심을 갖고 자존심을 상하지 않게 하고, 자극하지 않으면서 너그러운 환경을 만드는 것이 중요합니다. 한반도의 평화 안정이 중국의 기본 입장입니다. 남북 양측이 점차 신뢰를 회복하고 관계를 개선해 나가기를 희망합니다."[65]

장쩌민의 말은 곧 김대중의 햇볕정책을 그대로 옮겨놓은 말이었다. 한국과 중국은 1992년 수교 후 '선린 우호 관계'에 있었다. 1998년 방문을 통해 한국과 중국은 '포괄적 협력 동반자'로 격상시키는 데 합의했다.

김대중의 중국 방문 일정에는 베이징대학 연설이 포함되어 있었다. 그의 베이징대학 방문은 1994년과 1996년에 이어 세 번째였다. 그는 연설에서 중국과 한국의 역사는 부정적 시기보다는 긍정적 시기가 훨씬 많았다고 말했다. 우선 중국과 한국은 세계 어느 나라보다도 지리적으로나 역사적으로, 그리고 문화적으로 서로 긴밀한 관계를 유지해왔다고 말했다. 특히 한국은 중국으로부터 2,000여 년 동안 정치·경제·종교·문화 등에서 지대한 영향을 받았다고 말했다. 특히 종교와 문화면에서

64) 김대중, *21세기와 한민족*, 119.

65) 김대중, *김대중 자서전2*, 125~126.

영향이 컸으며, 한국은 중국에서 받아들인 윤리와 문화의 모든 부분을 우리 것으로 더욱 발전시키고 유지해왔다고 소개했다. 김대중은 중국과 한국은 다 같이 민본주의 정신을 사상의 중심으로 삼아왔으며, 이런 민본주의 사상은 서구의 어떠한 인권 사상에 못지않은 위대한 가르침이라고 말했다.

김대중은 같은 연설에서 한국과 중국은 근대에 들어와서 다 같이 제국주의 열강의 침략을 받았다는 점도 언급했다. 그런 과거사를 생각해서라도 양국이 협력하여 21세기 세계사를 이끌어가는 든든한 동반자가 되자고 말했다. 그는 특히 동북아의 평화와 안정은 한반도의 평화에 있다고 말하고, 한반도의 평화 정착과 관련하여 중국의 역할은 아무리 강조해도 지나치지 않다고 했다. 그는 그 이유 중 하나로 중국은 한국과 북한 모두와 수교를 맺고 있는 나라라는 점을 들었다.[66]

김대중은 1998년 10월 7일, 일본을 국빈 방문했다. 그는 일본 방문에서 오부치 게이조(小淵惠三) 일본 총리와 정상회담을 갖고 햇볕정책에 관해 설명했고, 오부치 총리로부터 지지를 끌어냈다.

오부치 총리는 일본이 과거 식민지 지배로 인하여 한국 국민에게 많은 손해와 고통을 안겨준 데 대해 사과했다. 그는 이때 통절한 반성과 마음으로부터 사죄라는 표현을 썼다. 일본 정부가 '식민 통치에 대한 통절한 반성과 사죄'라는 문구를 외교 문서에, 또 한국을 직접 지칭해서 명기한 것은 처음이었다. 1995년 사회당 출신의 무라야마 도미이치(村山富市) 총리도 반성과 사죄라는 용어를 사용했지만, 그때의 담화는 대상이 '아시아의 여러 나라'였다.

김대중은 전후 일본이 평화헌법을 채택하고 의회민주주의를 발전

66) 김대중, *21세기와 한민족*, 48-54.

시킨 점을 높이 평가했다. 그는 또 놀랄만한 경제성장을 이룩하고 세계 제2의 경제대국으로 발전하여 아시아 각국의 국민들에게 무한한 가능성과 희망의 길을 보여 준 것에 감사했다. 또 개발도상국에 대한 원조를 통해 자신의 경제력에 상응하는 국제적 역할을 이행하고 있는 모습을 칭찬했다.

김대중과 오부치 총리는 정상회담에서 '21세기 한일 동반관계'라는 공동선언을 발표했다. 그 내용 중에는 대북공조, 청소년 교류 확대 등이 포함되었다. '김대중-오부치 선언'으로 불리기도 하는 공동선언은 그 이후 한일관계의 이정표 역할을 하고 있다. '김대중-오부치 선언'은 한일 두 나라가 과거를 직시하면서 미래 지향적인 관계를 만들어가자는 다짐이었다.

김대중은 일본 방문 시점에서 일본 대중문화 개방조치를 취했다. 일본의 대중문화 개방조치는 김대중이 평소 한국 문화에 대해 가졌던 자신감의 반영이었다. 당시 국내에서는 일본 문화 개방이 시기상조라는 의견이 우세했다. 우리 문화의 경쟁력이 일본 문화에 뒤져 일본 문화를 개방할 경우 문화 식민지가 될 수 있다는 것이다. 이런 우려를 무릅쓰고 일본 문화를 개방하는 것은 큰 모험이었다. 만일 일본 문화 개방이 우리 문화 예술계에 부정적 영향을 미치면 그 비난은 모두 김대중에게 쏟아질 것이 뻔했다. 그런데도 그는 일본 문화 개방조치를 취했다. 그는 우리 문화가 중국의 강한 영향권 아래 있으면서도 중국 문화에 동화되지 않고 오히려 그것을 받아들여 우리 문화로 재창조한 창의성과 역동성에 주목했다. 그는 일본 문화를 강제로 막으면 양질의 문화는 들어오지 못한 대신 폭력, 섹스 등 저질 문화만 몰래 스며들 것이라고 염려했다. 김대중의 예상대로 일본 대중문화 개방조치는 성공적이었다. 우리 국민이 우려했던 것과 정반대로 일본에 한류열풍이 불었다. 일본 문화 개방은 일본 문화의 무차별 수입이 아니라 오히려 우리 문화가 일본으로 수출되는 큰 전환점 역할을 했다. 김대중은 일본 문화 개방을 통해 문화 분야에서 국제주의의 면모를 유감없이 보여 주었다.

김대중은 1999년 5월 말에는 러시아를 방문하여 보리스 옐친 러시아 대통령으로부터 햇볕정책에 대한 지지를 끌어냈다. 두 나라는 공동성명에서 "한반도에서 긴장을 완화하고 항구적 평화를 구축하려는 한국 정부의 노력을 긍정 평가하고 지역 전체의 평화와 안정을 공고하게 할 남북한 간의 접촉과 생산적 대화를 촉진하려는 김대중 정부의 정책에 지지를 표명한다"라고 밝혔다.

김대중은 이렇게 취임 후 미국, 일본, 중국, 러시아를 차례로 방문하여 우호 관계를 돈독히 하고 햇볕정책에 대한 지지를 끌어냈다. 그의 4강 외교는 그가 28년 전인 1971년 대통령 선거 때 내세웠던 '한반도 4대국 안전보장론'을 현실화시켜나간 것이었다.

김대중은 1994년 북핵 위기 이후에는 미·일·중·소 외에 남북한이 함께 하는 6자회담을 동북아 안전보장 체제 구축의 유력한 대안으로 제시하였다. 김대중은 6자회담의 성공이야말로 동북아의 평화와 안정을 위한 필수조건이라고 주장했다.

2000년 6월 13~15일 평양에서 남북정상회담이 개최되었다. 6월 13일 김대중 대통령과 일행이 오전 9시 15분 서울에서 출발해 평양에 도착했다. 평양에 도착할 때까지도 불확실한 점들이 많았다. 공동선언문이 합의되지 않았고, 금수산 궁전 참배 문제도 정리되지 않았다. 북측이 입국 불허를 통보한 조선일보와 KBS 기자 문제도 아킬레스건이었다.

김대중과 일행을 태우고 서울공항을 이륙한 비행기는 휴전선을 넘어 10시 30분쯤 평양 순안공항에 도착했다. 김대중과 남한 일행 모두 감개무량했다. 김대중은 평양에 도착한 순간 무어라 형언키 어려웠으며 가슴에서 울컥울컥 뜨거운 것이 올라왔다고 술회했다. 트랩에서 내린 김대중은 무릎을 꿇고 그 땅에 입을 맞추고 싶었으나 다리가 불편해서 그리 할 수가 없었다.[67] 공항에 마중을 나온 김정일이 다가와 김대중의 손을 잡았다. 역사적인 장면이었다. 이튿날 한국 조간신문은 물론이요 『뉴욕타임스』, 『워싱턴 포스트』, 『아사히신문』 등 전 세계 모든 신문 1면을 장식한 사진은 바로 두 정상의 첫 만남 장면이었다.[68]

김대중과 김정일은 북한 방문 이틀째 되는 14일 밤에 양쪽 수행원들에게 두 정상이 남북공동선언 발표에 완전히 합의했다고 발표했다. 남북공동선언의 공식 발표일은 6월 15일로 하되 실질적으로는 6월 14일 내용을 모두 공개한 것이다. 남북 공동 선언문 내용은 다음과 같다.

남북 공동 선언

조국의 평화적 통일을 염원하는 온 겨레의 숭고한 뜻에 따라 대한민국 김대중 대통령과 조선민주주의인민공화국 김정일 국방위원장은 2000년 6월 13일부터 15일까지 평양에서 역사적인 상봉을 하였으며 정상회담을 가졌다. 남북 정상은 분단 역사상 처음으로 열린 이번 상봉과 회담이 서로 이해를 증진하고 남북관계를 발전시키며 평화 통일을 실현하는 데 중대한 의의가 있다고 평가하고 다음과 같이 선언한다.

1 : 남과 북은 나라의 통일 문제를 그 주인인 우리 민족끼리 서로 힘을 합쳐 자주적으로 해결해 나가기로 하였다.

---

67) 김대중, *김대중 자서전2*, 253.

68) 최원기·정창현, *남북정상회담 600일* (서울: 김영사, 1988), 41~43.

2 : 남과 북은 나라의 통일을 위한 남측의 연합제 안과 북측의 낮은 단계의 연방제 안이 서로 공통성이 있다고 인정하고 앞으로 이 방향에서 통일을 지향해 나가기로 하였다….

3 : 남과 북은 올해 8·15에 즈음하여 흩어진 가족, 친척 방문단을 교환하며 비전향 장기수 문제를 해결하는 등 인도적 문제를 조속히 풀어나가기로 하였다.

4 : 남과 북은 경제협력을 통하여 민족 경제를 균형적으로 발전시키고 사회, 문화, 체육, 보건, 환경 등 제반 분야의 협력과 교류를 활성화하여 서로의 신뢰를 다져 나가기로 하였다.

5 : 남과 북은 이상과 같은 합의 사항을 조속히 실천에 옮기기 위하여 이른 시일 안에 당국 사이의 대화를 개최하기로 하였다.

김대중 대통령은 김정일 국방위원장이 서울을 방문하도록 정중히 초청하였으며 김정일 국방위원장은 앞으로 적절한 시기에 서울을 방문하기로 하였다.

2000년 6월 15일

대한민국 대통령 김대중·조선민주주의인민공화국 국방위원장 김정일

6·15 남북공동선언의 5개 조항 중 3항과 4항은 김대중이 대통령이 되기 전 주장했던 '3단계 통일론'의 첫 번째 단계에 해당하는 내용이다. 김대중은 '6·15 남북공동선언'에서 자신이 오랫동안 준비했던 통일방안의 1단계 내용을 대부분 관철했다. 3항과 4항 등의 내용은 실제로 김대중 정부 때 활발하게 추진되었으며 노무현 정부에 의해 계승되었다.

남북정상회담에 대한 해외 언론의 반응은 뜨거웠다. "남북정상회담

으로 세계 최후의 냉전 지대에 평화가 올 수 있다면 이는 1972년 닉슨-모택동에 필적하는 역사적인 사건이 될 것이다"(『일본 니혼게이자이신문』6. 11. 사설). "정상회담은 김대중 대통령의 오랜 노력이 클라이맥스에 이르렀음을 의미하고 김정일 위원장에게는 폐쇄 상태로부터의 과감한 탈출을 뜻한다. 이는 역사의 시작이요, 민족적 단결을 위한 기초이다"(미국 『워싱턴 포스트』6.13). "김정일 위원장이 트랩을 내려오는 김대중 대통령을 영접한 것은 1994년 김일성 전 주석 사망에 따른 그의 권력 승계 이후 '가장 눈부신 외출'이다(프랑스 『르 몽드』, 6.13). "만일 남북정상회담에서 모든 것이 계획대로 추진된다면 한국에게 오늘은 50년간의 겨울을 끝내기 시작하는 기념비적인 날이 될 것이다"(영국 『인디펜던스』, 6.13). "비록 갈 길이 멀지만, 이번 회담은 가장 위험한 지역에서 긴장 완화를 위한 길을 열었다"(영국 『파이낸셜타임스』, 6.13). "13일 남북정상회담이 개최되었다는 단순한 사실 그 자체만으로도 역사적인 것이다"(미국 『워싱턴 타임스』, 6.13. 사설). "남북정상회담은 1970년 브란트와 슈토프가 만난 동·서독 정상회담과 비견될 것이며 훗날 한반도 통일의 출발점으로 간주할 것이다"(독일 『쥐트도이체 차이퉁』, 사설 6.14). "남북정상회담은 지난 한 세기 동안 한국의 운명을 결정하는 미·일·중·러의 간섭으로부터 자신이 운명에 대한 통제권을 되찾을 수 있는 기회이다(영국 『파이낸셜타임스』, 6.14). "남북대화 복원에 성공함으로써 김대중 대통령의 위상은 근대 한국 역사의 '거대한 힘'으로 자리매김될 것이 확실하다."(미국 『뉴욕타임스』 6.14).[69]

2003년 2월 김대중은 5년 임기의 대통령직에서 물러났다. 퇴임 후 김대중의 활동은 외교 분야에서 진가를 발휘했다. 그는 남북관계, 북미

69) 최원기·정창현, *남북정상회담 600일*, 321-324.

관계가 어려움에 처할 때마다 대내외의 주목을 받았다. 그는 노무현 정부 들어서 제2차 북핵 위기가 도래하자 일괄 타결론을 주장했다. 북한은 핵무기를 포기하고, 미국은 북한과 수교하고, 남한은 북한에 경제 원조를 하자는 것이 그의 일괄 타결론의 골자였다.

그는 퇴임 후 2004년 유럽(2004. 5, 11)과 중국을 방문했다. 그는 또 2005년에 통일 독일의 초대 대통령을 역임한 폰 바이체커를 한국에 초청했고, 2006년에는 광주에서 열린 노벨평화상 수상자 광주 정상회의에 참석하여 미하일 고르바초프 전 소련 대통령 등과 만났다. 그는 2007년 5월에는 독일 베를린자유대학이 수여하는 제1회 자유상을 받기 위해 독일을 방문했다. 그는 또 9월 17일에는 미국을 방문했다. 이명박 정부가 들어선 2008년 4월에는 미국을, 9월에는 노르웨이, 2008년 10월과 2009년 5월에는 중국을 방문했다. 김대중이 외국을 방문하거나 외국 정상들을 한국에 초청했을 때 그의 주 관심사는 항상 남북문제와 한반도 평화였다. 그는 퇴임 후에도 변함없이 햇볕정책을 홍보하고 북핵 위기는 반드시 평화적 방식에 의해 해결되어야 한다고 주장했다.

6. 동아시아의 평화와 번영을 위한 국제연대 운동

아놀드 토인비는 21세기의 세계는 대서양 문명시대로부터 아시아·태평양 문명시대로 옮겨가며 동아시아가 세계 문명의 다음 주역이 될 것이라고 말했다. 김대중 역시 21세기에는 아시아의 시대가 올 것이라고 믿었다. 그는 아시아는 심오한 정신세계, 풍부한 지적 자원을 가지고 있으며 급속한 기술혁명을 이룩하고 있다고 보았다. 그는 동아시아 국가들이 상이한 문화, 종교, 역사문제 등을 가지고 있음에도 불구하고 2

차대전 이후 60년이 넘도록 세계 곳곳에서 유행하고 있는 갈등과 대립이 거의 존재하지 않고 국가 간 협력을 성공적으로 유지하고 있다고 평가했다. 그는 아시아에서 문화의 다양성은 마찰 요인이 되기보다는 긍정적인 자극과 협력의 요인으로 작용하고 있다고 보았다.[70]

김대중은 또한 21세기에는 아시아가 민주주의, 경제 발전, 문화 창조에서 서구를 앞지를 것으로 생각했다.[71] 그는 먼저 민주주의적 정신은 아시아의 전통 속에도 성장해 왔다고 주장했다. 오랫동안 서구 학자들은 아시아에는 민주주의에 대한 문화적 전통이 없으므로 민주주의가 자랄 수 없다고 주장했는데 김대중은 이런 주장은 잘못된 것이라고 주장했다. 김대중은 중국의 맹자가 2,300년 전 역성혁명을 주장한 것이나 한국의 민족 종교인 동학의 인내천 사상, 불교에서 '나 자신의 인권이 세상에서 가장 중요하다'라고 가르친 것 등을 구체적 사례로 들었다. 아시아에서 일찍 과거제도를 시행한 것도 민주주의 제도의 토대가 될 수 있다고 보았다.

김대중은 유럽은 민주화에 100년 이상 걸렸는데 아시아는 그렇게 오래 걸리지는 않으리라 전망했다. 그는 현재도 아시아의 과반수는 민주적 선거체제를 가지고 있고, 10억 이상 인구를 가진 인도가 민주주의를 하고 있으며, 인도네시아, 일본, 한국 등이 민주주의를 하고 있다는 점에 주목했다. 그는 아시아에서 민주주의는 대세가 되고 있다고 보았다. 그는 이런 주장을 펼치는 근거로 첫째는 아시아인의 정치적 의식이 성숙하고 있는 점이고, 둘째는 경제 발전을 통해 중산층이 증가했다는 점을 들었다. 영국, 프랑스에서 보듯 중산층이 생기면 민주주의로 이어

70) 정진백 편, *김대중 대화록 5 : 2007-2009* (광주: 도서출판 행동하는 양심, 2018), 583.

71) 김대중, *김대중 자서전2,* 151~152.

진다는 게 그의 생각이었다.[72]

그동안 많은 사람은 아시아는 일본을 제외하고 봉건제도를 거치지 않아서 다음 단계인 경제적 근대화가 어렵다고 주장했다. 김대중은 이런 견해를 반박했다. 21세기 지식 기반 경제 시대에 아시아에도 지적 전통이 풍부한 지역에서는 괄목할만한 도약을 이미 이루고 있고 앞으로도 더욱 그러할 것이라고 주장했다. 아시아 경제는 21세기에는 NAFTA(북미무역협정), EU(유럽연합)와 더불어 세계 3대 경제블록으로 성장하여 서로 경쟁하고 협력하는 강력한 파트너가 될 것이라고 주장했다.

김대중은 아시아의 문화적 전통과 향후 전망에 대해서도 매우 긍정적이었다. 그는 아시아의 황하 문명, 인더스 문명은 서구보다 훨씬 먼저 발달했다고 말했다. 그는 BC 6~4세기에 발달한 공자의 유교와 부처의 불교도 언급했다. 그는 또 동아시아의 교육열을 언급하면서 동아시아의 지적 발전은 세계 여느 지역 못지않다고 말했다. 또 아시아는 종교와 문화의 다양성에도 불구하고 상호 공존 속에 평화를 누리고 있다고 말했다. 아시아의 이런 문화적 기반은 지식산업, 문화산업 등 21세기 주력 산업의 발전에 크게 이바지하면서 문화 세계의 주역으로서 역할을 할 것이라고 주장했다.[73] 그는 아시아의 이런 저력을 거론하면서 구체적인 사례로 중국, 인도가 크게 일어나고 있고, 일본은 이미 발전이 성숙상태이고, 한국도 빠르게 발전하고 있다고 했다.

김대중은 동아시아에 대한 이런 긍정적 평가를 바탕으로 동아시아 공동체 구성에 적극적인 노력을 기울였다. 그는 아시아가 유럽연합, NAFTA와 같이 아시아만의 블록을 형성하여 아시아, 미주, 유럽 등 지

---

72) 정진백 편, *김대중 대화록 5 : 2007-2009*, 508~509.

73) 김대중, *21세기와 한민족*, 148~149.

역 블록들과 서로 협력해서 세계 평화에 이바지할 것이라고 했다. 그는 아시아가 지금은 느슨한 협력체제를 형성하고 있지만, 미래에는 유럽연합(EU)처럼 될 수 있다고 말했다.

동남아시아 국가들의 협력체인 아세안(ASEAN, 동남아시아국가연합)은 1967년 8월 8일 창설되었다. 창설 당시 회원국은 필리핀, 말레이시아, 싱가포르, 인도네시아, 타이 등 5개국이었으나 나중에 브루나이, 베트남, 라오스, 미얀마, 캄보디아 등이 차례로 가입하여 현재는 10개국이 되었다.

김대중 대통령은 아세안이 창설되기 1년 전인 1966년 자유아시아연합의 창설을 제안했다. 연합의 성격은 북한과 중국 등 공산권의 팽창정책에 대응하기 위한 자유 진영 연합체의 성격을 지녔다. 인도네시아 등 비동맹국가까지 포함하자는 의미에서 단순한 반공국가의 범위를 넘어서 이념과 대결전선을 좀 더 유연하게 해석한 것이 특징이다. 그의 이런 생각은 1970년 10월 30일 서울외신기자클럽에서 제안한 자유아시아위원회 설립안에서도 엿볼 수 있다. 김대중이 아시아 국가들의 협력체 창설을 제안한 것은 북한과 중국 등 공산권 국가의 팽창정책에 대응하기 위한 집단 안보기구의 필요성을 인식한 때문이기도 하지만, 더 나아가 아시아 국가들 사이의 평화와 경제, 문화 등 제반 분야의 협력과 공존공영이라는 인류애적 목표가 더 컸던 것 같다. 그가 자유아시아위원회의 성격을 군사적·이데올로기적 요소를 배격하고 모든 비동맹중립국들을 포용하자고 주장한 대목에서 그런 의도가 드러난다.[74]

김대중은 1993년 9월 8일 서울대학교 강연에서 미소 냉전 종식 이후 변화된 세계 질서의 성격을 조망하면서 앞으로 세계는 '아시아태평

74) 장신기, *김대중과 현대사 : 김대중 재평가* (서울: 시대의 창, 2021), 555-556.

양, 미국, 유럽'의 3극 시대가 될 것이라고 진단했다. 김대중이 아시아 태평양 지역 중에서도 특히 비중을 둔 곳은 동아시아 지역이었다. 그는 "한, 중, 일을 포함한 동북아시아가 먼저 이 지역 내의 안보 협력체제의 마련에 성공하고 나아가 동남아시아까지 포함한 경제적 공동 협력체제의 구성에 성공한다면 동아시아는 21세기의 세계 경제를 주도하는 세력이 될 것"이라고 주장했다.[75]

여기서 동아시아의 협력체제는 크게 두 가지 내용을 담고 있는 것 같다. 첫째는 남북한 및 미국, 중국, 일본, 러시아로 구성되는 6자 안보체제의 실현이다. 둘째는 동북아 지역과 동남아 지역을 합한 지역적 경제협력 기구의 강화이다. 김대중의 이런 구상은 한국이 소련 및 중국과 국교를 맺었기 때문에 가능했다. 김대중의 1960-70년대 동아시아 협력체 구상이 공산권 국가를 제외한 것이었던 데 반해 1990년대의 협력체 구상은 공산권 국가를 포함한 범 동아시아 진영 협력체라는 점에서 차이가 있다.[76]

앞에서 서술한 것처럼 김대중은 대통령에 당선되기 전인 1994년 1월 27일 '아시아·태평양 평화재단(아태평화재단)'을 설립했다. 그는 아태평화재단을 통해 한반도의 평화와 민족 공영의 길을 모색하고, 아시아의 민주 발전과 나아가 세계 평화에 이바지하고자 했다. 그는 1994년 12월 1일에는 '아시아·태평양 민주지도자회의'를 창설했다. 행사는 서울에서 개최했다. 김대중과 코라손 아키노 전 필리핀 대통령이 공동의장에 선출되었다. 오스카르 아리아스 산체스(Oscar arias Sánchez) 전

75) 연세대학교 김대중 노서관 편, *김대중전집II 제16권* (서울: 연세대학교 대학출판문화원, 2019), 173-174.

76) 장신기, *김대중과 현대사 : 김대중 재평가*, 557~558.

코스타리카 대통령, 세인 윈(sein Win) 미얀마 망명정부 수반 등이 참석했다. 브루스 커밍스 미국 노스웨스턴대학 교수 등 학자 26명, 일본 중의원 의원 등 현직 국회의원 44명도 참가했다. 김대중은 이날 개회사에서 "오늘은 역사상 처음으로 아시아에 의해 아시아 민주주의를 위한 기구가 창설되는 날입니다. 아시아의 민주주의 전통이 다시 살아나 21세기 초까지는 반드시 뿌리내릴 것입니다."[77]

아시아 국가들은 과거 베트남 전쟁에서 두 편으로 갈라져 싸운 아픈 역사가 있다. 한국도 이 불행한 역사를 공유했다. 한국과 베트남은 각각 중국의 동북단과 서남단에 있음에도 중국에 동화되지 않고 독자적인 문화를 발전시킨 공통점을 가지고 있다. 그러나 두 나라는 과거 불행한 사건을 겪었다. 한국군이 1964년부터 1973년까지 베트남 전쟁에 참전했고, 참전 용사 중 전사자가 5,000명 이상, 부상자가 1만 6,000여 명이나 되었다. 한국군에 의해 희생된 베트남인들도 많았다. 특히 베트남 민간인에 대한 학살은 아픈 상처였다.

베트남은 동남아시아 국가 중 인구가 인도네시아 다음으로 큰 나라이다. 우리나라와는 1992년 수교했지만 1960-70년대에 한국이 월남에 군대를 파견한 관계로 관계증진에 한계를 보였다. 김대중은 대통령 재임 중 베트남과의 관계 개선에 심혈을 기울였다. 김대중 대통령은 1998년 12월에 하노이에서 열리는 동아시아국가연합(ASEAN)과 한·중·일 정상회의에 참석하기 위해 베트남을 방문했다. 김대중은 트란 둑 루옹(Tran Duc Luong) 베트남 국가 주석과 정상회담을 하는 자리에서 과거 불행한 시기에 대해 언급하며 사과의 뜻을 표했다. 또 양국이 그런 불행한 역사를 극복하고 미래 지향적인 우호 협력 관계를 발전시

---

77) 김대중, *김대중 자서전 I*, 597.

키기 위해 노력하고 있어 기쁘다고 말했다. 그는 레 카 피에우(Le Kha Phieu) 베트남 공산당 서기장과 회담한 자리에서도 불행한 과거사에 대해 언급했다. 한국 대통령이 이처럼 베트남 정상을 만나 과거사에 대해 사과 발언을 한 것은 처음이었다.[78]

루옹 주석과 피에우 공산당 서기장은 김대중의 사과 발언에 감사하면서 지금까지 이룩한 양국 관계로 비추어 볼 때 불행한 과거는 극복된 것으로 생각한다고 말했다. 이렇게 김대중의 베트남 방문은 양국 사이에 항상 꺼림칙하게 남아 있었던 과거사 문제를 일단락 짓고 미래를 위해 협력하기로 한 중요한 계기가 되었다. 베트남이 동남아 국가에서 차지하는 비중을 고려할 때 이런 과거사 청산은 동아시아 공동체의 협력과 발전을 위해 다행스러운 일이었다.

김대중은 대통령에 취임한 후 아시아인의 단결과 협력을 위한 공동체 구성에 적극 나섰다. 그는 1998년 12월 베트남 하노이에서 개최된 아세안 + 3(한국, 중국, 일본) 정상회의에서 학자나 기업인 등 민간이 참여하는 동아시아비전그룹(EAVG, East Asia Vision Group) 창설을 제안했고 얼마 후 실제로 발족했다. 동아시아비전그룹은 1999년 하반기부터 2001년까지 다섯 차례 회의를 개최했고 최종보고서를 완성했다. 이 보고서는 2001년 11월 브루나이에서 열린 아세안 + 3 정상회의에서 채택되었다. 이 보고서는 동아시아 지역 질서의 재편을 제안하였다. 보고서는 평화, 번영, 진보(progress)의 세 가지 비전 속에 동아시아 공동체를 제안했다. 구체적인 사업으로 경제협력 측면에서 '동아시아 자유무역 지대 추진', '역내 금융기구 설립' 등을 제안했고 정치·안보 차원에서 '역내 국가 관계 조정을 위한 규범, 절차 및 메커니즘 수립', '역내 평화

78) 김대중, *김대중 자서전 I*, 144-147.

위협에 대처하기 위한 메커니즘의 수립 및 강화' 등을 제안했다. 또 제도적 차원에서 '동아시아 정상회의', '동아시아포럼' 등을 제안했다. 여기서 제안된 동아시아 공동체에 대한 비전은 그 이후 동아시아 지역협력과 통합에 있어 중요한 지침이 되었다.[79]

김대중은 2000년 11월 싱가포르에서 열린 아세안 + 3 정상회의에서 민간 차원의 동아시아연구그룹(EASG, East Asia Study Group)을 제안했다. 연구그룹에는 정부 관료들도 참석하게 했다. 정부 관료들도 참여하여 민간인들이 내놓은 연구 결과를 놓고 정부 차원에서 어떻게 추진해 나갈 것인지를 의논하자고 했다.

김대중은 크게 두 가지 점을 염두에 두고 동아시아연구그룹을 제안했다. 첫째는 동아시아비전그룹의 제안을 검토하고 뒷받침하는 것이다. 둘째는 동아시아 정상회의의 출범을 위한 방안을 마련하는 것이다. 동아시아 연구그룹은 2001년 3월에 공식 발족했다. 동아시아연구그룹의 최종보고서는 26개 항목으로 이루어졌고 2002년 11월 프놈펜에서 열린 아세안+3 정상회의에 제출되었다. 이런 과정을 거쳐 2003년에 동아시아포럼(EAF)이 결성되었다. 동아시아포럼은 정부, 재계, 학계 등이 함께 모이는 국제단체였다. 포럼이 결성된 2003년은 김대중이 대통령직에서 물러난 후이지만 김 대통령이 제안하여 결성된 단체이기 때문에 창립대회와 제2차 대회에 참석했다. 동아시아 정상회의(EAS)는 2005년에 시작되었다.[80]

김대중은 2003년 한 연설에서 EU는 15개 회원국에서 다음 해에는

---

79) 장신기, *김대중과 현대사 : 김대중 재평가*, 562.

80) 장신기, *김대중과 현대사 : 김대중 재평가*, 563.

25개국으로 확장되리라 전망했다.[81] 그는 유럽연합이 점차 유럽연방의 성격을 띠어가고 있는 점을 부러워했다. 그는 유럽 공동체의 발전은 거기에 굳건한 정치적 의지를 가진 지도자와 엘리트들이 있기 때문이라고 해석했다. 아시아도 유럽의 지혜와 결단에서 많은 것을 배워야 한다고 했다.[82] 그는 동아시아 공동체가 유럽연합과 같은 성격으로 발전하기를 희망했다.

7. 맺음말

김대중의 국제주의를 크게 다섯 가지 내용으로 나누어 살폈다. 첫째, 김대중의 삶은 민주주의와 인권, 평화, 복지 등 전 인류가 추구하는 보편적 가치를 토대로 한 것이며 그런 삶 자체가 국제주의적 성격을 지니고 있다고 보았다. 둘째, 김대중은 박정희 시대와 전두환 시대, 그리고 1992년 대통령 선거 패배 후 세 차례에 걸친 정치적 망명 및 해외 체류 시기를 가졌으며, 이 과정에서 다양한 인사들과 접촉하면서 광범위한 국제적 네트워크를 구축했다는 점을 밝혔다. 셋째, 김대중의 정치사상에 큰 영향을 끼친 전 서독 총리 빌리 브란트의 동방정책 및 유럽 공동체에 관해 살폈다. 넷째, 남한·북한·미국·중국·일본·러시아 등 한반도와 이해관계를 가진 6개 국가가 동북아 평화와 번영을 위해 협력해야 한다는 동북아 연대론을 살폈다. 다섯째, 동아시아 국가들이 협력하여 동아시아 공동체를 발전시키고 궁극적으로는 동아시아 공동체를 유럽

81) 2021년 현재 유럽연합 회원국은 27개국이다.

82) 김대중, *21세기와 한민족*, 168.

연합과 같은 정치경제 협력기구로 발전시키자는 구상에 대해 살폈다.

한상진은 김대중의 세계관을 '보편적 세계주의' 혹은 '지구적 민주주의'라는 용어로 설명했다. 한상진은 김대중의 보편주의를 언급하면서 1994년 전 싱가포르 총리 리콴유와 '아시아적 가치'를 놓고 전개했던 논쟁을 소개했다. 김대중은 이 논쟁에서 아시아적 가치를 옹호하면서 동양 문화 안에서도 인권과 민주주의에 부합하는 요소들이 있다는 점을 논증했다. 김대중은 동양 문화의 눈으로 서구와 당당히 대화하려 했다. 김대중은 또 '지구적 민주주의(Global Democracy)'의 개념으로 서구 문명의 한계에 도전했다. 국제적 불평등의 심각성을 지적하고, 인간만이 아니라 생태계와의 조화를 실현하려는 새로운 문명의 건설을 지구적 민주주의의 과제로 제시했다. 이에 필요한 문화와 전통이 아시아에 풍부히 남아 있다고 역설했다.[83] 세계 인류는 모든 면에서 오랜 민족주의의 낡은 껍질을 벗고 새로운 보편적 세계화의 테두리 속으로 들어가고 있다고 주장했다.

김대중은 유럽 정치 모형에 주목했다. 그는 특히 1960년대 말부터 브란트가 추진한 동서독 화해정책에 관심을 가졌다. 김대중의 햇볕정책은 동방정책을 롤 모델로 했다. 브란트는 독일의 통일은 유럽의 평화 속에서만 가능하며 독일의 통일 역시 유럽의 평화에 이바지할 때만 가능하다는 논리에 주목했다. 김대중이 1971년 주장한 '4대국 안전보장론'

---

83) 한상진, "내가 본 인간 김대중과 그 사상," 김대중 외, *21세기와 한민족: 김대중 전 대통령 주요 연설 대담 1998~2004* (파주: 돌베개, 2004), 356. 한상진은 다른 논문에서는 김대중의 세계관을 가리켜 '천하공생의 세계관'이라는 용어로 설명했다. 한상진, "천하공생의 세계관과 김대중의 소통철학," *김대중 사상과 동아시아의 미래* 학술대회 발표문 (행동하는 양심 광주전남협의회, 2013.10.22.), 1-16. 노명환은 브란트와 김대중의 사상을 초국가주의적 관점에서 해석하였다. 노명환. "초국가주의 민주주의 평화사상과 지역공동체의 추구 및 분단극복 정책: 빌리 브란트의 동방정책과 김대중의햇볕정책의 비교사적 연구." *EU 연구* 30 (2012): 133-177, 135.

이나 대통령에 취임하여 실천하려 한 동북아 평화론도 비슷한 맥락에서 이해할 수 있다.

김대중의 국제주의는 1997년 말 도래한 IMF 위기를 극복하는 데 중요하게 작용했다. 그는 '민주주의와 시장경제'라는 신조 아래 외국 지도자들과 자본가들을 설득하고 협력을 구했다. 그가 강조한 '민주주의와 시장경제'의 원칙은 기업, 금융, 노동 분야 등의 개혁작업을 행하는 데도 긍정적으로 작용했다.

김대중의 국제주의는 남북관계와 한반도 평화, 주변 4대 강국과의 관계 개선에도 빛을 발휘했다. 그는 남북관계 개선과 한반도 평화는 남북 간의 대화 및 동북아 국가들의 집단안보체제 하에서만 가능하다고 보았다. 이를 위해 그는 미국과의 동맹 관계 공고화에 심혈을 기울임과 동시에 중국, 일본, 러시아와의 관계를 돈독히 하였다.

김대중은 남북한 평화 및 동북아 평화체제 구축을 바탕으로 동아시아 공동체를 구축하려 했다. 그는 아시아에서도 민주주의가 가능하며, 민주주의와 시장경제를 바탕으로 동아시아 공동체 구성도 가능하다고 보았다. 그는 동아시아 경제의 부상과 아시아의 역사에 흐르고 있는 문화적 잠재력을 동아시아 공동체 건설의 낙관적 배경으로 삼았다. 그는 동아시아 공동체가 미래에 유럽연합과 같은 단결된 모습을 보이기를 희망했다.

김대중은 이렇게 동아시아 공동체의 결성을 추진하면서도 이것이 원만하게 추진되기 위해서는 북핵문제 해결과 동북아시아에서의 지역적 협력이 선행되어야 한다고 주장했다. 그는 동아시아 공동체의 성공을 위해서는 모든 관계 국가가 인내심과 창조적 지혜를 가지고 꾸준히 노력해야 한다는 생각이었다.[84] 한마디로 김대중의 평화통일론은 우리 영토의 평화와 통일을 먼저 지향하고 이를 토대로 동아시아의 평화공동체를 만들어야 한다는 것이었다.[85]

결론적으로 말하면 김대중의 정치, 외교, 경제, 문화 정책은 국제주의라는 큰 틀 속에서 움직였다. 그는 남북분단 극복과 평화 통일이라는 과제 해결의 출발점을 민족주의에서 찾으면서도 다른 한편 개방적 민족주의는 국제주의와 전혀 충돌하지 않는다는 관점에서 두 상반된 개념을 해소했다. 이렇게 김대중의 정치 활동과 사상적 기조는 개방적 민족주의와 보편적 세계주의라는 두 방향을 토대로 한 것이다.

84) 정진백 편, *김대중 대화록 5 : 2007-2009*, 583.

85) 황보윤식, *동아시아 평화공동체*, 179-180.

참고문헌

김대중. "빌리 브란트와 나, '동방정책'과 '햇볕정책'," 외국어대학교 역사문화연구소 외, *유럽통합과 독일의 분단·통일 경험에 비추어 본 한국의 통일과제와 동아시아 공동체 구상* 국제학술대회 발표문 (2009.5.21.).

김대중. *21세기와 한민족: 김대중 전 대통령 주요 연설·대담 1998-2004.* 파주: 돌베개, 2004.

김대중. *김대중 자서전1.* 서울: 삼인, 2010.

김대중. *김대중 자서전2.* 서울: 삼인, 2011.

김대중. *새로운 시작을 위하여.* 서울: 김영사, 1993.

김대중, *후광김대중대전집 3: 통일론집.* 서울: 중심서원, 1993.

김삼웅. *김대중 평전 I .* 서울: 시대의 창, 2010.

김삼웅. *김대중 평전 II.* 서울: 시대의 창, 2010.

김진호. "1969-74 년 시기의 독일연방공화국의 독일정책 (Deutschlandpolitik)과 CSCE." *평화연구* 17.1 (2009): 206-245.

남재희, "한국 민주화 과정의 수난자요 승리자," 강원택 외, *김대중을 생각한다.* 서울: 삼인, 2011.

노명환. "빌리 브란트의 망명 시기 유럽 연방주의 사상과 구성주의 시각." *역사문화연구* 53 (2015): 317-346

노명환. "초국가주의 민주주의 평화사상과 지역공동체의 추구 및분단극복 정책: 빌리 브란트의 동방정책과 김대중의햇볕정책의 비교사적 연구." *EU 연구 30* (2012): 133-178.

박경서. "DJ는 이미 1987년에 강력한 노벨평화상 후보였다," 강원택 외, *김대중을 생각한다.* 서울: 삼인, 2011.

박형중. "신동방정책 독일정책과 대북 포용정책 개관," 황병덕 외, *신동방정책과 대북 포용정책.* 서울: 두리미디어, 2000.

양재진. “김대중의 사회 복지 패러다임 전환과 복지 개혁,” 박명림 편, *1987년 민주헌정체제의 등장과운영 II : 김대중.* 파주: 카오스북, 2017.

연세대학교 김대중 도서관 편. *김대중전집II 제16권.* 서울: 연세대학교 대학출판문화원, 2019.

임동원. *피스메이커: 남북관계와 북핵 문제 25년 개정증보판.* 파주: 창비, 2015.

장신기. *김대중과 현대사 : 김대중 재평가.* 서울: 시대의 창, 2021.

정상모. *신냉전구도와 평화.* 서울: 말, 2002.

정진백 편. *김대중 대화록 2 : 1998-1993.* 광주: 도서출판 행동하는 양심, 2018.

정진백 편. *김대중 대화록 3 : 1994-2002.* 광주: 도서출판 행동하는 양심, 2018.

정진백 편. *김대중 대화록 5 : 2007-2009.* 광주: 도서출판 행동하는 양심, 2018.

최영태. *독일 통일의 3단계 전개과정.* 서울: 아침이슬, 2018.

최영태, *빌리 브란트와 김대중.* 서울: 성균관대학교 출판문화원, 2020.

최영태. “W. 브란트의 동방정책에서 평화의 문제,” *독일연구* 34 (2017): 161-196.

최원기·정창현. *남북정상회담 600일.* 서울: 김영사, 1988.

한상진. “천하공생의 세계관과 김대중의 소통철학,” 행동하는 양심 광주전남협의회, *김대중 사상과 동아시아의 미래* 학술대회 발표 (2013.10.22.).

한상진, “내가 본 인간 김대중과 그 사상,” 김대중 외, *21세기와 한민족: 김대중 전 대통령 주요 연설 대담 1998~2004.* 파주: 돌베개, 2004.

한홍구, “서자 김대중, 민주주의의 적통을 열다,” 강원택 외, *김대중을 생각한다.* 서울: 삼인, 2011.

황병덕 외. 신동방정책과 대북 *포용정책.* 서울: 두리미디어, 2000.

황보윤식. *동아시아 평화공동체: 안중근, 조봉암, 김대중, 함석헌의 평화사상.* 서울: 동연, 2021.

Brandt, Willy and Golo Mann. *Der Wille zum Frieden: Perspektiven der Politik.* Hamburg: Hofmann und Campe, 1973.

Brandt, Willy, “Friedenspolitik in Europa (Frankfurt/am, 1968),”Bergem, Wolfgang,

Volker Ronge, and Georg Weißeno, eds.

Friedenspolitik in und für Europa: Festschrift für Gerda Zellentin zum 65. Geburtstag. Springer-Verlag, 2013.

Drath, Viola Herms. *Willy Brandt: Prisoner of His Past.* Lanham, Md.: Hamilton Books, 2005.

Fink, Carole & Bernd Schaefer. *Ostpolitik, 1969-1974: European and Global Responses.* Cambridge, Eng.: Cambridge University Press, 2009.

Hofmann, Arne. *The emergence of détente in Europe: Brandt, Kennedy and the formation of Ostpolitik.* New York: Routledge, 2007.

Kim, Dae Jung. "Is Culture Destiny? The Myth of Asia's Anti-Democratic Values." *Foreign Affairs* 73, no. 6 (1994): 189-94.

Sarotte, M. E., *Dealing with the Devil: East Germany. Détente, and Ostpolitik, 1969-1973.* Chapel Hill: Univ of North Carolina Press, 2001.

Sozialdemokraten, "Mitteilung für die Presse: der Sozialdemokraten-vorsitzende Willy Brandt sandte dem Präsidenten der Republik Korea, Chun Doo Hwan, das folgende Telegramm,"(1980.9.17.).

저자 약력

박명림

현재 연세대학교 지역학협동과정 교수로서 정치학, 사회인문학, 평화학, 한국학, 동아시아국제관계학을 가르치고 있으며, 연세대학교 인간평화와 치유연구센터 소장을 맡고 있다. 고려대학교 정치외교학과와 동 대학원 석사, 박사를 졸업하였다. 고려대학교 아세아 문제 연구소 연구 교수(1994-1999), 하버드대학교 하버드-옌칭 연구소 협동연구학자(1999-2001), 프랑스고등사회과학원과 베를린자유대학교 초빙교수(2013-2014)로 재직하였다. 주요 저서로는 <한국 전쟁의 발발과 기원 1,2>(1996), <한국 1950: 전쟁과 평화>(2002) 등이 있다.

백학순

서울대학교 영어교육학과를 졸업하고 동 대학교 대학원 정치학과, 미국 University of Georgia를 거쳐 University of Pennsylvania에서 정치학 박사를 받고, Harvard University에서 박사후연구원을 지냈다. 현재 김대중학술원(The Academy of Kim Dae-jung Studies) 원장과 김대중평화회의(The Kim Dae-jung Peace Forum) 집행위원장을 맡고 있으며, 김대중평화센터, 김대중기념사업회, 김대중노벨평화상기념관의 이사로 있다. 제10대 세종연구소 소장을 지냈고, 한국정치학회 부회장, 북한연구학회 부회장, 통일부 남북관계발전위원회 위원, 통일부 자체평가위원장, 외교통상부 정책자문위원, 민화협 정책위원장, 서울-워싱턴포럼 사무총장으로 활동했다. 저서로는 *한반도 평화대전략 (공저, 2022), North Korea's Foreign Policy: The Kim Jong-un Regime in a Hostile World (공저, 2022), 박근혜정부의 대북·통일정책 (2018) 을 포함하여 역대 남한정부의 대북·통일정책을 다룬 저서 5권, 김정은 시대의 북한 정치 2012~2014: 사상·정체성·구조 (2015), 제2기 오바마정부 시기의 북미관계 2013~2014: '핵무기 사용 위협'과 관계의 파탄 (2014), 북한 권력의 역사: 사상·정체성·구조* (2010) 등이 있다.

임혁백

임혁백 교수는 현재 고려대 정치외교학과 명예교수이다. 서울대에서 정치학 학사, 시카고대에서 정치학 석사, 박사를 받았다. 그는 광주과학기술원 (GIST)에서 석좌교수, 세계정치학회 (IPSA) 집행위원, 고려대 정책대학원 원장 등을 역임했다. 이화여대, 조지타운대, 듀크대, 스탠퍼드대에서 강의를 했고 존스 홉킨스대 SAIS와 National Endowment for Democracy 에서 연구를 했다. 그는 김대중대통령과 노무현대통령의 정책자문위원이었고, 통일부, 국방부, 국회 입법조사처에서 자문을 하였다. 임혁백 교수는 대한민국학술원 학술원상 (2015), 한국정치학회 학술상 (2010), ICAS (아시아학자세계총회) 우수학술도서상 (2017)을 수상하였고, 홍조근정훈장(2003)을 받았다. 최근에 출판된 임교수의 저서는 Democratization and Democracy in South Korea, 1960-Present (Palgrave Macmillan, 2020); 민주주의의 발전과 위기 (김영사, 2021); 비동시성의 동시성: 한국 근대정치의 다중적 시간 (고려대 출판부, 2014); The Possibility of Peace in the Korean Peninsula (SNU Press, 2017) 등이 있다.

최영태

전남대학교 사학과를 졸업하고 동 대학원에서 문학박사를 받았다. 전남대학교 사학과 교수와 교무처장, 인문대학장, 한국독일사학회장을 역임했다. 현재 전남대학교 명예교수이다. 독일 보훔대학에서 연구했으며, 미국 아이오와 대학 방문학자를 역임했다. 주요 저서로는 『빌리 브란트와 김대중: 아웃사이더에서 휴머니스트로』 (성균관대학교 출판원, 2020), 『독일 통일의 3단계 진행과정: 동방정책에서 내적통합까지』 (아침이슬, 2018) 등이 있다.

황인구

보스턴 칼리지(Boston College) 국제학 프로그램의 한국학 강의전담 조교수와 아시아학 프로그램 이사회 멤버로 활동하면서, 현대 한국과 동아시아 민주주의, 인권, 안보, 발전에 관한 강의와 연구를 하고 있다. 연세대학교 국제학대학원 한국학 전공으로 석사 학위를 졸업하였고, 이어서 시카고 대학 역사학과에서 우수 학위 논문상과 함께 박사학위를 취득하였다. 시카고 대학 인권 센터에서 박사 후 연구와 강의를 진행한 후, 보스턴 칼리지에 한국국제교류재단 방문학자로 한국 현대사와 정치에 관한 강의를 제공하였다. 2022년 3월 1970년대 한국의 민주화 과정을 글로벌 인권사의 관점에서 저술한 첫 단행본『인권과 한국의 초국적 민주주의』가 한국학 중앙 연구원의 해외 한국학 단행본 출판 지원을 통해서 펜실베이니아 대학 출판부 인권학 시리즈에서 출간되었다. 현재는 1980년대 후반 이래 한반도 글로벌 개입 정책과 정치에 대한 연구를 진행하고 있다.

장훈각

현재 연세대학교 국가관리연구원 전문연구원으로 재직중이다. 연세대학교 정치외교학과를 졸업하고 동 대학원에서 정치학 석사·박사 학위를 받았다. 한국정치, 한미관계, 남북관계를 연구하고 있다. 주요 편저로는 「한국대통령통치사료집VIII 박정희(5): 주한미군 철수」(2010), 「한반도 핵문제의 태동과 전개, 1974-1993: National Security Arichive 수집사료를 중심으로」(2019) 등이 있다. 연구논문으로는 "이승만 대통령과 한미동맹" (2011), "노태우 정부의 북방정책과 남북관계" (2011), "김대중의 3단계 통일론의 철학: 민주주의와 평화" (2019) 등이 있다.

정현백

정현백은 1953년 4월 9일 한국 부산 출생으로 여성가족부 장관(2017. 7 - 2018. 9)을 지냈고, 현재 성균관대 사학과 명예교수로 있다. 1984년 이래 성균관대 사학과 교수로 재직하였고, 주로 독일노동사, 여성사분야 연구로 많은 저서를 출간하였다. 그 외에도 정현백은 열정적인 시민운동 활동가이다. 한국여성운동의 우산조직인 한국여성단체연합의 공동대표를 역임하였고, 이어 대표적인 시민단체인 참여연대의 공동대표로 활동하였다. 주로 여성문제와 통일 평화운동에 많은 관심을 가지고 있다. 저서로는 노동운동과 노동자문화(한길사, 1991), 민족과 페미니즘(당대, 2003), 여성사 다시 쓰기(당대, 2007), 주거유토피아를 꿈꾸는 사람들: 독일과 오스트리아의 주거개혁과 주거정치(당대, 2015), 연대하는 페미니즘(동녘, 2021), The History of Korean Women(공저, 한국학중앙연구원, 2022) 등 다수가 있다.

김귀옥

현재 한성대학교 교수로서 사회학, 인권교육, 평화교육 등을 가르치고 있고, 한성대 학술정보관장을 역임했다. 서울대학교 사회학과에서 학사, 석사, 박사를 마쳤다. 일본 도시샤대학의 방문학자, EHESS(프랑스 사회과학고등연구원) 초빙교수를 역임했고, 한국구술사학회장으로 재직중이며, 서울대 사회과학대학 우수논문상(1999), 한성대 Best Researcher상(2007, 2010, 2015)을 수상하였다. 저서로는 『사회를보는 새로운 눈』(제3판, 공저, 2021), 『그곳에 한국군'위안부'가 있었다』(2019), 『분단의 역사인식과 사유를 넘어』(공저, 2019), 『촛불 이후 사회운동의 과제 및 전망』(2019), 『식민주의, 전쟁, 군'위안부'』(공저, 2017),『고통의 공감과 연대』(공저, 2016), 『구술사연구』(2014), 『우리가 큰 바위얼굴이다』(2014),『군대와성폭력』(공저, 2012), 『朝鮮半島の分斷と離散家族』(2008) 등 다수가 있다.

노명환

필자 노명환은 한국외국어대학교 학부에서 아랍어 전공과 함께 중동의 역사와 평화 문제를 공부하기 시작하였다. 이어서 독일 뮌스터대학교 사학과의 학부·석사 과정에서 유럽현대사, 이슬람학, 정치학을 공부하면서 기독교 유럽과 이슬람 중동 지역의 대립과 평화의 문제에 대해 천착하기 시작했다. 전쟁을 극복하고 영구 평화를 실현하기 위한 유럽통합 운동사, 이와 깊은 관련이 있는 독일의 분단·통일의 역사와 빌리 브란트에 대한 연구로 이어가면서 독일 두이스부르크-에센대학교 사학과에서 박사학위를 취득하였다. 한국외대 사학과와 대학원 정보·기록학과에서 교수로 재직해 오고 있으며 세계적인 디지털 아카이브 플랫폼에 의거하여 위의 주제 의식들을 연계·융합하면서 한반도와 세계의 평화와 상생을 위한 연구와 실천을 추구하고 있다. 이러한 연장선상에서 특별히 김대중의 정치와 사상에 주목해 오고 있다.

김대중의 사상과 정치 1

평화·민주주의·화해·협력

2023년 9월 27일 1판 1쇄

지은이 박명림 · 백학순 · 임혁백 · 최영태 · 황인구
장훈각 · 정현백 · 김귀옥 · 노명환

펴낸곳 연세대학교 출판문화원
주소 서울특별시 서대문구 연세로 50
등록 1955년 10월 13일(제9-60호)
전화 02) 2123-3378~80
팩스 02) 2123-8673
전자우편 ysup@yonsei.ac.kr
홈페이지 http://press.yonsei.ac.kr
인쇄 화신문화(주)

ISBN 978-89-6850-758-8(94340)
978-89-6850-757-1(세트)

값 25,000원